KB194236

쿤의 『과학혁명의 구조』 해제

쿤의 『과학혁명의 구조』 해제

존 프레스턴 지음 | 박영태 옮김

서광사

이 책은 John Preston의 *Kuhn's The Structure of Scientific Revolutions* (The Tower Building, London ; The Continuum International Publishing Group, Ltd., U.K., 2008)를 완역한 것이다.

쿤의 『과학혁명의 구조』 해제

존 프레스턴 지음
박영태 옮김

펴낸이 — 이숙
펴낸곳 — 도서출판 서광사
출판등록일 — 1977. 6. 30.
출판등록번호 — 제 406-2006-000010 호

(10881) 경기도 파주시 회동길 77-12 (문발동)
Tel: (031)955-4331 / Fax: (031)955-4336
E-mail: phil6161@chol.com
http://www.seokwangsa.co.kr / http://www.seokwangsa.kr

제1판 제1쇄 펴낸날 · 2011년 5월 30일
제1판 제3쇄 펴낸날 · 2021년 6월 10일

ISBN 978-89-306-2085-7 93160

이 책은 프레스턴(John Preston)의 『쿤의 『과학혁명의 구조』 해제 (*Kuhn's The Structure of Scientific Revolutions: a reader's guide*)』(Continuum International Publishing Group, 2008)(이하 『해제』)를 번역하였다. 프레스턴은 쿤의 『과학혁명의 구조(*The Structure of Scientific Revolutions*)』(이하, SSR)를 전문가가 아니더라도 쉽게 이해할 수 있을 정도로 다양한 관점과 구체적인 설명들을 풍부하게 제공하고 있다. 그래서 아마존에서 일시 품절이 될 정도로 이 책은 많이 판매되고 있는 것 같다.

몇 년 전에 쿤의 SSR에 관한 강의를 하면서 SSR을 쉽게 읽을 수 있는 번역서의 아쉬움을 절실하게 느낀 바가 있었다. 사실 SSR의 내용은 과학사와 과학철학의 안목을 모두 요구하기 때문에 대학생들과 일반 사람들이 이해하기에는 그렇게 쉽지가 않다. 그래서 지금은 누구나 현대 과학철학의 고전으로 인정하고 있는 SSR을 쉽게 풀이하여 번역하거나 아니면 그에 관한 해제를, 부족하지만 내가 한번 시도해 보아야겠다는 마음을 가지고 있었다. 그러던 차에 서광사의 김찬우 부장님이 이 책을 나에게 소개하기에 망설임 없이 번역에 응하였다.

　　프레스턴의 『해제』는 SSR에 관한 내용뿐만 아니라 지금까지 나온 SSR에 대한 다양한 연구 저서들을 간략하면서도 종체적인 평가와 함께 소개하고 있다. 쿤에 관한 초보 연구자들에게는 더 할 나위 없이 좋은 안내 지침서라고 생각한다. 그러나 이 책은 SSR에 대한 해제이기 때문에 원전 내용을 그대로 인용하거나 아니면 축약시켜 제시하고 있어 원전에 대한 사전 독해를 필요로 하고 있다. 이러한 필요성을 충족시키기 위해 저자 주보다도 많은 수의 역자 주들을 제시하였다. 좀 더 전문적인 깊은 이해를 위해서는 원어로 된 원전을 참조하기를 권한다.

　　번역을 하면서 가능하면 직역을 하려고 노력하였지만 한국어로의 편리한 이해를 위해 불가피하게 의역을 한 내용들도 적지 않다. 심혈을 기울였다고 하더라도 번역이나 전달의 잘못이 있다고 생각한다. 이러한 잘못이나 실수는 전적으로 번역자의 능력 부족에서 나온 것이며, 독자 여러분들의 많은 지적들을 기대한다.

　　이 책을 번역하여 출판하기까지 많은 사람들의 도움을 받았다. 먼저 이 책을 소개하면서 나에게 번역을 의뢰한 서광사의 김찬우 부장님의 호의에 대해 감사드리고 싶다. 전문 철학서적이 대중적 인기를 점하지 못하는 출판계의 상황에도 불구하고 이 책의 출판을 결정한 서광사 김신혁 사장님, 이숙 부사장님께도 감사드린다. 이 책의 번역원고를 꼼꼼하게 다듬어 주고 교정해 준 편집부의 배성진 선생님에게도 감사의 말씀을 드린다. 마지막으로 이 책의 번역과 출판을 나 이상으로 고대하였던 아내에게 감사의 마음을 전하고 싶다.

2011년 4월 5일
승학산 연구실에서
옮긴이 박영태

† 차례 †

토마스 쿤의『과학혁명의 구조(*The Structure of Scientific Revolutions*(이하 'SSR'로 약칭))』는 단순히 대학의 전공독자들만을 위하여 쓰인 책이 아니며 읽기에 그렇게 어려운 책도 아니다. 그러나 이 책을 해석하기가 어렵고 그 해석에 관해서도 매우 광대한 많은 논란이 이루어지고 있다는 것은 확실히 알려져 있다. 그래서 이러한 상황에서 해제(Guide)로서의 이 책이 하나의 도움을 주고자 한다.

SSR은 20세기 과학철학과 과학사에 매우 중요하게 공헌하였던 두세 가지 철학들 중의 하나인데, 가장 최근에 나온 철학적 '고전들' 중의 하나이다. 이 고전들은 철학(단지 과학철학만이 아닌)을 심도 있게 공부하는 학생들과 이와 다른 여러 주제를 심도 있게 공부하는 많은 학생들이 다루어야만 하는 저서들이다. 나는 백 년이 지나서도 이 책이 읽힐 가능성이 있다고 생각한다.

소개서가 과학철학을 우연히 만나는 학생들을 대상으로 하고 있듯이 이 해제도 SSR에 나타난 역사적 자료보다는 이 책에 표현된 과학에 관한 일반적인 그림에만 거의 배타적으로 초점을 맞추고 있다. 물론 역사적 자료는 이 책보다는 더 완벽하게 이루어지는 어떤 설명에서 구체적으로 고찰되어야만 할 것이다. 나의 주목적은 SSR를 탐구할 때 필요한 질문들을 제기하는 것이었다(적어도 부분적으로는 이 해제의 각 절 끝에 첨부된 '탐구문제' 내에서 이 질문들을 제기하고 있다). 물론 이 책의 대부분이 SSR의 주제들을 상술하는 내용으로 구성되어 있을지라도, 나는 쿤의 두 권의 역사책들을 포함하려고 하거나 그의 후기 저서의 내용을 가리키는 지시봉(pointer) 이상의 어떤 내용을 제시하려고 하지 않았다.

나는 리딩대학교(the University of Reading) 철학과의 동료 교수들에게 감사드리고 싶다. 그리고 특별히 나의 예전 동료교수였던(이제는 취리히대학교에 있는) 한조 글록(Hanjo Glock)에게 감사를 드리고 싶다. 내가 쿤을 해석할 때 한조, 해커(Peter Hacker), 애링턴(Robert Arrington), 해킹(Ian Hacking), 맥킨타이어(Alasdair MacIntyre), 라르보(Brendan Larvor)의 저서들로부터 모은 광범위하게 서로 다른 생각들에 의존하였다. 나는 또한 카벨(Stanley Cavell)에게는 쿤과 비트겐슈타인에 관해서 많은 도움을 얻은 편지들을 보내 준 것에 대해 감사드리고 싶다. 그리고 가테이(Stefano Gattei)에게는 이 책이 출판되기 전에 초고로 된 이 책 전부를 읽어 주었고 매우 도움이 되는 제언을 해 준 것에 대해서 감사드리고 싶다. (그럼에도 불구하고 위의 사람들이나 저서들은 내가 해석한 내용이나 견해에 대해 아무런 책임도 없다.)

하지만 나의 훌륭한 아내, 내 인생의 사랑인 로베르타에게 나의 더 큰 고마움을 전하고 싶다.

❖ 쿤의 저서의 약칭 ❖

이 『해제』에서, 쿤의 저서들은 다음과 같은 약칭으로 표기된다.

CR : *The Copernican Revolution: Planetary Astronomy in the Development of Western Thought*(Cambridge, MA: Harvard University Press, 1957).

SSR : *The Structure of Scientific Revolutions*, 3rd edition(Chicago: University of Chicago Press, 1996).

ET : *The Essential Tension: Selected Studies in Scientific Tradition and Change*(Chicago: University of Chicago Press, 1977).

RSS : *The Road Since Structure: Philosophical Essays 1970–1993*, eds J. B. Conant and J. Haugeland(Chicago: University of Chicago Press, 2000).

어떤 특정한 원전을 언급하지 않을 경우에 모든 쪽수는 SSR의 쪽수이다.

제1장
맥락

쿤의 생애와 연구 활동

쿤(Thomas Samuel Kuhn)은 1922년에 오하이오 주 신시내티에서 그렇게 독실하지 않은 유대인 가정에서 태어났다. 그는 뉴욕 주 뉴욕 시와 펜실베이니아 주의 진보적인 사립학교에 다녔으며, 이후에 그의 부모는 하버드대학교 진학을 준비하기 위해서 코네티컷 주의 유명한 사립 고등학교[1]에 그를 보냈다. 그는 이 학교에서 특히 수학과 과학과목에서 좋은 성적을 거두어 1940년에 물리학을 전공하려고 하버드대학교에 들어갔다. 학부시절에는 전자기학과 전자공학을 집중해서 공부하면서도 역사를 배웠고 고전문학과 근세 철학에 관한 교과과정도 이수하였다. 제2차 세계대전으로 인하여 그는 대학과정을 더 계속하지 못하였지만 불과 3년 만에 졸업하게 되었다. 1943년에 그는 자신의 진로를 철학에 둘 것이라고 이미 생각하고 있었다. 그는 처음에 하버드대학교에 있는 미국 과학연구개발국(the US Office of Scientific Research and Development)의

---

[1] 역자 주: 지금도 명문으로 인정받는 태프트 고등학교이다.

전파연구소(the Radio Research Laboratory)에 근무하였고 이후에 영국의 폭격기 부대의 레이더 방어대책에 관한 연구를 수행하였으며 마지막에는 독일 부대의 철수에 따라 유럽 대륙에 설치된 레이더 설비들을 검사하는 일을 하였다.

1945년 전쟁이 끝난 후에 쿤은 하버드대학교 이론 물리학과 대학원생으로 등록하였지만, 곧이어 개설되어 있는 연구과정에 대해 회의감을 나타냈으며 그래서 철학을 포함하여 다른 학문 분야에 개설되어 있는 교과과정을 이수할 수 있는 허가를 받았다. 그는 논리학자 쉐퍼(Henry M. Sheffer)와 같이 공부하였으며 실용주의 철학자 루이스(C. I. Lewis)의 인식론, 논리학, 의미론의 영향을 받았다. 이러한 시기에 그는 그러한 주제에 관해 자신이 관심을 가지고 있음을 확인하였으며 또 대략 이 시기에 『과학혁명의 구조(이하 SSR)』와 같은 책을 저술할 필요가 있다고 확신하였다(ET, p. x). 그러나 그는 연구 분야를 다른 것으로 바꾸기 전에 먼저 학위논문을 제출하여 물리학 박사학위를 받아 이 과정을 마치기로 결정하였다.

하버드대학교의 총장 코넌트(James Bryant Conant)는 그 당시에 과학을 전공하지 않는 학부 학생들에게 과학의 본성에 관한 지식을 심어주기 위해 '과학 교양 교육(General education in science)' 과정을 개설하고 있었다. 대학신문의 편집을 담당한 것과 사전준비를 잘하여 학생들에게 감동을 주는 주제의 기사를 썼던 것으로 교수들에게 잘 알려져 있었던 쿤이 코넌트의 초청을 받아 이 교육 프로그램 내의 과학사 교과목의 운영을 담당하는 조교가 되었다. (과학사는 대학의 하나의 학과로 인정받아 이제 겨우 독립하려는 과정에 있었으며 미국 전역에서 이 과목을 가르치기 위해 채용된 사람은 거의 없었다.) 코넌트가 쿤에게 강의해 달라고 요청하였던 역학의 역사(the history of mechanics)에 대한 사례 연구는 (물론 쿤의 경우에는 그러한 강의가 **철학적** 목적에 이르게 하는 하나의 수단이었을지라도) 그의 관심을 물리학에서 과학사로 전환하는 데 도움을 주었다.

쿤이 과학사를 연구하는 방식에 관한 새로운 통찰력을 가지고 뜻밖의 사실을 알게 된 시기는 그가 이러한 교과과정을 준비하면서 아리스토텔레스의 물리학에 관한 자료들을 읽고 있었던 때인 1947년이었다. 아주 최근의 현대 물리 과학의 관점에서만 과학사를 사유하다 보면, 자연의 많은 모습들을 관찰하는 데 뛰어난 소질을 가졌던 사람인 아리스토텔레스가, 그의 이론이 현대 물리학에 접목될 때, 사실은 누구나 뻔히 알고 있는 오류를 저질렀던 듯한 당혹스러운 결과에 이르게 된다는 사실을 그는 알게 되었다. 이러한 결과가 어떻게 해서 그렇게 나올 수 있으며, 그리고 그러한 잘못을 범하는 것처럼 보이는 아리스토텔레스 물리학이 어떻게 해서 그렇게 오랫동안 중요하게 인정받을 수 있었겠는가? 그가 느끼기에, 그렇게 곤혹스러운 결과들을 낳는 과학사에 대한 해석은 잘못된 방향으로 나아간 것임에 틀림없었다.[2] 그러나 "기억할 만한 여름 (그리고 매우 더운) 어느 날에 그러한 곤혹스러운 결과들은 갑자기 사라져 버렸다. 내가 그때까지 그 해석을 위해 씨름하고 있었던 원전들을 종전과 다르게 해석하는 색다른 방식과 연관되는 기본 원리를 단번에 깨달았다"(ET, p. xi). 아리스토텔레스가 우주를 이해하였던 바대로 우주에 대해 많이 알게 됨으로써, 쿤은 종전과 다른 방식으로, 곧 현대 물리학의 세계관보다는 아리스토텔레스의 세계관에 더 가까운 방식으로, 아리스토텔레스의 물리학을 보게 되었다. 그가 나중에 게슈탈트-전환

---

[2] 사실 그는 과학의 원전들을 그렇게 잘못 해석하는 방식을 과학혁명 자체 내의 중심인 물들이 만들고 있다고 제시하고 있다(ET, p. xiii).

(Gestalt-switch)에 비유하였던 과정을 통하여 그는 말하자면 아리스토
텔레스의 머릿속의 생각을 이해하게 되었다(RSS, pp. 276, 280, 293,
315). SSR을 '거의 15년 전부터 독창적으로 생각하였던 탐구계획'이라
고 부르면서(p. v, 또한 RSS, p. 292 참조), 쿤은 이 책의 기원을 1947년
에 있었던 이러한 통찰(epiphany)로까지 분명하게 소급하고 있다.

역사학자의 입장에서는 이러한 종류의 개념 조정이 물리학 분야의 과
거 역사 동안에 물리학자들 자신들에게 발생하였을 것이라고 확신하였
던 내용을 반영하였다고 쿤은 느꼈다. 물리학 내부에서 광범위한 종류
의 개념 변화가 틀림없이 있었으며, 그 변화는 이미 알고 있는 내용에
새로운 내용을 단순히 첨부하거나 오류들만을 교정하는 것이 아니라 역
사학자 버터필드(Butterfield)가 '전혀 다른 종류의 사고를 하게끔 만드
는 것'으로 기술하였던 그러한 변화이다. 쿤에게 그렇게 중요한 의미를
가지게 된 개념, 즉 **과학혁명**의 개념을 그가 '우연히 만나게 된' 해가 바
로 1947년이다(ET, p. xvi).

쿤은 철학적으로 교육받고 훈련된 역사학자인 러브조이(Arthur
Lovejoy)의 아주 유명한 책 『존재의 대사슬(*The Great Chain of Being*)』
(Lovejoy 1936)을 이미 여러 번 읽었고 많은 감명을 받았다. 이 책은 관
념들의 역사(the history of ideas)로 알려진 분야에 관한 학설을 세운 연
구서들 중의 하나이다. 쿤이 아리스토텔레스에 대한 통찰력을 가지게
된 시기에, 그래도 하버드대학교의 과학역사학자이면서 그의 동료인 코
헨(I. B. Cohen)은 철학사와 과학역사학자로서 러시아에서 망명한 코이
레(Alexandre Koyré, 1892-1964)가 지은 책 『갈릴레오 연구(*Études
galiléennes*)』를 읽으라고 쿤에게 권하였다. 이 책은 1939년에 출판되었
지만 제2차 세계대전 이후에야 비로소 알려지게 되었다. 코이레의 저서
와 이 책에서 처음 시도되었던 '역사서술혁명(historiographic revolu-

tion)'은 우리가 나중에 알게 되는 바대로 쿤에게 강한 영향을 미치게 되었다. 코이레는 관념들의 역사의 경우에 러브조이가 행했던 것이 또한 **과학**사에서도 행해질 수 있다는 것을 쿤에게 보여 주었다(RSS, p. 285).

이러한 연구의 창시자는 아마도 콩트(Auguste Comte)가 된다 할지라도 코이레가 **과학혁명**의 개념을 정립하고 명료화하는 데 중심적인 역할을 하였다. 그는 '17세기의 과학혁명은 그리스 사상이 우주를 고안한 이래로 〔인간의 사상에서〕 가장 중요한, 아마도 비교할 수 없을 정도로 중요한 전환 중의 하나'였다고 적고 있다(Koyré 1978, p. 1). 단 하나의 (17세기의) 과학혁명만이 존재한다고 하는 그러한 혁명의 관념은 버터필드, 홀(A. Rupert Hall)과 그 밖의 다른 몇몇 역사학자들의 관심을 사로잡았다. 이들은 1300년-1800년의 시기 내에서도 그러한 내용의 혁명의 관념을 다양하게 찾아냈으나 대개는 16세기와 17세기에서 찾아내었다. 버터필드는 이러한 혁명이 '과학에서 중세 시대뿐만 아니라 고대 세계의 권위를 무너뜨렸다'는 사실과 그 개념이 '근대 세계와 근대의 사고 방식의 진정한 기원'을 이룩할 정도로 중요하다고 주장하였다(Butterfield 1949, p. viii). 코이레는 이 개념을 〔과학적 관념들의〕 혁명들'이라는 복수 용어로 이미 사용하였었다(Koyré 같은 책). 그러나 하나의 고유한 과학혁명의 개념을 명시적으로 취하면서도 과학사에서 **몇몇** 서로 다른 일화들을 '과학혁명들'의 특성을 보여 주는 것으로 간주하면서 자신이 '확대 해석된 개념(extended conception)'(pp. 7, 8)이라고 부른 내용으로 (복수형으로) 과학혁명의 개념을 사용하였던 사람은 쿤이었다.[3]

코넌트의 지원을 받고 있으면서 쿤은 1948년에 하버드대학교의 특별연구원 학회(Harvard's Society of Fellows)의 신진 특별연구원(Junior

Fellow)으로 선발되었다. 이 선발은 그가 연구에 전념하려고 하였던 주
제인 과학사에 대해서 스스로 깊이 연마할 수 있을 뿐만 아니라 이와 관
련되는 사회학, 관념들의 역사, 심리학, 인류학, 언어학과 같은 분야를
연구할 수 있는 첫 번째 기회를 제공하였다. 그리고 또한 이때 그는 하
버드대학교의 철학자 콰인(W. v. O. Quine)의 사상을 접하게 되었다.
SSR의 구성을 계획하면서 이러한 모든 자료들을 이용하였다. 그러나 이
책은 1950년대에 그가 가졌던 과거의 과학에 관해 지속적으로 이루어졌
던 집중적 연구로부터 나온 주된 결과물이다. 이러한 집중적인 연구는
(부분적으로는) 자신이 받았던 과학적 훈련과 (부분적으로는) 과학철학
에 관한 자신의 관심으로부터 그가 이끌어 내었던 기본 개념들을 그 뿌
리부터 무너뜨리기 시작하였다.

　쿤은 어떤 유형의 금속들의 응집력을 측정하는 새로운 방식에 관한
그의 박사학위 논문을 제출하였으며 1949년에 물리학 박사학위를 받았
다. 1950년과 1951년에 출판된 그의 첫 번째 책은 물리학과 응용수학
분야에 관한 것이었으며 이 책을 출판하였을 그 당시에 그는 '과학사 때
문에 과학을 포기하였다' 라고 나중에 설명하였다(ET, p. x).

　유명한 과학철학자 포퍼(Karl Popper)가 1950년 초반에 하버드대학
교에서 윌리엄 제임스(William James) 기념 강의를 했는데 그때 쿤이

3　역자 주: 뉴턴의 이론, 라부아지에의 산소이론, 아인슈타인의 이론 등은, 종전의 이론과
양립 불가능한 이론으로 등장하여 종전의 이론을 거부하게 만들었다는 점에서 혁명적인 일
화로 사람들이 간주하고 있다고 쿤은 보고 있다. 그런데 이러한 특성의 내용 외에도 내용을
더 확대 해석한 과학혁명의 개념을 사용해야만 과학의 특성과 역사를 제대로 설명할 수 있
다고 쿤은 주장한다. 쿤이 예로 들은 것은 통상적으로 과학혁명의 일화로 간주되지 않는 맥
스웰 이론이다. 쿤은 이 이론을 과학혁명에 관한 일화로 간주하면서, 과학혁명의 개념을 확
대 해석하는 자신의 입장을 분명히 하고 있다. 이러한 쿤의 해석에 따르면 관찰은 이론에
의존하고 있고, 그래서 새로운 이론의 발명뿐만 아니라 사실의 발견도 혁명적인 것으로 해
석될 수 있다.

포퍼를 직접 만났다.[4] 포퍼는 파리를 중심으로 하여 활동하였던 과학철학자 메이에르송(Émile Meyerson, 1859-1933)의 연구에 쿤이 관심을 가지도록 환기시켜 주었으며, 이후 과학에 대한 메이에르송의 역사적 접근방식을 쿤이 존경하게 되었다. 코이레의 지지를 받았던 메이에르송의 과학철학은, 그 당시에 인기가 있었고 **실증주의**(positivism)로 알려져 있던 그러한 접근방식을 강하게 반대하였다.[5] 그러나 자연과학 전체에 걸쳐 작용하는 인간의 사유의 합리적 구조를 (작은 집단으로 된 과학적인 보존의 원리들의 형식으로) 찾으려는 그의 경향[6]은, 그로 하여금 쿤이 관심을 가지고 있는 과학적 **변화**(change)의 문제를 간과하게끔 만들었다.

쿤은 1950년 여름에 유럽을 여행하였으며 이 여행에서 처음으로 과학사 교육프로그램이 있었던 유니버시티 칼리지 런던대학교(University College London)와 옥스퍼드대학교에서 과학철학자들과 과학역사학자들을 만났으며, 그리고 이후에 프랑스로 여행을 떠났다. 파리를 중심으로 활약하고 있었지만 미국에서 강의들을 하게 되었을 때 쿤이 이미 만

---

4   포퍼가 하버드대학원생들의 연구 중에서 몇몇은 '진짜로 뛰어난 것이었다' 고 말했을 때 그는 아마도 쿤을 염두에 두고 있었던 것 같다.

5   역자 주: 콩트는 법칙성의 원리(현상의 기술)가 사유의 전체를 지배한다고 주장하였으나, 메이에르송은 과학이 현상을 기술만 하는 것이 아니라 똑같이 현상을 설명하려고도 노력하기 때문에 법칙성의 원리가 사유의 전체를 지배하지 않는다고 주장하면서 실증주의 입장을 비판하였다. 현상에 관한 설명은 조건문의 전건과 후건을 확인하는 것이기 때문에 메이에르송은 과학의 설명이 두 가지의 기본적인 이성의 원리, 즉 법칙성(lawfulness)의 원리와 인과성의 원리의 지배를 받는다고 제안하였다.

6   역자 주: 과학의 설명이론들이 초기 원자론과 정성적 이론들로부터 상대성 물리학과 양자역학으로 진행하는 것처럼 설명의 내용은 역사를 통하여 변화한다 할지라도, 사유의 형식(법칙성의 원리와 인과성의 원리)은 변함이 없이 그대로 있다고 그는 말했다. 이외에도 그는 과학적인 보존의 원리로서 카르노의 에너지 보존의 원리와 질량 보존의 원리를 예로 들어 인과성의 원리를 설명하고 있다.

나 보았던 코이레는, 프랑스 철학자 바슐라르(Gaston Bachelard, 1884-1962)에게 소개하는 편지 한 통을 그에게 주었다. 쿤이 이미 읽었던 박사학위 논문들 중에 바슐라르의 박사학위 논문(Bachelard 1927)이 있었다. 이들의 만남은 겉으로는 별 수확이 없었지만(RSS, pp. 284-5), 코이레를 통해 쿤에게 전달되었던 바슐라르의 '인식론적 단절(coupure épistémologique)'과 '전환(mutation)'의 개념은, 쿤의 과학혁명의 관념과 가까운 것이며 아마도 이 관념의 배후에 작용한 영감이 되었을지도 모른다.

이 여행 동안에 쿤은 또한 메츠거(Hélène Metzger)와 마이어(Anneliese Maier)와 같은 과학역사학자들의 연구저서를 접하게 되었고 그는 이 저서를 칭찬하게 되었다. 쿤의 저서들은 이러한 대륙의 유럽 과학역사학자들과 철학자들의 연구가 영미의 무대에 아무도 모르게 등장하게 되는 통로가 되어 주었다. 미국과 영국에서는 잘 알려져 있지 않았던 연구 저서를 발표하였던 이러한 사람들로부터 쿤이 받은 은혜가, SSR이 그렇게 신선하게 보이도록 만들었으면서도 그러한 야단법석이 일어나도록 만든 주요한 이유들 중의 하나였다고 분명하게 말할 수 있다. 그러나 쿤의 저서로부터 매우 친숙하게 된 관념, 즉 과학사에서의 불연속성의 관념은 프랑스에서는 이미 흔하게 쓰이는 개념이었다.

유럽으로부터 돌아온 그해에 쿤은 하버드대학교의 1951년 로웰(Lowell) 강의들에서 '물리학 이론에 대한 탐구들(The Quest for Physical Theory)'에 대해 강의를 하였고[7] 과학사 분야의 주요 저널인 Isis에 발표하기 시작하였다. 로웰 강의들은 SSR의 중심이 되는 몇몇 특성들과 개념들을 예상할 수 있도록 만들어 준다. 특별히 여기서 특징화된 과학

---

7 역자 주: 신진 연구원으로 있으면서 1951년 3월부터 8회에 걸쳐 로웰 강의를 하였다.

의 개념은, 기존의 과학 교과서들로부터 알려지기 쉬운 정적인 개념과 반대되는, **동적이고 창조적인** 개념이다. 쿤은 여기서 자신이 '선입견', '편견', '관점들', '원리들', 혹은 '개념구조들' 등으로 다양하게 불렀던 것들을 과학에 본질적인 것으로 간주하고 있으며, 이 명칭을 사용하면서 그 이면에 가지고 있는 생각(아마도 명칭 '개념구조들'에 가장 가까운 생각)은, 확실히 그의 나중의 용어 '패러다임'의 의미를 느슨하게나마 어느 정도 가지고 있는 선구적인 것이다. 그러나 SSR의 절대적으로 중심적인 내용이라고 할 수 있는 (위대한 과학자들의 개인의) **업적**(성과물 achievement)으로서의 '패러다임'의 의미는 아직 나타나지 않았다. 쿤이 스위스의 심리학자 피아제(Jean Piaget)의 저서로부터 이끌어 낸 생각(p. vi, RSS, pp. 279, 283), 즉 어떤 '지각 세계'나 '행동 세계' 내에서 모든 사람이 활동한다 해도 서로 다른 과학자들은 자신들의 직업에 의해 만들어진 서로 다른 행동 세계들 내에서 활동한다는 생각은 '정상과학'의 개념을 포함하여 SSR에서 나오는 중요한 관념들을 미리 느낄 수 있게 만든다. 그래서 (정상과학에서의) 과학의 활동은 기존 체계의 범위와 엄밀성을 증가시키는 것이라고 하는 생각도 또한 피아제의 저서로부터 나온 것이다. 이러한 행동 세계들이 '변칙사례들'에 직면하게 되고, 이러한 변칙사례들이 '위기'로 상황을 악화시켜 그러한 행동 세계들을 종종 변화하게 만든다는 생각도, 현존하는 체계들이 새로운 체계들에 의해 대체된다는 파괴적 국면들인 과학혁명들의 관념과 같이, 이때 나타나고 있다.[8]

하버드대학교에서 처음에는 시간강사로서 그리고 이후 조교수로서

---

8 로웰 강의들에 관한 나의 대략적 이야기는 Marcum 2005의 2장에 있는 유익한 설명으로부터 나온 것이다.

활동하고 있으면서도 쿤은 '아리스토텔레스로부터 뉴턴까지의 역학의 발전'이라는 학부 강좌를 개발하였다. 그가 이 강좌를 개설하였음에도 불구하고 코넌트는 과학사 교과과정에 관한 강의를 머지않아 중단시키기로 결정하였다. 쿤은 화학자 내쉬(Leonard Nash)와 함께 그 강좌의 강의를 물려받았다. 그가 프톨레마이오스의 지구중심 세계관으로부터 코페르니쿠스의 태양중심설로의 전환에 관해 행한 강의 내용들은 그의 첫 번째 저서 『코페르니쿠스 혁명(*The Copernican Revolution*)』(1957)으로 나타났다. 이 책은 과학역사학자들로부터 좋은 평을 받았지만, 이 책의 주요 핵심 내용들 중의 하나가 '하나의(the)'(단수형) 코페르니쿠스 혁명은 **복수형**(plural)이다[9]라고 말하는 것임에도 불구하고 (이 내용으로) 그의 후기 저서가 조성하게 되었던 논란은 (그 당시에는) 하나도 일으키지 않았다(CR, pp. vii-viii).

하버드대학교에서의 시절이 거의 끝나갈 즈음에 쿤은, 『국제 통일과학 백과사전(*the International Encyclopedia of Unified Science*)』의 부편집장 중의 하나인 모리스(Charles Morris)로부터, 과학사에 관해 이들이 계획하고 있었던 책을 집필해 주도록 의뢰를 받았다. 이 책에 관해

---

9 역자 주: 쿤이 이에 관해 말하고 있는 서문의 원문 내용은 다음과 같다. "(코페르니쿠스) 혁명의 이름(the Revolution's name)은 단수(single)형임에도 불구하고 일어난 일(the event)은 복수(plural)형이다. 그 혁명의 핵심 내용은 수리 천문학의 전환(transformation)이었지만, 그러나 우주론, 물리학, 철학, 종교에서의 개념적 변화들도 또한 포함하였다. …… 그러나 전문화된 연구들과 이 연구들에 의해 정형화된 초보적인 연구들은 모두가 혁명의 가장 본질적이고 매력적인 특성들 중의 하나를 필연적으로 놓치게 된다. 그 특징은 혁명의 복수성 자체로부터 나오는 것이다. …… 이 책은 반복적으로 과학을 위한 독자와 역사 혹은 철학을 위한 독자를 분리시키는 제도화된 경계선들을 넘어선다. 때때로 이 책은 두 종류의 책인 것처럼 보일 것이다. 즉 과학을 다루는 하나의 책이고 다른 하나는 지성사를 다루는 책이다. 과학과 지성사의 결합은 그러나 코페르니쿠스 혁명의 복수적 구조에 접근하는 방식에서 본질적이다"(CP, pp. vii-viii).

이들이 처음에 염두에 두었던 저자가 그만두었기 때문이었다. 쿤은 이 의뢰에 동의하였으며 그래서 다른 부편집장인 카르납(Rudolf Carnap)과 이에 관해 편지를 주고받았다. 카르납은 시리즈물의 하나로 이 책을 출판하는 것에 관해 적극적으로 지지하였으며 이 책의 편집자 임무를 맡고 있었다.[10] 『백과사전』은 이 책의 편집장인 노이라트(Otto Neurath)에 의해 '논리실증주의자'의 과학관을 설명하는 전문논문집의 형태로 1930년대에 발간되었다. 1950년대 전반에 SSR의 출판을 의뢰하였을 즈음에는 논리실증주의의 구성원들이 뿔뿔이 흩어져 버린 상태였다. 왜냐하면 주로 유럽 대륙에 근거를 두었던 논리실증주의 지지자들이 히틀러의 발흥에 의해 강제로 추방되었기 때문이다. 이때 이들 중의 몇몇 사람들은 미국에 재결집하여 논리경험주의 운동을 형성하였으며 『백과사전』의 19개 논문들[11] 중에서 많은 글을 집필한 사람들이 바로 이 운동을 주도하는 사람들이었다.

쿤은 요청받은 출판의 기회를 단지 『과학혁명의 구조(The Structure of Scientific Revolutions)』에 대한 초판의 수준, 즉 간단한 요약본을 만드는 데만 사용하기로 실제로 의도하였었다. 그러나 요약본으로 의도했음에도 불구하고 이 내용은 그가 예상했던 것보다도 더 많은 분량을 가지게 되었다. 그는 SSR이 '이 책의 주제를 다루는 데 궁극적으로 필요한 분량을 완전히 갖춘 책'이기보다는 하나의 '에세이', 즉 중간 과정의 보고서 정도의 성격으로 집필하였다고 구체적으로 말하고 있다(p. viii).

---

10 Reisch 1991에 전재되어 있는 서신을 참조할 것.

11 역자 주: 『국제 통일과학 백과사전』의 편집장은 노이라트, 부편집장은 카르납과 모리스 두 사람이었다. 이 백과사전은 2권의 시리즈로 되어 있으며, I권은 10개의 전문논문들로 되어 있고 II권은 9개의 전문논문들과 파이글과 모리스가 만든 참고문헌과 색인으로 되어 있다. SSR은 처음에 이 시리즈의 전문논문의 형태로 나타났으나 1962년에 책으로 출판되었다.

그러나 그러한 분량의 책은 다시는 나타나지 못하였다.

1956년에 쿤은 하버드대학교를 떠나 버클리대학교로 갔다. 버클리대학교가 처음에는 철학과의 자리를 그에게 제공하였었고, 철학과의 자리는, 쿤이 자신의 철학적 관심으로 다시 돌아가기를 원하였기 때문에 그의 마음에 들었다. 그런데 나중에 버클리대학교는 철학과와 역사학과를 겸무하는 자리를 제안하였다. 그는 이 제안에 동의하였다. '정상과학'이라는 쿤의 특별한 관념은 그의 이론의 형성기에서 중요한 논문인 "현대 물리과학에서의 측정의 기능"에서 처음 나타났는데, 이 논문은 버클리대학교에 온 그해에 초고가 만들어졌고 1958년에 개정과 확장이 이루어졌으며 마침내 1961년에 발표되었다.

CR의 출판 이후에 쿤은 철학으로 정말로 돌아왔다. 그가 과학사와 철학에서의 강좌들을 강의했던 버클리대학교 시절(1956-64)에, 그는 코페르니쿠스 혁명의 대표적 특성을 기술하기 위해 이미 사용하였던 도식(scheme)을 일반화시켰다. 철학과의 그의 동료들 중에서 쿤은 카벨(Stanley Cavell)과 그리고 1959년부터는 파이어아벤트(Paul Feyerabend)와 가까이 지내면서 많은 토론을 하였다. 특별히 카벨은 비트겐슈타인(Ludwig Wittgenstein)의 (후기) 책 『철학탐구들(*Philosophical Investigation*)』(1953)을 읽고 해석하는 데 많은 도움을 주었다. 이 책은 아직도 논리실증주의의 망령이 지배하고 있는 분야에서는 좋지 않은 평판을 듣고 있었지만 쿤은 이 책에 대해서 어떤 조급함과 함께 공감을 느꼈다.

쿤은 1958-9년 동안에 스탠포드대학교의 행동과학 고등연구센터(Center for Advanced Studies in the Behavioral Sciences)에서 지냈다. 그는 이 시절을 SSR을 준비하는 기간으로 사용하였고 이 시절은 패러다임이라는 그 자신의 개념을 고안해 낸 시기인 것처럼 보이며 그 개념에 대한 흔적은 그의 1959년 강의 "본질적 긴장(The Essential Tension)"에서 처음으로 나타났다.[12] 쿤은 이 개념을 '그 책을 쓰는 데 필요하여 내가 찾고 있었던 구성요소(element)'로 간주하였다(ET, p. xix). 이 중심 개념은 그에게 있어 성숙한 과학의 분야를 특징짓는 특정한 종류의 합의내용(consensus)을 지시하고 있다.

스탠포드에 있으면서 SSR을 실제로 집필한다는 것은 시간이 많이 걸리고 어려운 일이라는 것이 드러났지만 버클리에 다시 돌아왔을 때 쿤은 그래도 똑같은 그 일을 빨리 수행하려고 노력하였다. 1961년 초반에 초고를 완성하고 그는 이를 코넌트와 파이어아벤트에게 보냈다. 코넌트의 반응은 쿤이 '패러다임'이라는 용어를 만병통치로 사용하고 있다는 것에 대해 우려를 표명하였다. 이 책에 관해 몇 통의 편지를 보낸 파이어아벤트는 매우 깊은 관심을 가지고 있었다(Hoyningen-Huene 1995와 2006을 참조). 그러나 SSR은 코넌트에게 헌정되었던 초판으로서 1962년 후반에 출판되었는데, 『백과사전』의 논문집 시리즈물 중에서 마지막이면서 가장 긴 논문집으로서 독립된 책의 형식으로 출판되었다. 이 책은 쿤이 세계적인 명성을 얻을 수 있도록 만든 저서였다. 지금까지 백만 권 이상이 판매되었고 27개국 이상의 언어로 번역되었기 때문에 이 책은 로티(Richard Rorty)가 설명하였듯이 '제2차 세계대전 이후에 가장 많이 읽혔고 가장 영향력이 있는 영문 철학 저서'가 되었다(Rorty 2000, p. 204). 이 책은 출판되자마자 처음부터 혁명이라는 바로 그 관념에 도취되어 있었던 사회과학자들과 학생들로부터 좋은 평판을 얻었으나, 철학자들로부터는 아주 비판적인 관점에서만 점차적으로 관심을

---

[12] 이 강의 내용은 ET에 전재되었으며 아마도 쿤의 초기 견해를 짧게 요약한 것으로 가장 좋은 논문이 될 것이다.

끌기 시작하였다. 쿤은 이러한 평판의 어떤 내용에 대해서도 전적으로 만족하지 않았다. 학생 혁명론자들 가운데 있는 그의 팬들과 사회과학의 많은 팬들은 그를 잘못 이해하고 있었다. 그가 나중에 설명하였듯이, "나는 모든 학문들 가운데서 가장 완고하고 어떤 환경에서는 가장 권위적인 것이 어떻게 참신함을 가장 잘 창조해 낼 수 있는지를 설명하기 위해 노력하고 있었다"(RSS, p. 308). 그리고 철학자들은 그가 가장 찾으려고 한 독자들이었음에도 불구하고 그는 이들이 자신의 저서를 잘못 해석했다고 종종 간주하였다. 철학자들의 비난의 내용이 비합리주의에 관한 경우에는 이 비난의 내용은 쿤으로 하여금 불쾌감과 분노를 느끼도록 만들었다. 만약 그 비난의 내용이 상대주의와 (혹은) 관념론일 경우에는 그의 반응은 적절한 수정(조건제한)으로부터 노골적인 거부로까지 다양하게 나타났다. 그는 SSR의 '후기(Postscript)'에서 그리고 중요한 학회 논문들에서 이러한 철학적 반대들을 야기하지 않는 방식으로 그의 견해들을 설명하려고 더욱 많이 노력하였다.

　1960년대 초반에 SSR의 초고를 끝내고 곧이어, 쿤은 양자역학의 역사를 기록하고 있는 정보 보관소를 구성하는 데 미국 물리학회(American Physical Society)와 미국 철학회(American Philosophical Society)의 합동위원회로부터 의뢰를 받았으며 이 일을 헤일브론(John Heilbron), 포맨(Paul Forman), 알렌(Lini Allen)과 같은 그의 대학원 지도학생들 중의 몇몇 사람들과 협력하여 진행하였다. 버클리대학교에서 시작된 이 계획은 코펜하겐대학교으로 갔다가 다시 버클리대학교로 돌아와 진행되었으며 마침내 『양자역학의 역사에 관한 자료들(Sources for the History of Quantum Physics)』(Philadelphia: American Philosophical Society, 1967)이라는 책으로 발간되었다.

　1964년에 쿤은 교수들이 자신의 진가를 충분하게 알지 못하였던 것처럼 보였던 버클리대학교의 철학과를 떠나 프린스턴대학교로 갔다. 1967년에 프린스턴대학교의 과학사와 철학의 프로그램 책임자(director)가 되었으며 1968년에 역사학의 정식 교수가 되었고 1972년에 고등학문연구재단(Institute for Advanced Study)의 회원이 되었다. 그의 첫 번째 논문집, 『본질적 긴장: 과학적 전통과 변화에 관한 선택된 연구들(*The Essential Tension: Selected Studies in Scientific Tradition and Change*)』이 1977년에 출판되었다. 그러나 프린스턴대학교에서 이루어진 그의 연구의 주요 성과물은 『흑체이론과 양자적 불연속성(*Black-Body Theory and the Quantum Discontinuity*)』(1978)이었다. 이 책은 양자역학의 초기 역사에 관한 방대한 책으로서 SSR을 유명하게 만든 용어들('패러다임', '정상과학', '과학혁명' 등)을 사용하지 않아서 독자들 중의 많은 사람들을 놀라게 하였고 실망시켰지만, 그러나 쿤은 그의 역사적 연구 업적을 대표하는 것으로서 이 책을 가장 최고이고 최선의 것으로 간주하였다.

쿤은 1978년에 프린스턴대학교를 떠나서 처음으로 뉴욕대학교로 옮겼으며 MIT(the Massachusetts Institute of Technology)에서 언어와 역사학과에서 겸무하였고, 나중에 이 대학교 철학과의 록펠러(Laurance S. Rockefeller) 석좌교수가 되었다. 여기서 그의 관심은 다시 특별히 과학혁명과 통약불가능성의 개념들과 같은 철학적 문제들로 향했으며, 그런데 의미와 언어의 문제에 집중한 것으로 더 분명하게 간주될 수 있다. 그는 이러한 시절에 6개 이상의 중요한 논문들을 발표하였으며 이 논문들 속에서 SSR로부터 나온 친숙한 개념들을 확대 해석하거나 검토하거나 정교하게 다듬거나 개정하였다.

쿤은 1991년에 은퇴하여 명예교수가 되었으나 이후에는 거의 논문을 발표하지 않았다. 그는 2년 동안 암으로 인한 질병을 앓았다가 1996년에 사망하였다. 그의 두 번째 논문집『구조 이후의 진행: 1970-1993의 철학 논문들(*The Road Since Structure: Philosophical Essays, 1970-1993*)』이 2000년에 출판되었다. 그러나 이제 그의 연구의 마지막 국면이 매듭을 지을 수 있게 되었다. 그의 마지막 책『세계의 다수성: 과학의 발견에 관한 진화론(*The Plurality of Worlds: An Evolutionary Theory of Scientific Discovery*)』은 그의 삶에서 마지막 15년 동안 그가 연구한 내용에 관한 저서로서 그가 사망했을 때에 2/3 정도만 완성되어 있었으며, 호지랜드(John Haugeland)와, 쿤을 이끌어 주었던 하버드대학교 총장이었던 코넌트(James Bryant Conant)의 손자인 코넌트(James Conant)에 의해서 현재 출판을 위해 편집되고 있다.

제2장

주제의 개관

쿤의 행로는 물리학으로부터 과학사로 그리고 계속해서 철학으로 진행하였다(p. v). 그러나 물리학자로서 받은 그의 교육훈련은 정식으로 이루어진 것이었고 박사수준에 이를 정도로 완전하였지만, 과학사와 철학에 관해서는 대부분 그는 독학으로 공부하였다. 그의 주요 **관심**은 철학에 있었으나, 자신이 말하고 있었던 내용에 관한 포괄적 견해를 명확하게 표현하기 위해서, 또는 흔히 있는 어떤 철학적인 반대를 모면하기 위해서 철학적 사상가로서 항상 조심하지는 않았다. 물론 SSR의 초판(1962)의 출현과 재판(1970)의 출현 시기 사이에 그의 견해에는 어떤 중요한 변화들이 있었다.

쿤은 그 당시에 널리 퍼져 있던 과학상(the image of science)을 반대하였으며, SSR이 '역사적으로 정향(定向, oriented)된 과학관'(p. x)이라는 새로운 과학상을 개괄적으로 제시하려고 의도하였다. 새로운 과학상은 유럽 대륙의 과학역사학자들로부터 점차적으로 알려지고 있었다. 그러나 SSR은, 한쪽에는 심리학, 언어학, 그 밖의 그와 관련되는 학문들로부터 나오는 결과물들의 복합물로서 쿤이 생각하고 있는 내용에 의해 알려진, 이러한 대륙의 역사주의자의 과학사에 관한 접근방식이, 다른

한쪽에는 영미의 '분석' 철학으로부터 도출된 구조체제가 있으면서 이
둘이 서로 대립하고 있음으로 결과하게 되는 긴장관계를 그 자체에 어
느 정도 가지고 있다. 해킹(Ian Hacking)이 이미 주목하였듯이, 이렇게
결과하게 되는 긴장들이 쿤의 저서를 위대하게 만든 것이다(Hacking
1979, p. 236). 그러나 이러한 긴장들은 궁극적으로 쿤의 연구를 무너뜨
릴 정도로 위협적인 것이고 우리가 그러한 위협을 넘어서야만 한다는
것을 의미하고 있다. 넘어서기 위해 하는 하나의 방식은, 여기서 내가
추구하는 방식으로서, SSR로부터 하나의 정합적인 철학적 그림을 발굴
하기 위해 할 수 있는 바를 알려고 노력하는 것이다. 물론 이러한 이유
들 때문에 그러한 하나의 그림을 쿤에 귀속시키려는 어떠한 시도도, 재
구성과 같은 어떤 것이어야만 할 것이다.[1] 그런데 그러한 재구성은 매우
해 볼 만한 가치가 있다.

　　근본적으로 쿤은 과학의 **교육양식**과 과학의 **발전양식**에 의해 과학을
특성화하고 있다. 과학이라는 전문 직업에 참여하게 될 때 받게 되는 교
육은, 과학자가 되는 것과 특정한 **방식**으로 특정 과학을 실습하는 것을
사람이 배우는 것을 의미한다. 쿤은 과학사에 관한 연구를 통해, 개별
과학의 과거를 보면 그러한 방식이 하나 이상 존재한다는 사실을 확신
하였다. 이 가장 기본적인 차원에서조차도 과학이 **변화하게 된다**는 이러
한 확신은, 과학에 관한 쿤의 그림이 유명하게도 과학이 어떻게 **발전하
는가**에 관한 그림이라는 사실을 의미한다.

　　그러나 과학의 실천은 다른 현상들과 제도적으로 연결되어 있다. 과
학은 주장들(예컨대 이론들)을 수반하고 있을지라도 이러한 주장들은

---

[1]　나는 쿤이 SSR을 (해킹의 말처럼) '세련된 철학 체계(a polished system of philoso-
phy)' (Hacking 1981, p. 5)로는 기술하지 않았을 것이라고 추측한다.

하나의 주장으로 나타나지 않는 것(예를 들어, **개념체계**(conceptual scheme))에 의해서도 표현되어야만 한다. 이러한 곳이 쿤의 **패러다임** 개념이 들어오게 되는 지점이다. 패러다임은 매우 대중적으로 알려지게 되었다는 의미에서 과학적 실천과 과학의 개념체계와의 **혼합물**(amalgam)이다. 이것들은 해당 과학을 수행하는 방식들이지만 또한 사유하는 방식들이다. 실천들이나 개념체계들이 참-혹은-거짓에 의해 평가될 수 없다고 쿤이 주장한 것은 옳았다고 할 수 있다. 이것들에 관한 평가는 이와 다른 특징들에 의해 이루어져야만 한다.

그래서 쿤은 SSR의 2절(그리고 또한 우리가 이 책 2절에서 보게 되는 바대로)에서 각각의 자연과학은 선(先)-패러다임(pre-paradigm)의 시기부터 시작한다. 이 시기 동안 그러한 분야의 탐구를 행하는 방식에 관해 합의된 방식이 존재하지 않는다. 이 단계 동안에 이루어지는 탐구에는 과학자들이 참가하지만 그러나 아직까지는 제도적으로 **과학**(science)이 만들어지지 못하였다.

그러나 어떤 시점에서 이러한 탐구자들 중의 한 사람이, 관련되는 많은 현상들의 더미 중에서 어떤 소수의 현상을 설명할 수 있는 돌파구를 마련한다. 쿤의 말로 하면, 이 사람이 바로 하나의 **패러다임**을 고안한 것이다. 왜냐하면 그 패러다임이 그 분야를 지배하게 되는 한 그 패러다임의 과학자들은 쿤이 '정상과학'이라고 부른 것을 다루기 때문이다. **대부분**의 과학활동을 제도적으로 만들어 내는 정상과학이, 쿤의 생각에, 지금까지 간과되어 왔고, 그것에 그가 주목하기를 원했던 과학의 첫 번째 특징이다(패러다임과 정상과학은 SSR의 III-V절 그리고 이 책의 3절의 주제들이다).

과학자들의 정상적인 과학적 탐구의 과정에서, 그래도 과학자들은 어떤 문제들이 있음을, 즉 실험적이거나 관찰적인 결과들과 패러다임이 서로 부합하지 않는 것을 발견한다. 패러다임과 부합하지 않는 이러한 것들이 쿤이 (SSR의 VI절에서) '변칙사례들(anomalies)' 이라고 부르는 것이다. 만약 변칙사례들이 지속적으로 존속한다면 그것들은 '위기(crisis)' (SSR의 VII절), 즉 주도적으로 지배하는 패러다임이 그 중심과 지배력을 잃기 시작하여 더 이상 지배할 수 없게 되는 일화들로 변할 수 있다. 그러나 위기로 변화하게 된 경우에서조차도 과학자들은 과학철학자들이 통상적으로 제시하고 있는 그러한 종류의 방식으로 위기들에 대응하지 않는다(SSR의 VIII절). 변칙사례들, 위기들, 그리고 과학자들이 그러한 것들에 어떻게 대응하는가에 관한 내용은 이 책의 4절에서 다루어지고 있다.

(기존의) 패러다임의 지배력은, 그와 경쟁적인 패러다임이 후속타로 나오게 될 경우에만 최종적으로 사라지게 된다. 그러한 전환이 쿤을 유명하게 만든 과학혁명이다. 그러한 혁명들이, 쿤이 주목하기를 원하였던 과학의 두 번째 특성이다. 이러한 일화(변칙사례)들이 완전하게 퍼져 있다는 사실은 이전에는 전혀 추측조차 해 보지 않았기 때문에 그리고 쿤은 다양한 종류의 과학철학자들과 과학역사학자들이 이러한 일화들의 존재나 그 중요성을 부정하는 태도를 명확하게 견지하고 있다고 간주하였기 때문에, SSR은 과학혁명들이 존재한다는 사실(IX절)을 독자들에게 확신시키려고 노력하는 데 그리고 그러한 혁명들이 존재하지 않는다고 생각되는 이유를 설명(XI절)하는 데 많은 시간을 들이고 있다. 이 책은 이러한 내용을 안내하면서 쿤의 불연속적인 과학의 그림을, **누적주의**(cumulativism)로서 알려져 일반인들에게 더 친숙한 점진주의자의 그림과 비교해 본다(이 책 5절).

과학혁명들의 존재는 또한 우리의 일반적인 과학의 그림에 대해서 극적인 결과를 야기하는 것으로 전제되어 있다(SSR의 X, XII절). 어떤 분야에서 옛날 패러다임과 그 후속 패러다임의 **관계**는, 쿤이 주장하였듯이, 과학에 관한 종전의 철학적 설명들을 뒤집어 버리는 '통약불가능성(incommensurability)'으로 발전하게 되어, 문제를 많이 가지고 있다. 그러한 통약불가능성의 한 가지 양상이나 결과는, 아마도 그러한 혁명에서 과학자들이 대상으로 하여 연구하는 세계가 '게슈탈트-전환(Gestalt-switch)'과 유사한 방식으로 변화한다는 것이다. 쿤은 과학이 그럼에도 불구하고 **진보(progress)**한다는 것을 전혀 의심하지 않았으나(SSR의 XIII절), 그러나 이러한 진보가 존재하는 곳이 어디인지에 관한 그의 설명은 실증주의자들, 논리실증주의자들, 비판적 합리주의자들, 대부분의 '과학적 실재론자'의 설명과는 전적으로 달라야만 했다. 그는 성숙한 자연과학들이 현시대의 가장 최선으로 발전된 형식의 지식을 구성한다고 항상 생각했으면서도 그 지식들이 진리에 더 가까이 근접하게 됨으로써 발전하게 된다는 통상적인 생각에 그는 전혀 동의하지 않았으며, 과학을 일반적인 지적 만병통치로 간주하고 있는 믿음인 **과학주의**(scientism)에 대한 도전에 최선을 다하였다. 이 책의 6절, 7절, 8절은, 쿤의 견해의 어떠한 측면들이 발전할 만하고 어떠한 측면이 당연히 거부되어야 하는지를 제시하는 방식으로 이 논점들을 풀어 나가기 위해 노력한다. 6절에서 나는 쿤이 인정하였던 어떤 철학적 문제들을 피하면서 내가 (어떤 다른 사람들을 따라) '개념적 상대주의(conceptual relativism)'(이 표현은 이전에도 쿤의 견해들을 특성화하는 데 사용되었다. 그러나 나는 여느 다른 쿤의 주석가와는 어느 정도 다른 어떤 것을 의미하고 있다)라고 부르는 전반적인 관점을 찾으려고 노력한다. 나는 이 관점을 쿤이 **명확하게 표현하는 데** 성공하였던 관점이라고 간주하지는 않지만 그가 말하였던 내용과 말하고 싶어 했던 내용의 많은 것을 이해시켜 주고 있다고 생각하며 그래서 그 관점은 발전의 소지가 있다고 생각한다.

쿤은 SSR의 재판에서 아주 중요한 내용의 '후기(Postscript)'를 첨부하였다. 이 '후기'에서 그는 그의 견해의 많은 내용을 다시 확인하면서 그리고 그 밖의 약간의 내용을 개정하면서 몇몇 논쟁점들을 명료하게 만들었다. '후기'에서 제기된 논쟁점들은, 이 책에서는 그 문제들이 가장 적합하게 관련되는 절의 마지막 부분에서 다루어질 것이다.

제3장
『과학혁명의 구조』에 관한 해제(解題)

1절. 쿤의 연구계획과 중심 용어들

SSR의 1절은 쿤의 비판적 초점의 대상, 그의 연구계획, 그의 연구 맥락과 그리고 이로부터 결과하게 되기를 그가 희망하고 있는 새로운 과학상의 몇몇 측면들의 윤곽을 개략적으로 서술하면서 사전 논의 준비를 하고 있다. 쿤은 이러한 새로운 과학상에서 중심역할을 하게 되는 용어들 중에서, 특히 '정상과학'과 '과학혁명'과 같은 용어들을 소개하고 있으나 단지 예비적 단계의 방식으로만 그 용어들을 설명하고 있다.

"만약 역사를 단순한 일화들이나 연대기보다 그 이상의 내용을 담고 있는 저장소로 보게 된다면, 역사는 (지금) 우리들의 생각을 지배하고 있는 과학상(the image of science)에서 전환하게 되는 결정적 기회를 제공할 수 있다"(p. 1). 쿤의 책 1절의 맨 처음에 그 시작을 알리는 이 문장은 그의 연구계획과 그의 비판적 대상을 공표하고 있다.

쿤이 염두에 두고 있는 기존의 과학상은, 자신이 받았던 과학적 훈련과 교육, 과학 교과서들과 같은 완결된 과학적 성과물, 그리고 그가 직접 대면한 과학사와 철학에 관한 어떤 저서들로부터 도출된 것처럼 보

인다. 그는 SSR에서 이러한 비판적 대상을 특정화하는 데 거의 수고를
하지 않았을지라도 그러나 후기에 가면 그는 자신이 반대하고 있었던
과학상을 어디에서 가지게 되었는가에 관해서 다소 많은 말을 하고 있
다. 군대에 복무하고 있는 중에 그는 여러 물리학자들과 과학철학자들
중에서 브리지만(Percy Bridgman)과 에딩턴(Arthur Eddington)의 책
들을 읽었다. 1945년경에는 그는 러셀의 몇몇 철학 저서들을 읽었으며
그 후에 논리실증주의자 프랭크(Philipp Frank), 본 미세스(Richard
von Mises)와 카르납의 저서를 우연히 만나게 되었다.[1]

그가 '과학철학이라고 간주하였던' 이러한 연구 저서들이, 이외의 많
은 수의 '어느 정도 대중적이면서도 어느 정도 철학에 가까운 연구 저서
들'(RSS, p. 305)과 함께, 그의 공격 목표로 설정되었다. 그가 설명하고
있듯이, 그가 반대하고 있었던 철학은 **통상적인 논리실증주의상**(every-
day image of logical positivism)' 이었다(같은 책, p. 306, 강조는 이 책
의 저자). 그래서 그는 과학철학을 피상적으로 대면하였고, 후기에서
스스로 인정하였듯이, 만약에 그가 철학적 문헌들을 좀 더 깊이 알았었
더라면 SSR을 아마도 쓰지 않았을지도 모른다.

그런데 SSR에서조차도 쿤의 공격 대상은 특정하게 발전된 어떤 개별
적인 철학적인 과학관이 아니었다(그는 과학철학에 관하여 그 당시의
두 가지의 주요 접근방식인 논리경험주의와 포퍼의 '비판적 합리주의'

---

[1] 쿤은 대학원시절에는 열동력학에 관한 브리지만의 강의들을 들었으며 학부시절에는 똑
같은 과목을 프랭크가 강의하는 수업에 참석하였다(RSS, pp. 267-8). 여기에다 그는 적어
도 라이헨바흐(Hans Reichenbach)의 책 『경험과 예측(*Experience and Prediction*)』(Chi-
cago: University of Chicago Press, 1938)에 대해서도 알고 있었던 것 같다. 왜냐하면 쿤이
자신의 취향에 부합하는 것으로 발견한 폴란드 태생의 과학철학자이면서 세균학자인 플렉
(Ludwik Fleck)의 책 『과학적 사실의 발생과 발달(*Genesis and Development of a Scientific
Fact*)』에 대한 인용을 우연히 보게 된 곳이 바로 이 라이헨바흐의 책이었기 때문이다.

에 관해 **발전된** 견해들을 그때까지는 생소하게 느낀 것처럼 보인다(참조 RSS, p. 227). 그럼에도 불구하고 그는 그러한 과학관을, '과학자들의 이데올로기의 부분'(RSS, p. 282)으로서 사람들을 일반적으로 사로잡고 있는 상이고 그리고 일반 대중으로 스며들어 간 그러한 종류의 상으로 간주하였던 것 같다.

쿤의 불평은 주로 이러한 과학상이 역사적으로 과학을 자세하게 검토하게 되면 그렇게 간단하게 유지될 수 없다는 것이다. 그 이유로는 몇 가지가 있다. 쿤 자신이 주장하기를, 학생이 필요로 하는 내용은 옛날의 방법들보다는 현재 통용되고 있는 방법들을 사용하는 것에 익숙하게 되는 것이기 때문에 과학의 저서들은 필연적으로 몰역사적(unhistorical)이다. 과학 교과서들이 고취시키는 물음들은 몰역사적이며 과학의 발전 과정을 이해할 수 없게 만든다. 과학 교과서들로부터 나타나게 되는 그러한 종류의 역사는 '이제는 중요하지 않은 그러한 역사가' 아니다(RSS, p. 282). 과학은 해당 분야의 주요 인물들을 잊어버리지는 않지만 이 사람들과 그리고 이 사람들이 속한 과학공동체는, 이 사람들이 성취한 업적들을 어떻게 이룩하게 되었는가를 **잊어버리고 있다.** 대부분의 과학자들과 철학자들 그리고 심지어 역사학자들까지도 간주하고 있는 바 대로 과학을 일단의 성과물로 바라보지 않고, 그 대신에 쿤은 기존의 학자보다는 새로운 역사학자들을 추종하여 과학을 하나의 과정(process)으로 바라본다. 이 과정은 과학을 완결된(출판된) 과학의 성과물들로 만든 적이 없는 모든 종류의 현상들을 포함한다.

기존의 과학상이 과학사에 부합하지 않는 두 번째 이유는 관련되는 과학철학자들이 자신들의 분야를 **규범적**(normative) 활동으로 간주하고 있다고 보기 때문이다. 예를 들어 논리실증주의자들은 적어도 이들이 가장 유명했던 활동시기에 보면 역사적으로 정확한 과학상을 제시하려고 **노력하고** 있지 않았다.[2] 이들의 연구 계획은 서로 다른 종류의 과학의 언명들 간의 관계들, 과학의 **논리의** '합리적 재구성'을 제공하는 것으로서 역사적인 것과는 전혀 다른 것이었다.

포퍼와 포퍼를 따르는 비판적 합리주의자들(이 당시에는 버클리대학교에서 쿤의 동료이고 친구인 파이어아벤트까지도 포함)은 과학사에 관한 연구를 시작하려고 매우 열심히 노력하였으며 쿤이 찬양하였던 새로운 과학역사학자의 연구 저서에 매우 호의적이었다. 그러나 이들은 아직도 자신들의 연구계획을 규범적인 용어들로 강하게 표현하였다. 이들의 경우에 방법론적 규칙들이란 철학자들이 과학자들을 위한답시고 자신들이 규정한 규칙들이었다(참조 Popper 1959의 2장). 이들은 과학이 실제로 그리고 **전형적으로**(typically) 어떻게 존재하고 있는가에 관한 정확한 그림을 제공하기보다는 과학이 **가장 전성기에** 있다는 것이 무엇인지를 말하려고 목적하였다. 사실 이들은 과학사에 관한 어떠한 설명도, 어떤 가치들에 근거하여 선택된 자료들에 의해 알려지고 있으며 가치들이 **서로 다르면** 과학사에 관하여 서로 다른 (그러나 역사적으로는 매우 정확한) 설명들을 제공하게 될 것이라고 주장하였다.

쿤은 과학철학에 대해 이와 다른 개념을 가지고 있었다. 그는 활동들에 대한 평가는 오직 그 활동들에 관한 정확한 기술에 뒤따라 나올 뿐이라고 주장하였다. 우리는 어떤 주어진 활동이 과학적이냐 아니냐의 여부를 말할 수 있기 전에 그리고 그러한 활동들을 평가할 수 있기 전에 과학에 관한 정확한 **그림**을 가지고 있어야만 한다. 그러므로 그는 포괄적인 경험주의자의 노선에 따라 과학을 보다 면밀하게 조망할 것을 제

---

[2] 예를 들어, 카르납은 쿤과 주고받은 서신에서 과학사에 관해서 단지 단편적인 지식만을 가지고 있음을 고백하였다(Reisch 1991, p. 266).

안하였다. 이러한 제안은 그렇게 조망하는 것이 과학사에 관해 취하게 되는 개인적 견해들의 폭을 줄일 것이라고 전제하고 있다. 그는 자신이 과학이론들에 관해 '보다 실제적인 평가를'[3] 하고 있다고 생각하였다. 쿤의 책은, 과학자들로서 종사하고 있는 대부분의 사람들이 자신들의 근무시간에 무엇을 하면서 지내고 있는가를 일반적인 방식으로 기술하고, 그래서 우리 모두가 선(先)이론적으로(pre-theoretically)(그냥 직관적으로) 과학으로서 인지하는 활동에 관하여 이전에 이해하고 있었던 것보다도 더 많이 이해하도록 처음으로 시도한 노력들 중의 하나이다. 그렇지만 그렇게 이해시키는 것이, 과학을 전반적으로, 그리고 **전형적인** (typical) 과학자들의 활동들을 '합법화하는 것(legitimating)'으로 결과하지 않을까 하는 하나의 우려는 있다. 비판적 합리주의자들은 이러한 우려를 무시한다. 이들의 경우에는 전형적인 과학자들이 올바로 연구를 진행할지도 모르고 그렇지 않을지도 모른다. 이들이 올바로 연구를 진행하는가의 여부는 보편적으로 적용될 수 있는 외부의 객관적 기준(철학으로부터 도출된 표준)을 만족시키는가의 여부에 달려 있다. (외부의 객관적 기준이 없다면) 과학은 그 자신의 본성을 잊어버리게 되어 잘못된 방향으로 선회하였을지도 모른다.

SSR은, 과학을 언명들의 체계가 아니라 일단의 숙련된 **활동**이나 **실행들**로 표현하면서 그 당시 널리 유포되어 있던 견해들을 개선하였다. (논리실증주의자들은 명시적으로 그러한 유포된 견해를 수용하였고, 비판적 합리주의자들은 연역에 초점을 맞추었기 때문에 이와 똑같은 방향으로 진행하였으며 심지어 코이레의 접근방식도 완전히 '주지주의자

---

3 쿤이 1953년에 구겐하임 연구비(Guggenheim Memorial Fellowship) 신청서에 쓴 것으로서, Cedarbaum 1983, p. 178에서 인용함.

(intellectualist)'의 방향이기 때문에 이와 비슷한 결과를 가지게 되었다.) 이 때문에 쿤은 또한 어떠한 **형식주의자** 과학관과도 거리를 두었다.

그는 또한 **과학의 통일**이라는 논리실증주의자/논리경험주의자의 관념에 반대하는 과학상을 표현하였다. 확실하게 실증주의자들은 이러한 통일을 각기 서로 다른 방식으로 생각하였다. 예를 들면, 카르납은 과학의 통일을, '고차원의' 과학들의 개념들이 물리학과 같은 '저차원의' 과학들의 개념들에 의해 언명될 수 있기 때문에, 환원에 의한 통일로 처음에 간주하였다. 그러나 노이라트(Otto Neurath)는 과학이 공통의 '물리주의적(physicalistic)' **언어**를 공유하고 있다고 단순하게 생각하였다.

쿤의 과학상은 이러한 모든 개념들에 반대하였다. 왜냐하면 그는 어떤 주어진 과학 분야에서 서로 다른 개념 체제의 연속만이 있다는 사실뿐만 아니라 이러한 연속되는 체제들이 다루는 문제들이 똑같을 필요가 없다고 주장하였기 때문이다.

쿤의 과학상은 또한 형이상학으로부터 과학을 **갈라놓으려는** 실증주의자와 경험주의자의 경향에도 반대하였다. 쿤은 과학사에서 형이상학의 건설적인 구성적 역할을 인정하면서 과학사에 관한 코이레의 확고한 철학적 접근방식을 따랐다. 철학적 경향이 과학이론들에 본질적인 영향을 미친다는 관념(Koyré 1954)을 따르면 형이상학이 과학에서 어느 정도 분리될 수 없다고 결론을 내리지 않을 수 없다. 포퍼도 이미 이러한 사실을 인정하였다. 그러나 논리실증주의자들, 논리경험주의자들, 다른 종류의 귀납주의자들은 그러한 관념을 반대하는 데 단결하였다. (비트겐슈타인의 추종자들도 또한 이러한 점에서 문제가 있었다.) 단호하게 한 명제의 무의미성을 선언하는 실증주의자의 관념은, 과학의 진보는 의미들이 재조정되는 위기들에 의해 중단된다는 쿤의 관념과 양립할 수가 없다.

쿤은 일반적으로 공인된(received) 과학상의 주요 특징을, **누적주의**(cumulativism)로 간주하였다. 누적주의 견해는 과학이 축적에 의해 점차적으로 발전한다고 보는 견해이다. 이러한 견해로부터 나오는 과학역사학자의 임무는 이러한 누적적 진보를 향해 이루어진 진전(발견)들과 방해들을 연대순으로 기술하는 것이다. 그러나 그가 잘 알고 있던 저서들의 저자들인 대륙의 과학역사학자들은 이러한 누적주의 방식으로 연구한다는 것이 더 한층 어렵다는 것을 발견하였다.

이때 쿤은, 논리실증주의자/논리경험주의자가 누적주의자와 형식주의자로서, (반역사적이지는 않을지라도) 역사에 대해 관심이 없는 사람으로 간주하여 자신이 이들의 견해에 대해 반대하고 있음을 깨달았다. 그러나 이러한 깨달음의 내용이 어떤 진실의 내용을 가지고 있다 할지라도 그 내용은 매우 조심스럽게 간주되어야만 한다.

우선 한 가지 (조심해야 하는) 사실은, 초창기의 논리실증주의자들(노이라트, 프랑크, 한)이 프랑스 규약주의자들의 영향을 받아 과학사에 관해 많은 관심을 취하였었고 형식주의자나 누적주의자의 입장에 개입하지 않았다.[4] 그렇다고 쿤이 실증주의의 이러한 국면을 많이 알지 못하였다고 비난하지 않는 것이 좋을 것 같다. 왜냐하면 이러한 국면의 내용은 최근의 연구에 의해 밝혀졌기 때문이다. 그러나 프랑크는 쿤이 알고 있다고 말한 연구 저서를 가지고 있었으며 쿤과 같은 시기에 하버드대학교에 있었던 사람으로서, 실증주의의 이러한 초기 국면에 관여하였고 1949년에 이러한 초기 국면에 관한 설명을 발표하였다. 그리고 또한 그는 '사회현상과 역사현상으로서 과학'이라는 제목으로 그러한 주제를

4　예를 들어, Haller 1992를 참조할 것. 실증주의는 또한 콩트의 저서에서 그 **기원**을 가지고 있었으며 그 저서의 입장은 역사적인 것이었고 역사주의였다.

다룬 하나의 절이 만들어져 있고 또 쿤이 거의 확실하게 알고 있었던 코이레의 논문을 포함하고 있는 한 권의 책을 편집하였다(Frank 1954).

또 다른 하나의 사실은, 쿤의 견해의 몇몇 중심적인 특성은, 다른 어조이기는 하나, 말하자면 카르납 자신이 이미 앞서 말하였던 것이라는 점이다. 논리경험주의에 근본적으로 반대하는 쿤의 과학상은, 카르납이 과학적 추론의 몇몇 '실제적(실용적)' 측면들을 이미 강조하였다는 사실의 깨달음과 조화되어야 할 필요가 있다(Reisch 1991, p. 276 참조). 쿤은 SSR이 출판되었을 당시에 카르납의 최근 연구내용을 알지 못하였다고 시인하였고 편집자로서 카르납이 자신에게 보여 준 친근한 격려를 이 두 사람의 견해에 관한 어떤 중요한 일치를 보여 주는 증거로 간주하지 않았으므로, 결과적으로 보면 쿤이 그 당시에 이러한 일치의 여부를 벌써 확인했어야만 했던 것처럼 보인다(RSS, pp. 227, 305-6). 그러나 쿤은 카르납의 경우에는 언어 변화의 중요성이 '단순히 화용론적인(merely pragmatic) 것'이었지 **인식적인**(cognitive) **것**이 아니었다고 계속해서 주장하였다(같은 책, p. 227).

분명하게 쿤은 자신이 칭찬하였던 역사학자들의 연구 저서로부터 도출되는 **새로운** 과학상이나 과학의 '개념'(p. 1)의 가능성을 보았다. 이 사람들은 코이레가 주도하였으며 과학사를 집필하는 방식에서의 변화, 즉 '**역사서술혁명**'에 참여한 사람들이었다. 이러한 역사학자들은 통상적인 과학상이 고찰하도록 자극하는 그러한 종류의 물음들에 대답하는 것이 점차적으로 더욱 어렵게 된다는 것을 발견하게 되었다고 쿤은 주장하고 있다. (나중에 그는 그러한 물음들이 다루기가 쉽지 않을 정도로 매우 어려울 뿐만 아니라 어떠한 대답도 주어질 수 없기 때문에 그 물음들은 혼잡하거나 **부적격한** 물음이라고 제안할 것이다.) 현대 과학이론들과 매우 다른 지적 성과물을 탐구하는 것이 더욱더 미궁으로 빠져들 경우에, 위의 사람들은 똑같은 역사학자로서, 그러한 지적 연구로서 **인정받았던** 잘못된 지식(error)과 미신으로부터 과학을 처음부터 분명하게 구획 짓지 않고, 자신들이 탐구하는 옛날의 지적 성과물들이 오늘날의 과학이론들과 똑같이 **과학적**인 것이라고 더욱더 확신하게 되었다.

이러한 문제들은 과학이 단편적인 결과들의 축적에 의해 진보하게 된다는 통상적인 과학상을 다시 고려하도록 만든다. 만약 역사학자가 말할 수밖에 없는 바대로 과학이 '오늘날 우리가 취하고 있는 믿음의 체계들과 매우 상충하는 믿음의 체계들'을 포함하고 있다면(p. 2), 누적주의는 무엇인가 잘못된 것임이 틀림없다. 이러한 사실은 과학 교과서들이나 대중 신문잡지들로부터 자신의 과학관을 도출해 낸 사람들에게만 **오직** 새로운 소식인 것처럼 보일 뿐이지 모든 과학역사학자**나** 과학철학자에게는 그렇게 보이지 않는다고 말해야만 한다! 20세기의 과학역사학자들 중에서 자신들이 점차적인 축적을 연대기적으로 기록하는 사람이라고 생각하는 사람은 거의 없다. 그리고 20세기 전반에 대부분의 과학철학자들은 뉴턴의 세계관으로부터 아인슈타인의 상대성 이론으로의 변화가, 자신들이 경험하였던 전환으로서, 물리학에서 하나의 혁명을 만들었다고 친숙하게 생각하였다. 이러한 사실을 통해 쿤의 공격대상이 **매우** 소박한 누적주의 입장이었다는 것을 알 수가 있다. 우리가 5절에서 보게 되는 바대로 과학사에 관한 누적주의자의 접근방식들을 옹호하는 사람들 중에는 저명한 사람들이 있을 수 있고 실제로 여전히 있다.

역사서술혁명은 과학에 대해 새로운 종류들의 물음들을 제기하도록 만들며 이러한 결과 과학의 **발달**(development)에 관해 통상적인 것과 매우 다른 상이 나오게 된다. 이러한 새로운 상은 '보다 오래된 이전의 과학들이 현재 우리의 지배적인 과학에 지속적으로 기여하고 있는 점을 찾기보다는 그러한 과학이 자신의 시대에 가지고 있었던 역사적인 본래

모습을 보여 주려고 시도하는' 역사서술에 의해 추진되었다(p. 3). 역사
학자는 이제 보다 오래된 견해들을, 자료들이 허용하는 한, **내재적으로
정합성을 가진**(internally coherent) 것으로 표현하려고 노력해야만 한
다. 역사에 민감한 접근방식(칸트 이후의 철학적 전통으로부터 친숙하
게 된 '해석학적' 사회과학과 같은 종류와 가까운 접근방식)은 과학의
방법론이 중요한 모든 과학적 물음에 대해 하나의 단일한 대답만을 지
정하지 않는다는 것을 우리가 알 수 있도록 만든다. 그리고 관찰과 경험
은 그 분야를 하나의 단일한 믿음의 체계로 제한하지 않는다는 사실도
알 수 있게 만들며, 유효한 과학적 탐구는, 과학공동체가 설명, 관찰, 존
재론에 관한 물음들에 대해서 그 해답을 결정하기 전에는, 시작할 수 없
다는 사실을 알 수 있게 만든다(pp. 4-5).

'과학공동체(the scientific community)'와 같은 것이 있다는 생각은
헝가리의 과학자이자 철학자인 폴라니(Michael Polanyi)가 쿤보다 빠른
1942년경에 소개하였던 것처럼 보인다.[5] 그러나 과학혁명 개념의 경우
에서처럼 쿤의 혁신적인 내용은 '과학공동체'에(예를 들어 p. 4) 대해서
만 말하는 것이 아니라 개별 특수한 과학**공동체들**에(또한 같은 책, pp.
11, 49, 177) 대해서도 말할 수 있었다. 우리가 나중에 보게 되듯이, 그
가 염두에 두고 있는 공동체들은 '아마도 25명보다도 더 적은 수의 사람
들로 구성되기 때문에' 아주 작은 규모일 수도 있다(p. 181). 그러나 쿤
은 개별 과학자들의 대표적 특성들이 어떠한 특성이며 과학공동체(혹은
특정한 과학공동체)의 대표적 특성들이 어떠한 특성인가에 대해서 항상

---

5   과학사회학자 머튼(Robert K. Merton)도 또한 이와 유사한 어구들을 종종 사용하였다.
제이콥스(Struan Jacobs)는, 어쨌든 쿤에게 혐오감을 주었던 것처럼 보이는 플렉의 용어
'사상 공동체(thought collective)'가 너무 광범위하여 쿤의 과학공동체 관념과 동일시될 수
없다는 것을 보여 주었다(Jacobs 2002).

세심하게 신경을 쓰지 않았다(ET, p. 227에 주목).

　쿤의 연구계획은 그래서 역사서술혁명을 간략하게 개괄하고 대중화시키고 발전시키는 것이며 그래서 그 혁명이 (분명하게 이와 관련되는 발전과 함께) 과학**철학**과 우리들의 일반적인 과학상이나 과학의 **개념**을 어떻게 전환시키는가를 지적해 내는 것이다. 그가 설명하였듯이, 그것은 '본래 종합의 작업(a work of synthesis)'이다.[6] 그는 자신을, 혼자서 단독으로 연구하거나 전적으로 새로운 기반을 개척하는 사람으로 간주하지 않았다. 오히려 이미 개발된 새로운 종류의 과학철학과 새로운 종류의 과학사의 함축적 의미를 이끌어 내고 명시적으로 만드는 사람으로 생각하였다(p. 3). 쿤이 **역사적인** 영향(코이레, 메이에르송(Meyerson), 메츠거(Metzger))을 대부분 받은 시기는 SSR보다 시기적으로 앞설지라도, 쿤이 토대로서 묘사하고 있었던 과학철학에서의 연구(역사적으로 정향된 연구)들은, SSR의 출판계획을 세우기 이전이 아니라 SSR의 **잉태(형성)** 동안에 나타났다.

　쿤은, 부분적으로는 새로운 역사학자들의 연구가 어떤 포괄적인 견해에 아직까지는 기여하는 바가 없고 부분적으로는 오직 역사학자들의 연구만이 기존의 과학 '상'을 추방시킬 수 있기 때문에, 하나의 **전반적인** 밑그림을 개진하였다. SSR은, 새로운 과학상을 보여 주는 하나의 대강의 윤곽으로서, 가장 잘 알려진 논리실증주의 시기에 존재하면서 더욱 협소한 의미를 가지고 과학에 대한 어떤 일상적 가정들과 조화하는 개념을 비판하는 하나의 타격으로서, 그리고 17세기의 과학혁명에 의해 시작된 **철학적인** 그림을 축출하려는 하나의 시도로서 의도하였었다.

6　쿤이 구겐하임 연구비(Guggenheim Memorial Fellowship) 신청서에 쓴 것으로서, Cedarbaum 1983, p. 177에서 인용함. 강조는 저자가 덧붙인 것임.

SSR의 후기에서 쿤은 과학의 발전에 관한 이 책의 묘사는 그 주제를 역사학자의 연구 저서로부터 빌려 왔다는 사실을 지적하기 위해 많은 노력을 하였다. 구조와 혁명과 같은 개념들은 역사 분야에서는 이미 친숙하지만, 그러나 이 개념들을 **과학에** 적용하였다는 것은, 그가 SSR을 아주 겸손하게 독창적이라고 생각하고 있는 오직 두 가지 관점들이 있는데, 그중의 하나이다(p. 208).

또한 그가 나중에 도달하게 될 결론들 중의 몇 가지를 SSR의 첫 번째 절에서 미리 알려 주고 있다. 우리는 그 내용들이 이 책의 나머지 다른 곳에서 나타나는 바대로 그리고 나타나게 될 때 주목할 것이다. 그러나 여기서는 그가 자신의 탐구에 관하여 제기한 하나의 문제, 즉 역사적인 연구가 그가 마음속으로 그리고 있는 변화, 즉 그가 **개념적 전환**(conceptual transformation)이라고 부른 것에 가능적으로 영향을 미칠 수 있는가의 문제는 꼬집어서 말할 만한 가치가 있다(p. 8). 과학철학 내에서 의례적으로 배열하는 이분법들, 즉 기술적인 것과 규범적인 것의 구분, 경험적인 것과 논리적인 것의 구분, 발견의 맥락과 정당화의 맥락의 구분과 같은 이분법들은 (개념적 전환에 대해) 그러한 영향을 미치지 않는다고 시사하고 있다. 그러나 쿤은 이러한 이분법들 그 자체가 자신의 탐구 과정에서 **극복되어야**만 할 철학적 그림의 한 부분들이라고 생각하였다. 그가 제안하였듯이 과학사는 '지식에 대한 이론들이 조회(문의)하게끔 적법하게 요구하여도 좋은, 현상들의 출처근원'이 되지 않을 수 없다(p. 9).

쿤의 중심 생각은 대부분의 과학들의 진행 과정이 역사적인 국면들이나 단계들로 분리될 수 있는 하나의 **전형적인 형태**(typical pattern)를 가지고 있다는 것이다. 그가 그러한 국면의 첫 번째 단계를 기술하기 전에 그는 이러한 형태의 그 이후의 국면들을 특성화하고 있는 새로우면서 서로 관련되는 세 가지의 개념들을 도입하여 시작해야만 한다. 그 개념들은 **정상과학**, **과학혁명**, **패러다임**이다.

정상과학은 거의 모든 과학자들이 지적 작업에 종사하는 자신들의 거의 모든 시간을 소모하면서 하고 있는 것이다. 정상과학은 그 시대의 과학 교과서에 소중하게 들어 있는 내용이다. 왜냐하면 그것은 과학에 참여하는 각 세대의 신입생들에게 가르쳐야만 하는 내용이기 때문이다. 그리고 그것은 쿤이 '패러다임'이라고 부른 것(이 개념은 다음 절의 주제이다)에 기초하고 있다. 그러나 정상과학은, 쿤이 **과학혁명**이라고 부르는 우발적인 일화들에 의해 무너지고 전환된다. 여기서 결정적으로 중요한 사유는, '혁명을 통해 이루어지는 하나의 패러다임으로부터 다른 패러다임으로의 연속적인 전이는 성숙한 과학의 통상적인 발전 형태라는 것이다' (p. 12).

>> 탐구문제

1. 쿤은 그의 비판의 공격 대상으로서 너무 쉽거나 혹은 너무 광범위한 것을 택하였는가? 그는 (1960년 초반에) 오직 일반 대중만이 지지하는 과학상을 공격하고 있는가? 혹은 쿤이 옛날 과학상으로서 특성화한 것에 부합하는 과학철학자들과 과학역사학자들은 존재하는가? 그의 특성화가 논리실증주의자들, 논리경험주의자들, 혹은 포퍼의 '비판적 합리주의'의 견해에 어느 정도로 부합하고 있는가?

2. 쿤은 실제 과학적 실천에 관한 보다 정확한 기술과 같은 그러한 것이 존재할 수 있다고 가정하고 있는 점에서 너무 소박하게 경험주의자가 되는 것은 아닌가?

2절. 선(先)-패러다임 시대

SSR의 2절은 쿤의 과학상에서 또 하나의 중심용어인 '패러다임'을 소개하고 있다. 패러다임에 관한 최초의 특성화, 패러다임의 창출, 패러다임의 역할들이 패러다임에 관한 약간의 사례들과 함께 주어진다. 이 내용들은 하나의 패러다임의 지배를 받으면서 탐구하는 정상과학과 최초의 선-패러다임 기간을 비교하고 있다. 이후에 선-패러다임의 성격과 소멸 과정이 기술되고 있다.

정상과학이란 '과거에 성취한 하나 이상의 과학의 업적들, 즉 어떤 특정한 과학공동체가 자신의 더 진행할 실습(practice)에 대한 기초를 제공하는 것으로서 한동안 인정하고 있는 업적들에 확고하게 근거하고 있는 탐구'라고 쿤은 말하고 있다(p. 10). 해당되는 구체적인 업적들은, 쿤이 '패러다임'이라고 부르고 있는데, 오래 지속하는 추종자들의 그룹을 이끌어 당길 정도로 전례가 없는 새로운 것이어야 하면서 동시에 그러한 추종자들에게 적절한 종류의 과업을 맡길 정도로 제한이 없어야만 한다.

   그러한 업적들은 어떤 사람이 과학공동체에 들어가기 위해서 교육을 받을 때 공부하는 내용이다. (그러한 내용들은 **단 한 가지**일 필요는 없다. 예를 들어서 프랭클린(Benjamin Franklin)의 연구 업적은, 다른 이론가들도 (개별적으로) 설명할 수 있는 결과들 중에서 많은 것을 설명함으로써, 전기의 본성을 탐구하는 사람들에게 하나의 패러다임을 제공하였다.) 그러한 하나의 '패러다임'을 공유하는 탐구자들은 또한 과학적 실습에 대한 어떤 규칙들과 표준들을 공유하고 있다고 쿤은 말한다. 이 결과로서 정상과학에 필수적인 기본 원리들에 대한 일종의 **합의**(consensus)가 존재하게 된다. 그러나 패러다임들의 그 밖의 다른 측면들(개념, 법칙, 이론 등)의 **근거가 되는** (그리고 우선하는) 것은 해당되는 **업적**

들이다.

쿤이 '패러다임'이라는 용어를 도입하였고 스스로 인정하는 바에 의하면 그 용어를 혼란스럽게 만들기 전까지는(RSS, p. 298), 그 용어는 정립된 하나의 일상적 의미를 가지고 있었으며 또한 전문적이면서도 적어도 하나의 철학적인 용도를 가지고 있었다. 궁극적으로는 그리스어로부터 유래된 이 용어의 일상적 의미는 하나의 일정 형태(pattern)나 본보기 사례(example)를 뜻한다. 문법을 가르칠 때 이 용어는 한 단어의 어형변화(동사의 형태변화나 명사의 격변화)에 관한 표준어의 그리고 기본적인 용례를 의미하기 위해 사용되는 전문용어였다. 과학철학에서 이 용어의 사용 기원은 18세기 독일의 과학자이면서 철학자인 리히텐베르크(Georg Christoph Lichtenberg)까지 소급하는 긴 역사를 가지고 있다.[1] 리히텐베르크는 이 용어를 과학과 과학의 변화에 적용하였으나 그러나 (쿤과 달리) 그 용어를 문법적 기준과 비슷하게 기능하는 과학적 업적에 적용하면서 이 용어의 전문적인 문법적 사용은, 문제들을 해결하는 데 명시적인 규칙들이 필요하지 않은 모델들에 적용되고 있음을 분명하게 이해하고 있었다. 리히텐베르크의 저서에 영향을 받았던 비트겐슈타인은 그의 강의들에서 하나의 모델이나 정형(stereotype)과 같은 어떤 것을 의미하면서 독일어 용어 'Paradigma'를 사용하였다. 비트겐슈타인은, 쿤이 1959년에 읽었었던 자신의 책 『철학탐구들(*Philosophical Investigations*)』에서, '비교가 되는 대상으로서의 어떤 것'을 의미하면서 또한 그 용어를 사용하였다(Wittgenstein 1958, §50, 또한 참조 §§51, 55, 57, 215, 300). 그러나 비트겐슈타인이 어느 정도

---

[1] 리히텐베르크는 또한 과학에서 혁명들의 개념 개발에도 역할을 하였다. Cohen 1985를 참조할 것.

(semi) 전문적인 리히텐베르크적인 사용의 방향으로 그 용어를 사용하여 일상적 용법으로부터 벗어나 있는지는 명확하지 않다.[2] 노이라트와 슐리크(Moritz Schlick)와 같은 논리실증주의자들은 비트겐슈타인으로부터 영향을 받은 와트슨(W. H. Watson), 핸슨(Norwood Russell Hanson), 툴민(Stephen Toulmin)과 같은 과학철학자들과 마찬가지로, 일상적 의미와는 구별될 수 없는 방식일지라도, 이 용어를 1930년대부터 계속해서 사용하고 있었다. 쿤 자신도 또한 이 용어를 CR에서 비형식적인 방식으로 사용하였었다.

비트겐슈타인과 옥스퍼드 언어철학자들의 영향을 더 일반적으로 다시 받게 된 철학에서, 하나의 단어의 의미를 터득할 수 있게 해 주는 표준어의 용례의 사용은 '패러다임 사례 논증들(paradigm-case arguments)'[3]로 알려진 것을 허용하게 된다고 몇몇 사람들은 확신하였다. 이러한 논증들에 따르면, 우리가 하나의 단어를 사용할 경우에 패러다

---

2   쿤은 나중에 자신이 그 개념에 관한 리히텐베르크의 사용이나 비트겐슈타인의 사용을 알지 못하였다고 주장하였다(RSS, p. 299). 그러나 그의 친구이자 동료인 카벨(Stanley Cavell)은 쿤이 자신에게 비트겐슈타인의 용도에 관해 물어보았던 1950년대 중반부터 후반까지의 대화를 상기하고 있다.

3   역자 주: 패러다임 사례 논증(paradigm-case argument)은, 어떤 사물에 대해서 그에 관한 어떤 표현이 하나의 의미를 가지고 있고 이 표현의 올바른 사용에 관한 기준을 가지고 있기 때문에 그 사물이 존재해야만 한다고 주장하는 논증이다. 예를 들어, 자유의지(free will)의 경우에, "그는 자유의지로 그러한 일을 했다"와 같은 표현이 올바로 말한 것이라고 일반적으로 동의하는 경우에 그 말의 사용에 관한 표준적인 상황이나 패러다임 사례가 있기 때문에 자유의지와 같은 것이 존재해야만 한다고 주장하는 것이다. 이러한 표준적 상황이 없다면 '자유의지'라는 단어는 어떠한 의미도 가지지 않는다고 주장하게 된다. 그러나 어떤 사물에 관한 표현이 의미를 가지고 있거나 그 사용에 관한 표준적 사례(패러다임 사례)나 기준이 존재한다는 사실은 그 대상이 존재하거나 그것이 존재할 수 있다는 사실을 반드시 함축하지 않는다. 예를 들어, 자유의지의 경우에도 어떤 사람의 행동이 자유의지에 의한 것처럼 우리에게 보인다 할지라도 본인의 자유의지에 의한 행동이 아닐 수도 있다. 이 논증을 비판하는 많은 반례들이 제시되어 이제는 정당한 것으로 인정받지 못하고 있다.

임이 존재한다는 것은, 그 단어가 지시한다고 추정하는 것은 무엇이든 지 그것의 존재를 입증하는 것으로 상정된다. 이 논증들은 더 이상 그 정당성을 인정받고 있지 못하며 하나의 패러다임이라는 개념도 철학적 인 문제들을 해결하지 못할 것이다. 그럼에도 불구하고 과학의 특성을 집어낼 수 있는 관념으로서, **사람이 터득할 수 있도록 해 준다는 표준어의 용례**라는 관념에 대해서까지 이의를 제기할 필요는 없다.

그러나 비판자들은 쿤이 '패러다임'이라는 용어를 매우 광의적으로 그리고 매우 다른 여러 방식들로 사용하였다는 사실을 예리하게 알아차 렸다. 쿤 자신은 나중에 SSR 내에서 그 개념을 두 가지의 주요 의미들로 사용하였었다는 것을 시인하였다. 그는 이 두 가지 의미들을 나중에 나 온 이 책의 후기(그리고 ET, pp. xix-xx)에서 구별하였다. 쿤이 용어 '패러다임'에 관해 다르게 의미하고 있는 것을 구별하는 것은 중요하다. 왜냐하면 그가 패러다임들에 대하여 말하고 있는 것들 중의 어떤 것은 그것과 틀린 종류의 패러다임에 적용할 경우에 이치에 맞지 않기 때문 이다. (또 역시 우리가 나중에 보게 되는 바대로 대규모의 과학혁명과 소규모의 과학혁명을 구별하는 것도 중요하다.)

'패러다임'의 첫 번째 의미는 우리가 이미 접촉하였던 의미로서 초보 참여자들에게 가르치게 되는 **구체적인 업적**이거나 **모델**을 뜻하는 의미이 다. '패러다임'의 이러한 첫 번째 의미의 경우에, 쿤이 사용하였던 용어 는 '범례(範例, exemplar: '훌륭한 모범적인 업적(exemplary achieve- ment)'이라는 용어의 약칭)'이다. 그는 이 의미가 더 기본적 의미라고 간주하였으며 이러한 의미를 개발한 것이 그가 SSR을 독창적인 것이라 고 생각하는 또 하나의 관점이었다(p. 208).

그러나 이 용어의 두 번째 의미(더 불분명한 어떤 것이 아니라면)가 실제로 대중의 관심을 받게 되었던 유일한 의미라는 사실은 주목할 만하다. 이것이 나중에 '학문적 기반(disciplinary matrix)' 이라고 쿤이 불렀던 내용이다. 이것은 '전체가 하나의 (과학) 공동체의 구성원들이 공유하고 있는 믿음들, 가치들, 전문기술들 등으로 구성된 집체(集體, constellation)' (p. 175)로서 더 크고 더 포괄적인 인식적 구조를 의미한다.[4] 쿤은 나중에 '패러다임' 이라는 용어를 이러한 방식으로 사용한 것과 '모델들이 아닌, 이와 다른 대단히 많은 것들'[5] 때문에 자책감을 느꼈다. 그는, 이러한 내용이 그가 전적으로 핵심이라고 생각하고 있는 내용을 매우 쉽게 놓치도록 만들었으며 패러다임을 전적으로 치열한 경쟁의 전통(bloody tradition)으로 간단하게 만들어 버렸고, '이 전통은 그때 이후로 이 용어가 사용되어 왔던 주요 방식이 되어 버렸다' (RSS, p. 299) 고 말하였다.

　패러다임 개념을 소개하면서 쿤은 '실제 과학적 실습에 관해 몇몇 인정된 사례들이 …… 과학적 탐구에 관해 일관성을 가진 특수한 전통이 나오게 만드는 **모델들**을 제공한다' (p. 10, 강조는 첨부된 것임)고 제안하기를 원하였다고 말했다. 그러나 그러한 전통의 맥락으로부터는 과학적 실습에 관해 어떠한 종류의 사례들이 그렇게 제공하며 그래서 '패러다임' 이 어떠한 의미를 가지고 있는지에 관해 말하는 것이 항상 가능하지 않다는 것을 쿤은 염두에 두고 있었다. (그 용어는, 그 용어를 소개하는 2절의 처음 두 페이지 내에서, 업적 **자체**와 이 업적에 법칙들, 이론들

4　쿤은 용어 '패러다임' 이 가지고 있는 애매성과 모호성의 문제를 진지하게 생각하였다는 것은 분명하다. 왜냐하면 그가 말하는 바대로 자신은 그 용어의 원래의 의미를 다시 찾기 위해 세 가지 시도를 하였기 때문이다(ET, p. xx).

5　역자 주: 쿤이 패러다임의 의미에 관하여 모델들에 관한 과학자들의 합의만을 언급하여, 그 합의의 내용에 모델들뿐만 아니라 이와 다른 것들이 대단히 많이 있다는 것을 드러내지 못하였다는 것을 말한다(RSS, p. 299).

등이 **첨부된** 복합체 간의 관계에서처럼 어느 정도 애매하게 **이미** 나타났다.) 몇몇 주석가들은 이러한 점에 주목하여 '패러다임'을 무질서하게 사용하고 있다고 줄기차게 주장한다(어떤 경우에는 그 용어의 새로운 용법을 만들었기 때문에 이제 쿤은 더 이상 그 용어의 용법을 통제하지 못하였다는 근거에서 그렇게 주장하기도 한다). 그러나 이러한 주장은 쿤의 입장을 혼란스럽게 만들어 SSR의 주장에 대한 구체적인 평가를 방해할 수 있다. 이보다는 쿤이 이 용어의 두 가지 의미 중에서 염두에 두고 있는 하나의 의미를 설명할 수 있는 경우에 우리는 이 두 가지 의미들을 구별할 수 있다는 그의 후기의 제안을 따르도록 노력해야만 한다.

어떤 사람은 쿤이 큰 규모의 과학적 현상의 경우에만 '패러다임'과 '과학혁명'이라는 용어들을 사용하고 있다고 간주하고 있다. 이러한 생각은 잘못된 것이다. 왜냐하면 SSR 내에서뿐만 아니라 그 이전에도 그는 두 표현들을 작은 규모의 과학뿐만 아니라 큰 규모의 과학에도 분명히 사용하고 있기 때문이다. (그는 X선의 발견과 같은 작은 규모의 과학혁명을 코페르니쿠스 혁명과 같은 대규모의 과학혁명과 마찬가지로 분명하게 논의하고 있다.)

사실 SSR의 초판에 나오는 패러다임에 관한 대부분의 사례들은 **범례**의 범주에 속한다.[6] 예를 들어 그는 '프랭클린 패러다임(the Franklinian paradigm)'(p. 18)에 관하여 말하고 있는데, 그는 이 패러다임을 라이덴(Leyden) 병에 관한 프랭클린의 성공적인 설명이라고 의미하고 있다.

---

6   잘 알려진 고전적인 과학 연구서들에 관한 쿤의 목록은(p. 10) 그 자체가 하나의 패러다임들의 목록이다. 그러나 그 목록은 패러다임들(범례들이거나 해당 업적들)이 **열거되고** 있는 책들의 목록으로서 더 잘 이해된다. (비록 그가 뉴턴의 『프린키피아』를 '패러다임'으로 수용하였던 사람들을 언급하고 있을지라도, 동시에 그는, 해당 패러다임은 보다 엄격하게 말해, 『프린키피아』로부터 결과하는 어떤 것이라고 함축하고 있다(p. 105).)

그래서 라이덴 병은 '프랭클린의 이론을 하나의 패러다임으로 만들어 준 것이다'(p.17). (하나의 이론과 설명은 둘 다 업적이 될 수 있다.) 다음 세대의 종사자들의 관심을 끌어모으는 데 성공한 통합도 또한 선-패러다임적인 탐구를 하나의 과학으로 전환시키는 그러한 종류의 일, 즉 하나의 패러다임(p. 18)으로서 간주될 수 있다고 말해진다. 그리고 뒤이어 운동에 관한 아리스토텔레스의 분석, 행성의 위치에 관한 프톨레마이오스의 계산, 라부아지에의 천칭의 사용, 전자기장에 관한 맥스웰의 수식화 등은 모두가 패러다임이라고 명시적으로 말할 수 있는 업적들이다(p. 23). 패러다임은 정량적이기보다는 **정성적**이라고 말할 수 있다(p. 29).

그러나 쿤은 또한 '미립자(corpuscular) 패러다임'도 언급하고 있다(p. 105). 그는 이 패러다임을 '역학적-미립자 세계관'이라고 의미하고 있는 것처럼 보인다. 이것은 '학문적 기반'이라는 의미에서의 '패러다임'이라고 할 수 있다.

쿤의 도식 체계에서 항상 이해되지 않는 중요한 측면은, 어떤 하나의 패러다임에 대한 개입이 **과학에 종사하는 특정한 방식**을 나타내고 있다는 사실이다. 그래서 과학자들의 개입이 역사적인 우연성, 일시적 지엽성, 그래서 자의성 등의 중요한 요소를 항상 포함하고 있다는 사실을 쿤은 인정하고 있다(Crombie 1963년에서의 쿤, p. 393). 어떤 특정한 패러다임이 강한 인상을 주는 것처럼 보일지라도 이와 다르게 과학에 종사하는 가능한 방식들이 항상 존재한다.

이러한 내용을 확실하게 이해하였던 두 명의 철학자가 카벨과 해킹이다. 카벨은 과학의 '**묵시적(tacit)**' 혹은 '**잠재의식적(subliminal)**' 측면에 대한 쿤의 집중적 관심을 인지하였다. 그리고 그는 과학혁명을 비트겐슈타인이 '자연적 반응(natural reaction)'이라고 부른 내용에서의 변화와 연결 지었다. "아마도 새로운 역사시대라는 관념은 구세대와는 다른 자연적 반응 — 단지 관념이나 관습에만 불과한 것이 아닌 — 을 가진 세대의 관념일 것이다. 그것은 새로운 (인간의) 본성에 관한 관념이다"(Cavell 1969, p. 121). 서로 다른 본성을 가진 서로 다른 그룹의 과학자들에 관한 이러한 관념을, 우리 인간들은 우리의 이론들이 우리 대신에 사라지도록 만드는 생물체라고 하는 포퍼의 관념과 대조하고 싶어 한다. 카벨은 한 사람의 과학자가 일련의 '자연적 반응들'을 **하나 이상** 가질 수 있다는 사실을 부정하지는 않으나 그러나 그는, (하나 이상 가질 수 있다는) 이러한 사실은, 그 일련의 자연적 반응들이 과학적 **패러다임**들에 들어오게 될 경우에, 규칙이 아니라 예외가 된다고 주장할 것이다.

해킹은 자신에 관한 한 서로 다른 그룹의 과학자들은 서로 다른 **양식**(style)의 과학적 사유를 전개시키고 있다는 관념에 초점을 맞추어 쿤의 관념을 추구한다. 이 양식은 스스로 과학 명제들의 의미를 결정한다(예를 들어, Hacking 1985를 보라).

과학사가 전개되는 전형적인 형태에 관한 내용은 쿤의 2절의 주제 대부분을 구성하고 있는데, 이 전개 형태에서 첫 번째 국면은 **선-패러다임** 혹은 **선-합의**의 시기이다. 이 시기는 어떤 종류의 전면적으로 퍼져 있는 **다양성**이나 **분열**에 의해 특징지어진다. 해당되는 현상에 관해 다양한 견해들이 존재하며 그 결과 그러한 현상들에 관한 다른 개념들이 존재하게 된다. 어떤 일치된 설명의 기준이나 확정된 방법론, 권위를 인정받은 어떠한 과학기구도 존재하지 않는다. 오히려 서로 경쟁하는 다수의 학파들이 존재하며 이 학파들은 각각 '어떤 특정한 형이상학과 관련지어' 영향력을 이끌어 내고 있으나(p. 12), 아무도 우세한 권위를 가지고 있지 않다. 참여하는 탐구자들의 활동은 각각의 그리고 모든 가정들에 대한 무제한의 논쟁과 비판의 여지를 배려하고 있다. 그러나 기본 원리들

에 관한 이러한 논쟁은 다른 탐구자들에 대한 반대를 겨냥하고 있는 것
이지 자연을 향한 것은 아니다. 하나의 영역에 관해 단일한 이론만이 존
재하는 경우에조차도 그 이론에 관한 단일한 **해석**이나, 그 이론의 업적
에 관한 어떠한 합의도 존재하지 않으며, 방법, 문제들, 기대할 수 있는
해결의 방향도 존재하지 않는다. 그 대신에 쿤이 그 이론에 관한 **이설(異
說)들의 증식**(proliferation of versions)이라고 부르는 것만 존재한다. 이
이론과 상충하는 관찰들은 **임시변통적인**(ad hoc) 방식으로 다루어지거
나 아니면 그냥 무시해 버린다.

패러다임이 수반하고 있는 합의는 아주 어렵게 이루어진다고 쿤은 제
시한다. 이는, 한 분야가 하나의 패러다임을 가지기 이전에 그 분야에서
의 연구가 포함하게 되는 모든 사실들이 동등하게 그 분야와 적절하게
관련되는 것처럼 보일 것이기 때문이다. 이러한 시기에서의 탐구는 베
이컨(Francis Bacon)과 같은 소박한 경험주의자들이 과학을 만들기 위
해 견지했었다고 간주되는 무작위적인 '사실-수집'과 같은 그러한 종류
와 매우 가깝게 비슷하게 된다. 이러한 사실 수집은 과학의 **기원**에 있어
서는 본질적인 내용일지라도 그것은 체계적인 지식집단이 아니라 쿤이
난국(morass)이라고 부른 것을 산출하게 된다. 수집된 자료들은 보통
겉으로는 다루기가 아주 쉬운 것들이며 자연에 대해 **구체적인** 질문들을
제기하면서 시행하는 실험에 대한 동기 부여가 없기 때문에 숙련되지
못한 관찰자들에 의해 종종 수집된다. 표본들과 자료들을 '분류하는' 많
은 노력들이 자연에 관한 체계적 기록들에 투자되었으며 그다음의 발전
시기에서는 이러한 종류의 분류들이 패러다임 자체에 의해 미리 결정되
어 있게 된다. 패러다임이 없는 경우에 연구자들은 관련성을 가지는 적
절한 것과 관련성이 없는 부적절한 것이 무엇인지를 말할 수 있는 어떠
한 체계도 가지고 있지 못하며 그래서 수집된 사실들은 하나의 구조로

되어 있기보다는 말하자면 단순히 쌓아놓은 무더기 상태로 있다. 어떠한 믿음의 체계도 당연한 것으로 인정될 수가 없기 때문에 각 저술가는 그 분야를 그 시작 기초부터 재구성해야만 한다. 이러한 저술가들은 똑같은 사실들을 기술하고 해석하지만 이들의 기술들과 해석들의 내용은 서로 다르다.

쿤은 패러다임들이 없었던 앞선 시기에도 과학이 가능한가의 여부, 그리고 각 과학이, 정확하게 말하여, 하나의 **단일한** 패러다임에 근거하여 구성되는가의 여부에 관하여 어느 정도 명확하게 하지 않은 것처럼 보인다. 한편으로는 패러다임(exemplar, 범례)들이 없이도 **일종의** 과학적 탐구가 있을 수 있다는 것과 그러한 범례들이 과학 분야의 **성숙성**을 보여 주는 표지라고 그는 말하고 있다(p. 11). 합의가 존재하기 이전의 선-합의의 시기에 관한 사례로서 그는 다음과 같은 것을 제시하고 있다. 뉴턴 이전의 광학 연구, 아리스토텔레스 이전의 운동 연구, 아르키메데스 이전의 정역학에 관한 연구, 블랙(Joseph Black) 이전의 열에 관한 연구, 보일(Robert Boyle)과 부르하버(Herman Boerhaave) 이전의 화학 연구, 허튼(James Hutton) 이전의 지질학 연구이다. 그리고 그는 이러한 탐구도 **과학자들**을 수반한다는 사실을 인정하고 있다.

다른 한편으로 쿤은 이 선-패러다임 시기에 있는 가장 위대한 사람들이 비록 과학자들이라 할지라도 이들의 활동의 최종 결과는 '과학보다 열등한 것' (p. 13)이라는 사실을 관찰하였으며, 그는 뉴턴 이전의 시기를, 이 시기에는 일반적으로 인정된 빛에 관한 **단일한 견해**가 존재하지 않았기 때문에 광학의 선-합의의 단계로 간주하고 있다.[7] 이러한 생각은

---

7 이러한 사실은 그 영역에 관해 하나의 단일한 이론이 존재할 것이라는 사실(방금 위의 문단의 내용)을 인정하는 것과 상충한다는 점에 주목하라.

패러다임을, 하나의 과학을 **구성하는** 것으로 간주하는 것이다. (우리가 나중에 보게 되겠지만 쿤은 나중에 이에 관한 자신의 마음을 바꾸었다. 그러나 어떤 경우이든지 간에 이러한 그의 흔들림은 과학의 개념과 그와 유사한 개념이 **분명한** 경계선을 가지고 있지 않다는 사실을 단순히 반영하고 있는 것이다.)

선-합의의 시기는 보통, 하나의 학파가 지배하게 되면 아주 갑자기 그리고 단호한 방식으로 끝나게 된다. 쿤이 그러한 시기에 관한 특성화로서 생각하는 혼잡성이 있는 경우에, 사람들은 물론 그러한 식의 지배를 **어떻게** 성취하게 되는가에 관해 호기심을 가질 수 있다. 쿤은 이에 관하여 많이 이야기하지 않는다. 그러나 혼잡된 무더기로 되어 있는 수집된 사실들 중에서 **어떤 것**만을 오직 두드러지게 강조함으로써 선-합의의 시기의 학파들 중에서 하나의 학파가 승리하게 된다는 것을 생각하고 있다는 것은 명확하다.

여기서 쿤은, 미묘하지만 널리 인정받지 못한 방식으로, 패러다임 개념을 **개발하기** 시작하였다. 하나의 이론이 하나의 패러다임으로 인정받을 수 있다(p. 17)는 그의 언급은, 나중에 '패러다임 이론(the paradigm theory)'에 관해 말한 그의 논의(pp. 26-8, 53, 61)와 함께, 하나의 이론이 (때로는) 하나의 패러다임이 될지도 모른다는 가능성을 도입하고 있다. 그가 이러한 내용을 설명하지 않았을지라도, 아마도 그 내용은 본보기(범례)가 되는 해당 업적이 하나의 이론이 될 수 있다는 것(반드시 그렇게 될 필요가 없을지라도)을 의미할 것이다. 범례는, 어떤 범위의 현상들을 성공적으로 설명하기 때문에 업적을 성취한 하나의 이론으로서 **성공적인** 이론이다. 그러한 하나의 이론은 그 경쟁자들보다 더 많은 현상들을 설명하는 것으로서 일반적으로 인정받게 됨으로써 경쟁자들보다 분명하게 더 정당한 것처럼 보일 때, 그 이론은 하나의 패러다임이

되거나 하나의 패러다임으로 사용되게 된다. (그렇다고 이러한 사실은 패러다임들을 이론들과 일반적으로 동일화할 수 있다는 것을 의미하지는 않는다. 우리가 나중에 알게 되듯이 그러한 동일화에 저항하게 되는 정당한 이유들이 있다.)

하나의 패러다임의 출현(onset)은 몇 가지 영향들을 가지고 있으며, 이러한 영향들 모두는 대체로 **전문화**(specialization)의 방향으로 이루어진다. 지성적으로 패러다임은 그 분야의 연구자들에게 이들의 탐구들을 제대로 지도하고 있다는 신뢰를 제공한다. 이러한 사실은 이들의 탐구의 유효성을 증가시킨다. 사회적으로 패러다임은, 부분적으로는 새로운 구성원들을 범례의 조직으로 전향시킴으로써, 그리고 또 부분적으로는 전향하지 않은 사람들은 더 이상 전문가로서 간주되지 않으며 자신들의 연구 활동이 결국 무시된다는 사실을 확신시킴으로써, 탐구 분야의 구성조직에 영향을 미친다. 패러다임은 학회와 저널을 만들고, 교과목을 가르치는 강의 자리를 만들어서 하나의 분야를 전문 직업으로 전환하는 데 도움을 줄 수도 있다. 이 결과 **탐구**는 다른 학파들이 아니라 이제는 자연에 초점을 두고 진행할지라도 이러한 탐구자들의 **의사소통**은 공개적인 청취자나 미전향자들과 이루어지기보다는 각 연구자들의 서로 간에 점점 더 많이 이루어지게 된다. 그 학문분야를 표시하는 교과서와 저널들은 그 분야의 전문가들을 겨냥하여 만들어진다. 마지막으로 해당 분야는 그 분야의 탐구자들에 의해 점점 더 협소하게 그리고 엄격하게 표현하게 된다. 이러한 사실은 탐구자들이, 그 패러다임의 기초들로부터 그 분야를 새로이 건설할 필요성을 더 이상 느끼지 않게 되어, 그 분야의 패러다임을 당연하게 인정할 수 있게 되었다는 것을 의미한다.

이러한 전문화와 어떤 한 과학 분야의 전문가들을 이들의 동료들로부터 그리고 대중들로부터 점차적으로 더 격리시키게 되는 자율성의 증가는 물론 종종 개탄의 대상이 되었다.[8] 그러나 쿤은 그러한 것들이 과학의 **진보**에 본질적인 필수조건이라고 제안한다. (우리는 나중에 과학의 진보에 관한 그의 논의에 들어가게 될 때 이 제안을 고찰할 것이다.)

쿤은 패러다임의 출현을 하나의 분야가 과학이 되었다는 표지로 간주함으로써 이 절을 마무리한다. "사후에 깨닫는 경우를 제외하고는, 하나의 분야를 과학이라고 그렇게 명확하게 선언하고 있는 또 하나의 다른 기준을 찾는 것은 어렵다"(p. 22). 우리가 만약 이 말을 (학문적 기반보다는) 훌륭한 모범적인 업적(범례)이 과학을 구성하는 것이라고 말하는 것으로서 간주한다면 더 잘 이해하게 된다고 나는 생각한다. 쿤은 그러한 종류의 해당 업적이 과학에만 매우 특유하게 있는 것이라고 생각하고 있다. (반면에 학문적 기반들은 우리가 다른 분야들에서도 또한 발견하게 되는 그러한 종류의 것인 것처럼 확실하게 보인다.) 그러나 사후의 깨달음이라는 조건을 그가 부여하고 있는 것도 또한 중요하다. 그 조건은 쿤이 자신에 대해서, 과학을 (몇몇 철학자들이 구획 지으려고 노력하고 있듯이, 잘못된 지식, 미신, 형이상학, 비과학, 사이비 과학, 무의미로부터는 구획 짓는 것은 말할 필요도 없고) 선(先)-과학(pre-science)으로부터 '구획 지을 수 있는(demarcate)' 확정적인 기준을 제공하려고 노력하기보다는 **해당되는 시기**에 사람들이 과학을 어떻게 인지하게 되었는가를 말하려고 단지 노력하고 있는 것으로만 간주하고 있다는 것을 의미한다.

그의 서문에서 쿤은 선-합의 시기와 후-패러다임 시기를 자신이 구별한 것은 '너무 지나치게 도식적'이라는 것을 시인하였다(p. ix). 사실상 그의 1969년 후기에서 그는 이러한 관점을 받아들여 SSR을 개정할

---

8   예를 들어, 파이어아벤트와 풀러(Steve Fuller)가 개탄하고 있다.

필요가 있다는 것을 인정하였다. 선-과학 시기로부터 정상과학으로의 전이는 '하나의 패러다임을 처음으로 취득하는 것과 관련시킬 필요까지는 없다' (p. 179)고 거기서 그는 시인하였다. 선-과학 시기의 탐구자들은 이미 패러다임들을 공유하고 있지만 그러한 패러다임들의 본성이 정상과학적인 탐구를 가능하도록 만들지 못하고 있다. 문제의 패러다임들은 아직까지 성숙하지 못하여 패러다임이 정상적인 과학자들에게 제공하는 그러한 종류의 안내 지침을 제공하지 못하고 있다. 이러한 사실을 시인하고 있지만, 쿤은 **항상** 정상과학 시기와 혁명 시기의 구별을 흐릿하게 만드는 것에 대해서는 저항하였다.

>> 탐구문제

1. 과학사에서 하나의 전형적인 형태가 **있다**는 것을 우리가 왜 생각해야만 하는가? 그러한 형태는 우리들의 과학 **개념**의 내용을 형성할 수 있는가? 아니면 단순히 과학의 **우연적인** 하나의 특성에 불과한 것인가?

2. 과학의 어떤 측면들이 '패러다임'의 구성 내용들로 간주되고 있으며 어떠한 측면들이 그렇게 간주되고 있지 않는가? 이론들과 패러다임들 간의 가능한 관계들은 무엇인가? 패러다임의 존재는 한 분야가 과학이 될 수 있는 자질에 관한 기준이 되는가?

3. 패러다임 이전에도 과학은 가능한가? 구체적인 과학적 탐구는 패러다임을 배경으로 해야만 가능하다고 판명되는 이유는 무엇인가?

3절. 패러다임들과 정상과학

SSR의 III-V절은 패러다임들과 정상과학을 더 특성화하고 있다. 쿤은 다음과 같이 묻는다. '정상과학'에 참여하게 될 때 과학자들은 무엇을 실행하며 왜 실행하는가? 패러다임들은 주로 약속어음들이고 정상과학은 그 어음들을 회수하는 것임이 드러났다. 그러고 나서 쿤은 정상과학에 존재하고 있는 문제들을 특성화하였다. III절은 정상과학의 사실들을 둘러싸고 있는 문제들의 탐구를 위한 세 가지 '초점들을' 기술하고 있다. 그리고 정상과학의 세 가지 종류의 이론적 문제들도 기술하고 있다. IV절은 쿤이 퍼즐-풀이 활동이라고 부른 것을 지배하는 규칙들에 의해 정상과학을 계속해서 특성화하고 있다. V절은 패러다임들, 규칙들, 정상과학 간의 관계들을 탐구하고 있다. 쿤은 충족되게 분명해야만 하는, 그래서 과학철학이 보통 집중적으로 관심을 가지고 있는 규칙들은, 충족스럽게 분명하지 않을지라도 그 규칙들보다는 더 쉽게 확인될 수 있는 그 어떤 것에 비해 사실상 이차적인 것으로서 덜 중요하다고 주장한다. 그 어떤 것이란 패러다임들로 구성되어 있는 지반(ground)이다.

하나의 과학의 역사적 발전에서 두 번째 국면은, 이미 우리가 알아본 것으로서, 쿤이 아마도 어느 정도 호기심을 자극하게끔 **정상과학**이라고 부른 것에 구체화되어 있다. 만약 패러다임이 실제로 하나의 **업적**(범례)이라면 그리고 '단번에(once and for all)' 이루어졌던 어떤 것이라면(p. 23), 과학자들이 거의 항상 그러는 바대로 '정상과학'에 종사하게 될 때 과학자들이 해야 할 일로 무엇이 맡겨져 있는가?

이러한 점에서 쿤은 그의 패러다임 개념에 관한 설명에 약간 더 깊이 들어가게 된다. 그는 이 용어의 이미 정립된 사용의 한 측면(이 사용에 의하면 패러다임들은 훈련 과정 안에서 다양한 방식으로 반복되어 사용됨으로써 수용된 모델들이나 일정한 형태들이다)은 오도할 소지가 있다고 간주하였다. 쿤의 용법에 따르면, 과학에서 패러다임(범례)이란 '새로운 혹은 그 이상의 엄밀한 조건들 밑에서 명확성과 구체화가 더 필요한 대상'이다(같은 책). 이러한 이유는, 패러다임이 처음 나타났을 때 그 패러다임은 그 적용범위와 엄밀성에서 **제약되어** 있었기 때문이다. 이 패러다임은, 일반적으로 인지되어 있고 심각한 어떤 문제들을 해결하는 데 있어서 경쟁자들보다 더 성공적으로 해결하는 장점을 가지고 있기 때문에, 지지자들을 얻게 되었다. 그러나 이러한 사실은 그것이 거의 완전하게 성공적이라는 것을 조금도 의미하지 **않는다**. 패러다임의 '성공'에 대해서 쿤은 다음과 같이 말하고 있다.

> (그 성공이란) 처음에는 대부분, 선택되었지만 아직은 불완전한 사례들에서 발견될 수 있는 성공처럼, 하나의 **약속**에 불과하였다. 정상과학은 그러한 약속의 **현실화**이며 이러한 현실화는 패러다임이 특정하게 나타내는 것으로 보여 주는 그러한 사실들에 관한 지식으로 확장시킴으로써, 또한 그러한 사실들과 패러다임의 예측들 간의 일치의 정도를 증가시킴으로써, 그리고 패러다임 자체를 더 명료하게 만듦으로써 성취된다(pp. 23-4, 강조는 덧붙인 것임).

이 내용은 대부분의 과학자들이 자신들의 전 경력 동안에는 쿤이 약간 폄하하여 '마무리 작업'이라고 부르는 것에 종사하고 있으며, '패러다임이 제공한, 미리 정형화되고 비교적 유연성이 없는 상자(p. 24)' 안으로 자연을 끼워 맞추려고 노력하고 있다는 것을 의미하고 있다. 그가 나중에 '변칙사례들(anomalies)'이라고 부르게 되는 것, 즉 패러다임의 개념적 범주에 맞추어지지 않는 현상들은 탐구하지도 않고 때로는 인지하지도 못한다. 새로운 집단의 현상들의 발견이나 새로운 이론들의 고안은 정상과학의 목표가 아니다. 왜냐하면 정상과학은 '철저하게 제약되어 있는 미래상(vision)'을 가지고 있기 때문이다(같은 책). 그러나 이러한 제약은 하나의 결점으로 나타날지도 모르나 과학적 진보에서는 **본질적인** 것이다. 왜냐하면 그 제약은, 그 깊이나 구체적 내용에서, 정상과학이 없으면 탐구하는 것이 불가능하게 되는, 그러한 제약된 범위의 현상들을 탐구하도록 과학자들을 강제하기 때문이다. 첫 번째 국면에서의 하나의 패러다임의 정립과 마찬가지로 이러한 종류의 퍼즐-풀이 활동의 중요 부분은 **지속적으로 유지되고 있는**(permanent) 업적을 나타내고 있다.

이러한 것이, 철학으로부터 나온 과학의 활동상보다도, 쿤의 과학상이, 과학자들로서 종사하고 있는 그러한 사람들의 전문적인 직업 활동들에 관한 더 실제적인 **기술**을 제공하려고 의도하고 있었다고 볼 수 있는 하나의 관점이다. 성숙한 과학에 종사하지 않는 사람은 그러한 '마무리 작업'이 얼마나 흥미진진한지를 거의 실감하지 못한다는 취지의 그의 논평은, 그러한 작업을 단지 고된 일로만 설명하는 사람들이 많이 있는 과학철학자들을 향한 것이라고 보는 것이 좋을 듯하다.

쿤에 따르면 정상과학은 두 가지의 주요 구성요소들을 가지고 있다. 하나는 실험적이고 관찰적인 '사실-수집'이고, 다른 하나는 이론적 활동이다. 사실-수집 활동은 세 가지 종류들의 과제들에 집중되어 있다. 첫 번째 종류의 과제는 패러다임이 '사물들의 본성에 관하여 특정하게 나타내고 있는 것으로 보여 주는 그러한 사실들'을 수집하는 것이다(p. 25). 패러다임이 문제들을 해결하면서 이미 (사물들의 본성에 관한) 그러한 사실들을 채택하여 사용하였기 때문에 (패러다임에 의해서) 그 사실들은 '더욱 엄밀하고 더욱 큰 규모의 다양한 상황들 속에서' (같은 책) 확정 지을 만하다. 그러므로 많은 정상과학은 그러한 사실들(위치, 천체들의 크기와 운동, 원소들의 속성, 재료들과 현상들)에 관해 알려지는 정밀성들과 범위를 증가시키려고 하는 노력들로 구성되어 있다. 보통

특수한 복합적인 장치들이 그러한 일을 하는 데 필요하다. 유명한 과학
자들 중에서 많은 사람들이 이러한 종류의 연구 작업, 즉 '이전에 알려
져 있던 부류의 사실에 관한 재확인(redetermination)' [1]이라고 쿤이 부
르고 있는 연구 작업 때문에 명성을 얻었다(p. 26).

　두 번째 종류의 과제는, 쿤이 '패러다임 이론(the paradigm theory)' [2]
이라고 부르는 것이 예측하는 내용과 직접 대조될 수 있는 그러한 사실
들을 수집하는 것이다. 우리들의 가장 최선의 이론들의 경우에서조차도
보통 그러한 사실들은 거의 존재하지 않는다. 그리고 그러한 사실들이
존재하는 경우라 하더라도 이론적이고 도구적인 접근 자체가 우리가 기
대할 수 있는 일치의 정도를 제약하고 있다. 그러나 "그러한 일치의 정
도를 증진시키거나 일치가 증명될 수 있는 새로운 영역을 발견하는 것
은, 항상 실험가와 관찰자의 숙련된 기술과 상상에 대한 하나의 시험대
가 되고 있다"(p. 26). 게다가 복잡하고 전문적인 장치도 보통 필요하며
그리고 이를 통해 명성도 얻을 수 있다. 이러한 종류의 연구는 첫 번째
종류보다 더 명확하게 패러다임에 의존하고 있다. 왜냐하면 풀어야 되
는 문제가 패러다임에 의해서만 주어지기 때문이며 '종종 패러다임은
이론이 그 문제를 풀 수 있는 장치를 고안하는 데 직접 연루되어 있기
때문이다' (p. 27, 또한 Crombie 1963, p. 389를 참조).

---

[1]　역자 주: 본문(p. 26)의 내용을 그대로 인용하면 다음과 같다. "몇몇 과학자들은 이들이
발견한 것의 어떤 참신함 때문이 아니라 이미 알려져 있는 종류의 사실에 관한 재확인(re-
determination)을 위하여 이들이 개발한 방법들의 엄밀성, 신뢰성, 범위로부터 자신들의
명성을 얻었다."
[2]　역자 주: 쿤은 패러다임에 의존하지 않고 이론만으로는 세계 내 사실들과 일치시킬 수
있는 경우가 거의 없다고 주장한다. 그래서 세계와 대응시킬 수 있는 이론은 패러다임에 의
존하고 있으며, 그래서 이 이론에 대해 특별히 패러다임을 첨부하여 쿤은 '패러다임 이론'
이라고 부른다.

정상과학에서 수반되고 있는 사실-수집 활동에 관해, 세 번째 종류[3]로서 마지막이지만 가장 중요하다고 볼 수 있는 과제는, 패러다임 이론의 경험적인 명확화를 위해 수집하는 것이다. 명확화는 패러다임의 애매성을 해소하고 패러다임이 '이전에 (해결하지는 못하고) 단지 관심만 이끌어 내었던 문제들의' 해결이 가능하도록 만든다(p. 27). 해당되는 분야가 어떠한 과학인가에 따라 그러한 작업[4]은 물리적 상수들[5]이나 정량적 법칙[6]에 관한 엄밀한 측정, 또는 패러다임을 (관련되는 다른 새로운 분야에) 적용하는 새로운 방식들에 관한 엄밀한 결정[7]을 포함할지도 모른다. 이러한 세 가지 종류의 사실-수집 활동들 중에서, 적용의 새로운 방식을 선택하는 이러한 결정에, 경험적인 것이 분명하게 가장 최소로 포함되어 있다.

정상과학에 포함되어 **이론적** 연구 작업도 또한 위와 똑같이 세 가지 부류들로 나뉠 수 있다. 그 연구 작업의 (첫 번째) 부류는 '본질적으로

---

3   역자 주: 쿤은 실험과 관찰을 세 번째 종류의 사실-수집 활동이라고 설명하고 있다.

4   역자 주: 쿤은 패러다임 이론을 경험적으로 명확하게 만드는 사실-수집 활동에는 세 가지 종류, 즉 보편적 물리상수의 측정, 정량적 법칙의 특정, 어느 한 영역에서의 패러다임을 그와 관련되는 다른 영역에 적용하는 방식을 결정하는 것이 있다고 세분화하고 있다.

5   역자 주: 예를 들면 만유인력 상수, 아보가드로의 수 등이 있다.

6   역자 주: 기체의 부피와 압력에 관한 보일의 법칙, 전기 인력에 관한 쿨롱의 법칙 등이 있다.

7   역자 주: 이것은 실험에 의해 결정되는데, 그러한 결정이 필요한 이유를 쿤은 다음과 같이 설명하고 있다(p. 29). 어떤 하나의 집단의 현상들을 위해 개발된 하나의 패러다임은, 이 현상들과 밀접하게 관련되는 다른 집단의 현상들에 적용될 경우에 여러 방식들이 가능하여 애매하다. 그래서 그 패러다임을 중요한 새로운 영역에 적용할 수 있는 선택이 가능한 여러 방식들 중에서 어느 하나를 선택하기 위해 실험이 필요하다. 쿤이 예로 든 것은, 열의 발생을 설명하기 위해 고안된 패러다임 이론인 칼로릭 이론에 근거하여, 혼합과 상태 변화에 의해 발열과 냉각을 설명하는 여러 가지 방식들이 제시될 경우에 이러한 가능한 설명 방식들을 정교하게 만들고 서로 구별하기 위해 많은 실험들이 행해졌다. 이 실험들은 물론 패러다임으로서의 칼로릭 이론에 의존하고 있다.

중요한 가치가 있는 사실의 정보를 예측하기 위해 기존의 이론을 사용하는 것'으로 이루어져 있다(p. 30). 그러나 쿤은, 과학자들이 이러한 일을 일반적으로 '기술자들이나 전문기사들에게 맡겨진 하청 작업 정도'로 간주하고 있다고 생각한다(같은 책).

두 번째 부류는 과학 저널에서 나타나는 것으로서 패러다임 이론과 자연세계 간의 접촉점 개발의 어려움으로부터 결과한다. 그 부류는 '착수된 이론의 조작들을 포함하게 되는데, 왜냐하면 그 조작들로부터 결과하게 되는 예측들이 본질적으로 가치가 있기 때문이 아니라 실험과 직접 대비될 수 있기 때문이다'(같은 책). 그러한 조작들은 '패러다임의 새로운 적용을 보여 주고 이미 이루어진 적용의 경우에는 그 예측능력을 증가시키기 위해' 이루어진다(같은 책). 더욱 정확성을 요구하는 수리 과학들에서 가장 이론적인 연구 작업이 이러한 종류의 작업이라고 쿤은 말한다. 논리경험주의자나 포퍼(혹은 현대 '과학적 실재론')로부터는 짐작될 수 없는 이러한 측면의 과학의 복잡성에 관한 쿤의 관심은, 쿤에게 있어서는 중요한 암시이다. 과학자들은, 자신들의 이론들을 자연에 어떻게 **적용하는가**에 관한 방법이 항상 명확하지 않기 때문에, 그 이론들을 명확히 하고 재정비하는 데 시간을 보내야만 **한다**. 쿤이 설명하고 있듯이, 하나의 이론과 자연세계 간의 접촉점들을 과학자들이 '개발'하는 것은 매우 어려울 수 있다(p. 30).

마지막으로 정상과학에 포함된 세 번째 부류의 이론적 작업은 패러다임의 명확화에 종사한다. 이러한 작업에는 하나의 패러다임에 대해서 이를 재정비하거나 재해석하여 명확하게 만드는 시도들이 있다. 이 작업은 과학의 개발이 지배적으로 정성적인 시기 동안에 주로 우세하게 나타난다.

가장 최선의 과학자들이라도 이들이 수행하는 연구문제들 중에서 압도적인 다수가 이러한 세 가지 범주들 중의 하나에 보통 속한다고 쿤은 설명한다. 그러한 문제들은 우리가 이미 보았듯이 사실이나 이론의 참 신성들(novelties)을 만들어 내는 것을 거의 목표로 하지 않는다. 정상과 학은 패러다임이 적용될 때 필요한 범위와 엄밀성을 증가시킨다. 그러 나 과학자들은 이러한 연구문제들을 다루는 데 왜 그렇게 헌신적이고 열광적인가?

쿤의 대답은 정상과학이 **퍼즐-풀이**(puzzle-solving)에 있기 때문이라 고 말한다. 정상과학자들은 자신들의 실험의 결과, 계산 등이 무엇으로 되어야만 하는지를 알고 있으나 그래도 이들은 그러한 결과들이 **어떻게** 성취될 수 있는가를 보여 주는 데 전력을 다하고 있다.

> 정상적 탐구문제를 끝맺는 것은 새로운 방식으로 예기된 것을 성취하는 것
> 이다. 그리고 그것은 모든 종류의 복합적인 도구적, 개념적 그리고 수학적
> 퍼즐들을 풀어 낼 것을 요구한다(p. 36).

퍼즐은 그 해결에서 재능이나 숙련도를 검사하는 특정한 **종류**의 문제라 고 쿤은 우리에게 말하고 있다. 문제들은 어떠한 해결법도 가지고 있지 않을 수도 있는 반면에, 그 자체로 흥미롭거나 중요하지 않더라도 퍼즐 은 해결법을 가지고[8] 있어야만 하며 받아들일 수 있는 해결법들의 성격 을 제약하는 '규칙들'과 그 해결법들이 이루어질 수 있는 방식들이 존재 해야만 한다. 패러다임들은 그러한 퍼즐들을 선택하는 데 필요한 기준

---

8 역자 주: 여기서 퍼즐은 십자 글자 맞추기나 조각 그림 맞추기를 말하는 것이며, 예를 들 어, 조각 그림 맞추기의 경우에는 그 밑그림을 그 해결책이나 해법으로 가지고 있다고 쿤은 말한다. 이러한 밑그림을 패러다임이 제공하고 있으므로 패러다임이 해결책을 제공한다.

들을 제공한다. 이러한 것들은 대부분이 '공동체가 과학적인 것으로 허
용하거나 그 구성원들에게 착수하도록 고무시키는' (p. 37) 유일한 문제
들이라고 쿤은 말하고 있다. 패러다임이 미래상(비전)을 제한하는 한 가
지 강력한 방식은 다른 문제들을 형이상학적인 것이라고 혹은 과학이
아닌 어떤 다른 분야의 관심사라고, 또는 시간을 낭비하는 쓸데없는 것
이라고 확신시키는 것이다.

> 패러다임은 …… (예를 들어, 암을 치료하는 방법을 발견하는 것과 같이(p.
> 36)) 패러다임이 공급하는 개념적이고 도움이 되는 도구들에 의해 언명될
> 수 없기 때문에, 퍼즐 형식으로 환원될 수 없는 사회적으로 중요한 문제들
> 에 대해서 심지어 공동체로부터 격리시킬 수 있다. …… 정상과학이 그렇게
> 빨리 진보하는 것처럼 보이는 이유들 중의 하나는 그 종사자들이 오직 자신
> 들의 재능이 부족하지만 않으면 해결할 수 있는 문제들에 집중하기 때문이
> 다(p. 37).

이러한 사실은 과학자들이 정상과학 기간 동안에 퍼즐들을 공격적으로
착수하게 될 때 가지게 되는 열정을 설명하는 것으로 간주된다. 일단 과
학자가 되면, 그는 이전에 아무도 해결하지 못하였거나 혹은 능숙하게
해결하지 못했던 퍼즐을 푸는 데 자신이 성공할 것이라는 생각에 의해
주로 자극을 받고 적극적으로 도전하게 된다. 이러한 퍼즐-풀이에서 성
공한 그러한 과학자들은 자신이 퍼즐-풀이 전문가임을 입증하는 것이
다.
　여기서 과학자들을 퍼즐-풀이하는 사람들과는 거리가 먼 것으로 묘
사하고 있는 포퍼와 파이어아벤트와 연관되는 과학상들과 쿤의 과학상
간의 가장 강하게 대조될 수 있는 차이점들 중의 하나가 나타나게 된다.

예를 들어 포퍼는 갈릴레오, 케플러, 뉴턴과 같은 위대한 과학자들의 업적들을 바라보는 것으로부터 우리가 과학에 관한 가장 간단한 그림을 얻을 수 있다는 생각에서 논의를 시작하고 있다. 이러한 출발점은 확실히 이상화된 어떤 것을 표현하고 있다. 왜냐하면 위대한 과학자들의 연구결과에만 집중하면서 대부분의 과학자들의 연구결과를 무시할 가능성이 높기 때문이다. 포퍼는 이러한 점을 인정하였다. 왜냐하면 그는 '과학과 그 연구자들에 관한 영웅적이고 허구적인 관념'을 전달하기를 원하였다고 설명하였기 때문이다. 즉 그는 진리에 대한 추구와 우리의 지식 성장에 겸허하게 전념한 사람들로서, 대담한 관념들에 관한 모험적인 행동 속에 존재하는 삶을 가진 사람들로서 전달하기를 원하였기 때문이다(Popper 1974, p. 977). 파이어아벤트도 역시 개인적인 과학의 영웅을 논의하는 경향이 있었다. 물론 쿤도 **대부분의** 과학활동을 그리고 과학에 대해서 우발적이지 않을 뿐만 아니라 영웅적이면서 혁명 가능한 측면을 표현하려고 노력하고 있었다. 그의 관심은 순수한 지적인 모험으로서의 과학이 아니라 하나의 **직업**으로서의 과학에 관한 것이었다. 이와 대조적으로 포퍼와 파이어아벤트는 과학을 단지 하나의 직업에 불과하다고 간주하는 과학자들에게는 관심을 가지고 있지 않았다.

그래서 쿤의 경우에는 대부분의 과학활동은 퍼즐-풀이이다. 퍼즐들에 대해서 받아들여질 수 있는 풀이들의 성격을 제약하는 '규칙(확대된 의미에서)들'과 그 풀이들이 성취될 수 있는 방식들 가운데에는 다음과 같은 것들이 있다.

(I)   과학법칙의 언명들, 그리고 과학의 개념과 이론들에 관한 명시적 언명들

(II) 선호하는 유형의 기구사용에 대한 약정들(commitments)과 허용

된 기구들이 적법하게 사용될 수 있는 방식들에 대한 약정들
(III) 역사적 연구에 의해 드러난 보다 높은 수준의, 준형이상학적(quasi-
metaphysical) 약정들
(IV) 방법론적 약정들, 세계를 이해하는 약정들과 같이 '언제나 과학자
들에게 계속 견지되었던' 약정들

이러한 규칙들은, 각기 다른 지속 기간 동안에도 계속 유지되어 있고 상
대적으로 통일성이 없는 과학체계의 각기 다른 하부체계 모두에 유지되
어 있는 것과 마찬가지로, 확실히 각기 다른 일반성의 수준들을 유지하
고 있다. 즉, 어떤 것은 구체적이면서 실용적이고, 다른 것들은 이론적
이다. 그러나

> 과학 전공분야의 모든 종사자들이 어떤 시기에 충실하게 지키는 규칙들이
> 확실하게 존재한다 할지라도, 그러한 규칙들만으로는 그러한 전문가들의
> 업무가 공통적으로 가지고 있는 모든 것을 특정화하지 못할 것이다. 정상과
> 학은 매우 확정적으로 결정된 활동이다. 그렇다고 규칙들에 의해서만 전적
> 으로 결정되어야만 하는 것은 아니다. 그러한 이유는 …… 내가 정상과학의
> 탐구전통의 긴밀한 결합의 근거로서, 공유된 규칙들, 가정들, 관점들보다는
> 공유된 패러다임을 도입하였기 때문이다. 나는, 규칙들이란 패러다임으로
> 부터 도출되는 것이라고 제안하며, 그런데 규칙들이 없는 경우에도 패러다
> 임이 탐구를 안내할 수 있다. (p. 42)

이러한 내용은 쿤의 다음절인 V절의 주제, 규칙들에 대한 패러다임의
우선성(priority)으로 진행하도록 만든다.
  쿤에 따르면 역사학자들은, '이론들의 개념적, 관찰적, 도구적 적용'

(p .43)에서 이론들에 관한 일련의 주기적이고 반복되는 실제 사례들을 발견하게 됨으로써, 성숙한 과학공동체의 패러다임을 매우 쉽게 찾아낼 수 있다. 이들이 그래서 발견하는 것은 해당 과학공동체의 구성원들이 자신들의 직업을 익히는 데 사용하는 도구들이며, '교과서들, 강의들, 실험실 실습'(같은 책)에서 정상적으로 구체화되어[9] 나타난다.[10] 그러나 성숙한 과학공동체의 패러다임들을 결정한 것은 아직까지는 그 공동체의 구성원들이 따르고 있는 공유된 규칙들을 확인한 것이 아니다. (패러다임의 결정 다음에) 뒤따라 나오는 규칙들은 패러다임들로부터 **추출된** 것이고 공동체의 패러다임들을 서로 대조하고 패러다임들과 공동체의 통용되고 있는 연구보고서들을 대조함으로써 발견될 수 있다. 규칙들을 찾는 이러한 일은 '매우 어렵고 패러다임들을 찾는 것보다 덜 만족스럽다'고 쿤은 말한다(같은 책). 과학자들은 패러다임의 **해석**에는 의견들이 일치하지 않으면서도 패러다임의 **확인**에는 일치할 수 있기[11] 때문에 그러한 일은 좌절을 겪게 된다. 패러다임의 확인에 의견들이 일치한다는 것은 어떤 한 분야에서 그 과학자들의 구성원들 중의 한 사람[12]이 '미해

---

9   그런데 오직 '정상적으로 구체화된(normally embodied)'이라는 구절이다. 이 구절의 내용을 제시하는 애거시(Joseph Agassi)(1966, p. 351)의 설명은, 교과서들의 존재를 간주하는 데 너무 엄격하였기 때문에 선-과학으로부터 과학을 구획 짓는 쿤의 기준이 될 수 없다. 이와 다른 내용을(예를 들어 p. 137) 제시하는 몇몇 논평들이 있지만 그래도 쿤은 패러다임이 교과서들보다 우선한다는 사실을 보통 분명하게 말하고 있다.

10   역자 주: 쿤은 여기서 역사학자들이 발견하는 것이 공동체의 패러다임이라고 설명하고 있다.

11   역자 주: 쿤은 과학자들이 하나의 패러다임에 관한 완전한 해석이나 합리화에 대해서 의견이 일치하지 않더라도 그것을 패러다임으로 자신들이 확인한다는 것에 대해서는 일치한다. 그 예로 쿤은 뉴턴의 이론 등에 대해서 과학자들이 그 해석이나 합리화에서 그 내용을 달리하지만 그래도 뉴턴 이론이 하나의 패러다임임을 인정하고 있다는 사실을 제시하고 있다.

12   역자 주: 쿤이 예로 들은 것은 뉴턴, 라부아지에, 맥스웰, 아인슈타인이다.

결로 유명한 일단의 문제들에 관해 분명하게 오래 지속되는 해결책을 만들었다'(p. 44)는 사실을 인정하고 있는 단지 과학자들에 관한 문제일 뿐이다. 하나의 패러다임은 이에 관한 공유된 해석이 없는 경우에도 연구를 안내할 수 있다.

쿤은 이러한 주제가, 과학이란 대부분이 과학자들의 '암묵적 지식(tacit knowing)'에 의존하고 있다고 주장하였던 폴라니(Polanyi)에 의해서 이미 예시되었다는 것을 인정하고 있다. 폴라니가 말한 암묵적 지식은 명시적으로 분명하게 표현될 수 없고 그래서 말들을 통해 전달될 수 없고 실천적 행위를 통해서 습득되어야만 하는 지식이다.[13] 폴라니는, 사람들이 책들 속에서 요약할 수 있고 분명하게 표현할 수 있는 과학의 **내용**과, 책들 속에서 요약할 수 없는 것으로서 '과학적 탐구의 특정화될 수 없는 숙련된 기술(art)'을 비교하였다(Polanyi 1958, p. 53).

우리가 가지고 있는 과학적 믿음들의 실제 기초들은 (겉으로 분명하게 표현하면서) **도저히 주장할 수가 없다.** 우리가 어떤 체계의 전제조건들을 받아들이고 그 조건들을 우리들의 해석의 구조체제로 사용할 때, 우리들의 신체 속에 거주하는 것처럼 우리가 그 조건들 속에 거주하고 있다고 말할 수 있다. 이것들을 당분간 무비판적으로 받아들이는 것은 그것들을 우리 자신들

---

13 이와 다른 곳에서 쿤은, 폴라니가 '('패러다임'이라는 용어)에 관해서 일반인들에게는 분명하게 생소한 용법으로 사용하도록 나를 이끌어 주었던 과학의 측면에 관한 논의에서 내가 알고 있기로 가장 해박하고 발전된 논의 내용을 제공해 주었다'는 사실을 인정하고 있다(Crombie 1961, p. 392에서 인용). 쿤이 폴라니로부터 받은 은혜에 대해서는 이 책의 참고문헌 목록에 있는 제이콥스의 논문을 참조할 것. 쿤은 폴라니의 책들 중에서 두 권을 읽었고 코넌트의 과학사 교과과정에 따라 강의하면서 폴라니의 연구에 대해서 알고 있었다. 쿤이 폴라니에게서 받은 은혜는 몇 가지가 있는데, 그 은혜는 그가 완전하게 신뢰하였던 코이레, 비트겐슈타인, 콰인, 플렉, 그 밖의 다른 사람들의 연구업적과 마찬가지로 중요하다.

과 동일시하게 되는 동화의 과정에 있는 것이다. 그것들은 (분명하게 표현
되어) 주장되지도 않고 주장될 수도 없다. 왜냐하면 주장은 우리 자신들과
당분간 동일시하게 되는 구조체제 **내에서만** 오직 행해질 수 있기 때문이다.
즉 그것들 자체가 우리의 **근본적인** 구조체제이기 때문에 그것들은 **본질적으
로 분명하게 표현될** 수 없다(같은 책, p. 60, 강조는 인용자 첨부).

폴라니의 접근방식은, 쿤에게 (정상과학은 패러다임을 명료화하는 일에
종사하고 있을지라도) 패러다임은 **완전히 분명하게 표현될 수 없다**는 생
각을 제공하였으므로, 그때까지 지배적인 접근방식들로부터 벗어나게
만드는 데 필요한 치료수단이었다. 이러한 관점에서 보면, 쿤은 과학을
명시적인 이론과 함께 숙련된 **실천**에 관한 문제라고 생각한 많은 20세
기 중반의 과학자들 중의 한 사람에 불과하였다.[14]

　비트겐슈타인의 『철학탐구들(*Philosophical Investigations*)』에 있는
(Wittgenstein 1958, §66ff.) '가족유사성(family resemblance)' 개념에
관한 잘 알려진 논의를 따라가면서, 쿤은 정상과학의 전통 내에서 통용
되는 다양한 탐구 문제들과 기법들이 공통적인 어떤 것을 가질 필요가
없으며 단지 유사성에 의해서 서로 관련되어도 된다는 사실을 역설하였
다. 과학자들은 자신들이 받은 과학교육을 통하여 습득하게 된 모델들
이 어떻게 해서 패러다임의 지위를 가지게 되었는가를 알아야 할 필요
가 없기 때문에, 그러한 이유를 과학자들에게 말해 주는 어떠한 완전한
체계의 규칙도 필요로 하지 않는다. 즉 패러다임은 '어떠한 체계의 규칙

14　숙련(skill), 직관, 감정평가사 기량에 관한 버드의 논의를 참조할 것(Bird 2000, pp.
73ff). 버드가 중립적 조직망들(networks)에 의해 이것들을 설명하고 있는 내용은 쿤이 염
두에 두고 있었던 내용에 확실하게 가깝다.

들보다 우선하며, 이 규칙들보다 더 결속되어 있고 완전하다'(p. 46). 패러다임들은 쿤이 '직접적 모델링(direct modelling)'[15]이라고 부르는 것에 의해 탐구를 주로 인도한다. 이러한 이유 때문에, 쿤이 자신의 용어 '패러다임'을 필수 불가결한 것으로 간주하고, 다른 사람들이 그에게 역설한 '기본 가정', '지성적 구조체제', '개념 모델' 등과 같은 개념들보다도 이 용어를 더 선호하고 있다. 패러다임은 그러한 용어들과는 다르게 대부분이 명확하게 표현될 수 없다. 이러한 결과 역사학자들이 패러다임들을 **확인**할 수 있다 할지라도 패러다임이 무엇인지를 **완전하게** 발견하거나 말할 수가 없는 것이다. 패러다임들은 범례들(exemplars)이기 때문에 과학자들이 어떤 종류의 명시적으로 표현된 강의에 의해서보다는 **사례에 의해** 학습하는 그러한 종류의 것이다.

쿤의 견해들의 이러한 중요한 측면은, 비록 주석가들이 종종 놓치고 빼먹는 것이지만, 논리실증주의자와 논리경험주의자 전통, 코이레의 지성주의, 프랑스의 규약주의자 철학자들(폭넓게 간주하면 뒤앙까지 포함)까지 포함하는 쿤 이전의 대부분의 과학철학과 구별 지을 수 있는 차이점이다. 쿤의 견해는 과학의 어떤 '규약주의적인(conventional)' 구성요소들을 강조한다는 점에서 규약주의자들의 견해와 공통적으로 중요한 어떤 것을 가지고 있다. 그러나 쿤은 규약주의자들이 생각하듯이 과학자들이 실제로 선택하게 되는 패러다임들의 측면들의 범위를 그렇게 넓다고 생각하지 않았다.[16] 이러한 점은 우리가 패러다임의 **불가시성**

---

15 역자 주: 직접적 모델링은 공동체가 아무런 의심을 가지지 않고 이미 성취한 개별 문제-풀이들을 받아들이는 것을 말한다. 이미 성취한 개별 문제-풀이는 패러다임을 배경으로 하고 있다. 이것과 대조되는 것이 패러다임 사례들로부터 추출되어 나타난 규칙들에 의한 연구진행이다.

16 사실 플렉이 규약주의의 이러한 특성을 이미 비판하였다(Fleck 1935, pp. 8-9).

(invisibility)이라고 부르는 것을 설명하는 데 도움을 준다. 과학의 이러한 '암묵적' 혹은 '의식되지 않는(subliminal)' 측면에 대해 쿤이 초점을 맞추고 있다는 것을 맨 처음 지적한 사람들 중의 한 사람인 봄(David Bohm)이 한 번 설명하였듯이, 정상과학 기간 동안에 과학자들은 '과학의 기본 특성을 의심이 가능한 것으로 간주하지 않는다'. '오히려 이들은 자신들이 하나의 패러다임을 따르고 있다고 생각하는 것이 아니라 그보다도 세계의 실제 구조를 단지 탐구하고 있는 것으로만 생각하고 있다' (Bohm 1964, p. 378). 패러다임에 있는 과학자들이 **공유하는** 것은 하나의 **실천 활동**이지 이론의 체계, 규칙들, 정의, 혹은 어떤 다른 종류의 언명들이 아니다. (그러나 어떤 하나의 과학공동체에서 과학자들이 하나의 **패러다임**을 공유하고 있을지라도 그 패러다임을 공동으로 똑같이 **이해하고** 있지 않다(pp. 44, 50).)

여기서 (쿤의 견해는) 합리적이지도 비합리적이지도 않고, 참도 거짓도 아니지만 그러면서 합리성을 **벗어나 있는**(arational) 기초(basis)를 과학이 가지고 있다고 인정하는 점에서, 폴라니의 견해와 비트겐슈타인의 견해와 더 깊이 연결되는 면이 있다. 과학이 하나의 '기반(foundation)'을 가지고 있다고 하는 한, 그 기반은 전제들의 어떤 체계나 체계들이 아니며 심지어 단일한 질서체계가 아니라 오히려 어떤 형식의 **교육훈련**(training)이다. 과학자들은 자신들의 믿음들이 서로 일치하고 있기 때문이 아니라 비트겐슈타인이 '삶의 형식(forms of life)'이라고 부른 것, 즉 이들의 훈련, 이들의 교육에서 일치하기 때문에 공동체들에 속한다. 그러한 훈련에서 주입되는 것들 중에는 **유사성**(similarity)에 관한 일련의 직관이 있다. 즉 과학자들은 자신들이 연구하고 있는 현상들의 어떤 측면을, 다른 것들과 유사하게 보도록 훈련을 받는다. 쿤의 패러다임의 개념은 이러한 유사성 관계들까지 포함하고 있으며, 우리가 보겠지만 패러다임 변화들의 혁명적인 급진적 성격은, 그러한 변화들에서 유사성에 관한 어떤 하나의 일군의 직관들이 다른 직관들로 대체된다는 사실에 대부분 근거하고 있다.

규칙들에 대한 이러한 '패러다임의 우선성'을 지지하면서 쿤은 네 가지 근거를 제시한다. 첫 번째 근거는 특정한 정상과학의 전통들을 안내하는 규칙들을 발견하기가 아주 **어렵다**는 단순한 사실이다. 만약 규칙들이 정상과학을 안내한다면 해당 규칙을 따르는 사람들, 즉 과학자들이 제공하는 활동들과 설명들로부터 규칙들을 찾아내는 것이 상대적으로 쉬웠어야 했을 것이다.

두 번째 근거는, 과학자들이 개념들, 법칙들, 이론들을 이것들이 **적용되는** 바대로 항상 배우기 때문에 그리고 그러한 적용들은 그에 해당하는 이론을 미래의 과학자들이 자신들의 직업을 배우게 되는 교과서들로까지 동반하여 가기 때문에, 하나의 이론을 배우는 과정은 적용에 대한 학습에 의존하고 있다[17]는 사실이다. 배우는 과정에 있는 어떠한 단계에서도 과학자들이 완전한 체계의 규칙들을 직관적으로 혼자 끌어낸다고 가정하는 것은 아무런 **논거**가 없다. 성공적인 탐구를 할 수 있는 과학자들의 능력은 '가설적인 게임의 규칙들(hypothetical rules of the game)'에 의존하지 않고서도 이해될 수 있다(p. 47).[18] 패러다임이 일종의 합의

---

17   역자 주: 쿤은 학생이 대학 신입생 강좌부터 박사학위까지 진행하면서 그에게 주어지는 점점 복잡해지는 문제들을 다루는 가운데 하나의 이론을 배운다고 말한다. 이때 학생은 이전의 업적들을 가까이 모방하는 훈련을 받는다. 쿤은 이때 문제-풀이 과정에서 어떤 하나의 규칙이 있다고 생각하는 것은 자유이지만 그 규칙을 믿는 것은 논거가 거의 없다고 설명한다. 그러한 규칙을 쿤은 '게임의 가설적 규칙'이라고 말한다. 여기서 쿤은 패러다임에 의해 주어지는 문제를 풀이하는 것을 게임으로 비유하고 있다.

18   역자 주: 쿤은 이에 관해 다음과 같이 주장하고 있다. 과학자들이 자신들의 분야의 기초, 그 분야의 적법한 문제들과 방법을 특성화하는 데 보통 사람들보다 나은 것은 없으며,

(consensus)를 표현한다 할지라도 그 합의는 공리나 이론용어의 정의와 같은 **언명들**에 관한 합의가 아니다(ET, p. xviii). 과학자들에게 가르쳐 지는 것은 그러한 정의들이 아니라 이론용어들이 등장하고 있는 '선택 된 문제들을 해결하는 표준적인 방식'이라고 쿤은 주장한다(ET, p. xix, RSS, p. 298).

세 번째 논거는 과학의 발전의 역사적 형태에 관한 것이다. 쿤에 따르 면 규칙들은 그러한 역사적 발전에서 중요한 역할을 맡고 있지만, 다만 패러다임의 안정성이 위협받고 있는 국면 동안[19]에만 그러하다.

> 선-패러다임 시기는 특별히 적법한 방법들, 문제들, 해결의 표준들에 관해 벌어지는 잦은 그리고 치열한 논쟁에 의해 통례적으로(regularly) 특징지어 진다. 하긴 이러한 논쟁은 일치를 만들기보다는 학파를 정의하는 데 기여할 뿐이다. [그러나] 이와 같은 논쟁들은 패러다임의 출현과 함께 단번에 사라 지지 않는다. 이러한 논쟁들은 정상과학의 시기 동안에는 거의 존재하지 않 았을지라도, 패러다임이 먼저 공격을 받고 변화해야 하는 시기들, 즉 과학 혁명들의 진행 시기와 그 이전 시기에 통례적으로 다시 나타난다. ...... 과

그러한 추상화된 특성을 그들이 알게 되었다면 과학자들은 성공적인 탐구를 할 수 있는 자 신들의 능력을 통해 주로 그 추상화된 특성을 보여 준다. 그러나 그러한 탐구 능력은 추상 화된 특성을 대표하는 '게임의 가설적 규칙'에 의존하지 않고서도 (구체적 성공 내용을 통 해) 이해될 수 있다.

19   역자 주: 쿤은 정상과학의 국면에는, 관련되는 과학공동체가 이미 성취한 특정한 문제- 풀이들을 의심 없이 수용하고 있는 한, (추상화된) 규칙들이 없이도 진행한다. 그러나 패러 다임이나 모델들이 불안정하게 되면 규칙들이 중요하게 되고 이 규칙들에 특징적인 무관심 이 사라지게 된다(p. 47). 이러한 불안정한 국면에 관한 과학사의 사례로 쿤은, 갈릴레오와 뉴턴 역학이 융합되어 가던 초창기에 과학에 관한 적법한 표준들을 놓고 벌어졌던, 아리스 토텔레스 학파, 데카르트 학파, 라이프니츠 학파 간의 논쟁을 예로 들고 있다. 또한 뉴턴 역 학에서 양자역학으로의 변환을 그러한 국면의 예로 제시한다(p. 48).

학자들이 자신들의 분야의 기본 문제들이 해결되었는가의 여부에 관하여
일치하지 않을 때, 규칙에 대한 추구는 그것이 보통 가지고 있지 않은 하나
의 기능을 얻게 된다. 패러다임들은 안정을 유지하고 있은 동안에는, 합리
화에 대한 일치가 없거나 혹은 어떤 합리화가 시도되지 않아도 기능할 수
있다(pp. 47-9).

그리고 네 번째 근거는, 규칙들 대신에 패러다임에 의해서 과학을 보는
것이 과학의 분야들과 전공의 다양성을 보다 쉽게 이해할 수 있도록 만
들어 준다는 사실이다. 명시적 규칙들이 존재하는 경우에 그 규칙들을
광범위한 과학그룹들이 보통 공유하고 있지만 패러다임은 그렇게 공유
할 필요까지 없다고 쿤은 말하고 있다. 작은 규모의 혁명들은 명시적 규
칙들의 대체에 의해서 설명될 수 없으나, 패러다임-전환에 의해서는 아
주 잘 설명될 수 있다.

과학은 그 과학의 패러다임들에 의해 이루어지기 때문에, 전체로서
정상과학은 어떤 **하나의** 패러다임과 함께 부침을 같이하는 단일하고도
획일적이며 통일된 탐구활동처럼 보일 수도 있겠지만 실제로는 **그렇지
않다**. 종종 정상과학은 '그 다양한 부분들 가운데 결속력이 거의 없는
흔들거리는 구조'인 것처럼 보인다(p. 49, 또한 Crombie 1963, p. 387
참조). 이러한 내용은 중요한 논평인데, 과학이 획일적이고 통일되어 있
는 정도가 시간이 지나가면 **변화하게** 된다고 쿤이 생각하고 있다는 점을
제시하고 있다. 하나의 분야에 있는 전체 과학자들이 하나의 패러다임
을 공유하고 있을지라도 그 패러다임이 이들에게 **똑같은 내용의** 패러다
임이 되지 않는다는 생각[20]도 또한 그와 관련된다(p. 50).

1970년에 출판된 그의 책에 관한 중요한 후기에서 쿤은 패러다임들
에 관해 더 많은 내용들을 우리에게 말해 주면서 과학공동체의 개념을

발전시킨다. 그는 우선 '패러다임'과 '과학공동체'와 같은 용어들이 SSR에서 상호 교차적으로 순환 정의되고 있다는 사실을 우려하고 있으며 그래서 만약 그가 그 책을 다시 집필한다면 과학의 공동체 구조에 관한 논의로부터 시작할 것이라고 특별히 언급하고 있다.

쿤은, '과학전공분야의 종사자들(로 구성되어 있는 것)'(p. 177)이라는 개념으로서 '직관적인 〔과학〕 공동체 개념'(p. 176)[21]이라고 자신이 부르고 있는 것으로부터 시작한다. 이러한 직관적인 개념 내에서 과학 공동체들은 많은 서로 다른 **차원들**(levels)로 존재하고 있다. 즉 맨 상층부에는 모든 (자연) 과학자들의 공동체가 있다. 그다음 차원에는 각각의 주요 자연-과학의 전문분야와 연관되는 공동체(물리학자, 화학자, 생물학자 등)가 있다. 그 아래 차원에는 고체 물리학자, 전파 천문학자 등과 같은 '주요 하부 그룹'들이 존재한다. 이러한 세 가지의 상층 차원의 공동체에서의 회원자격은 쉽게 입증될 수 있으나 이 차원보다 더 밑으로 내려가면 그러한 입증은 더욱 힘들어진다. 그럼에도 불구하고 쿤은 그러한 확인이 패러다임과는 독립적으로, 예를 들어 인용근거 자료(어떤 한 사람의 과학자가 언급하는 동료 학자의 업적 자료)를 활용하여, 가능하다고 확신하고 있다. 이러한 네 번째 차원에서의 공동체들은 전형적으로 대략 100명의 회원들로 구성될 것이지만 개별 과학자들은 여러 개

---

20   역자 주: 쿤은 물리학자들로 구성된 대규모의 다양한 과학자 공동체를 예로 들어 이 공동체의 구성원들이 양자역학의 법칙들을 배웠을지라도 그 법칙에 관한 이해의 내용이나 법칙의 적용이 다르다는 것을 강조한다. 즉 어떤 물리학자는 그 법칙을 화학에, 다른 물리학자는 고체물리학에 적용하고 있는데 이러한 경우에 양자역학 법칙에 관한 이해나 적용의 내용이 각기 다르다는 것이다.

21   역자 주: 쿤이 생각하는 직관적 개념이란 이 후기가 쓰인 시기에 과학 사회학자들이 개발한 내용으로서 과학자, 과학 사회학자, 과학 역사학자들이 모두 동의하는 개념이다(p. 176).

의 그러한 단체들에 속할 것이다. 패러다임을 공유하는 것이 바로 **이러한** 공동체들이라고 쿤은 말한다.

이러한 점(p. 179, 또한 RSS, p. 295 참조)에서 쿤은 SSR의 또 하나의 결점을 인정하고 있다. 그 책에서 과학공동체들은 과학의 연구주제와 단순하게 동일시되고 있다. 그러나 우리가 **지금** 과학의 연구주제를 확인하는 방식은 과거에 확인되었던 방식이 되어야 할 필요는 없다. 우리는 예를 들어 자신에 의해 혹은 그의 동료들에 의해 '물리학자'로 간주되지 않았었던 과학자들을 지금은 '물리학자'로 간주해도 된다. 여기서 쿤이 가진 중요한 통찰은, 주어진 어떤 한 분야의 현상들에게 작용하고 있는 학문분야들의 구조가 스스로 변할 수 있다는 내용이다(RSS p. 290). 과학공동체들은 그러므로 **과학의 연구주제가 해당 그 시대에 간주되는 바대로만** 그러한 연구주제와 동일시될 수 있다.

그러한 공동체를 확인한 후에도 계속해서 사람은 그 공동체의 구성원이 공유하고 있는 것이 무엇인가를 물을 수 있다. 우리가 알고 있듯이 그에 대한 SSR의 대답은 '패러다임' 혹은 '일단의 패러다임들'이다. 그러나 이 대답이 **범례**(exemplar)이거나 일단의 **범례들**을 의미하고 있는 한, 이제 쿤은 그것이 부적절하다고 생각한다. 그 대신에 그는 여기서 중요성은 다소 떨어지지만 보다 더 대중적인 의미로 '패러다임'이라는 용어를 취할 것을 제안하며, 이러한 제안에서 패러다임은 '학문적 기반(disciplinary matrix)'을 의미하게 된다. 이러한 의미에 관하여 쿤은 똑같은 학문적 기반에서 작업하는 모든 과학자들은 다음과 같은 요소들을 공유하게 될 것이라고 우리에게 말하고 있다.[22]

---

[22] 역자 주: 쿤은 실제로 여기서 제시한 구성요소들 중에서 a, b, c, e, 4가지만 말하고 있다. 구성요소 d는 이 책의 저자 프레스턴이 쿤의 후기의 3절 '공유된 사례들로서의 패러다

(a) 어떤 **기호적 일반화** — '문제제기 없이' 확실한 것으로 전개된 이론적 가정들과 법칙들(예를 들어, 뉴턴의 세 가지 운동법칙)

(b) 어떤 **모델들과 비유**(예를 들어, 정상적 상태의 유체역학 체계의 모델에 근거하여 전기회로를 보는 것[23])

(c) 이론들의 장점을 만드는 성질들, 과학적 **덕목**이나 '가치' (예를 들어 단순성, 정확성, 무모순성, 정합성)가 무엇인지에 대한 관념

(d) 어떤 **형이상학적 원리들** — 탐구의 방향(예를 들어, 미립자 가설)을 결정하는 역할을 하는 검사될 수 없는 가정들

(e) 어떤 **범례들**이거나 혹은 구체적인 문제 상황들, 이것들은 그러한 분야에서 실제 **문제들**을 이루고 있는 것이 무엇이고 이 문제들의 **해결**을 이루는 것이 무엇인지에 관한 일치를 제공한다.

학문적 기반들의 이러한 마지막 구성요소들은, 물론 **다른** 의미에서의 패러다임들, 즉 범례들을 말한다.

>> 탐구문제

1. 하나의 패러다임은 실제로 지속적으로 유지되고 있는 업적(p. 25)인가 아니면 단지 외관상으로 지속적으로 유지되고 있는 업적인가(p. 44)? 만약 새로운 패러다임이 또한 하나의 약속어음이라면 정상적

임'과 4절 '암묵적 지식과 직관'에서의 내용을 요약하여 덧붙였다. 예를 들어, 탐구의 방향은 패러다임 내에서 공유된 사례들을 통해 주어진 문제-풀이에 의해서 주입되고, 그 주입은 암묵적이고 직관적으로 이루어진다는 점에서 검사될 수 없는(untestable) 가정들로 간주하고 있다.

23   역자 주: 쿤이 예로 들은 것은 이외에도 기체분자를 탄력성을 가지고 임의의 방향으로 운동하고 있는 당구공에 비유하는 것이 있다.

과학활동에 놓여 있는 퍼즐들을 패러다임이 다룰 수 있을 것이라고 과학자들은 어떠한 보장을 하고 있는가?

2. 과학자들은 능동적으로 변칙사례들을 찾아야만 하고 그 사례들은 쿤이 그렇다고 제안한 것보다도 더 위협적인 것으로 간주해야만 하는가? 정상과학이 강요하는 제약된 미래상에 대해서 그 대안이 될 수 있으면서 정상과학의 가능적인 혁명적 특성을 여전히 보존하고 있는 어떤 다른 상이 존재하는가?

3. 과학자들이 다루는 문제들이나 퍼즐들에 대한 통제를 사회가 행사하고 있는가?

4. 참여하고 있는 과학자들이 패러다임을 확인하는 것은 힘들지만 과학 역사학자가 확인하는 것은 상대적으로 쉬운 이유는 무엇인가?

5. 보다 폭넓은 규칙들의 개념은 과학의 활동이 규칙-따르기의 문제라는 생각을 다시 등장시키는 데 성공할 것인가?

4절. 변칙사례들, 위기 그리고 과학자들이 이것들에게 어떻게 반응하는가

SSR의 VI과 VII절은 정상과학의 잠재적 실패 가능성, 분열, 그리고 정상과학에서의 탈출을 특성화한다. 이 절들은 다음과 같은 문제들을 다룬다. 정상과학이, 부분적 축적으로 보고 있는 과학의 통상적인 연구 작업의 상에 대체로 부합한다고 한다면, 사실의 경우나(발견들) 혹은 이론의 경우에(발명) 그 참신성들(novelties)이 어떻게 나타나게 되는가? 쿤의 대답은 (하나의 패러다임을 배경으로 활동하는) 정상과학이 패러다임들에게 도전하고 궁극적으로 그 패러다임들을 전복시키는 특유하게 강력한 방식을 만들어 낸다는 것이다. 패러다임들에 대한 의존이 수반하게 되는 미래상의 제약은 철저한 경험적인 탐구와 변칙사례들의 인지를 위한 필수조건이다. VIII절은 변칙사례들이, 종종 그러하듯이, 위기로 전환되었을 때 과학자들이 어떻게 반응하는가를 탐구한다. 여기서 쿤은 자신의 견해를 포퍼의 반증주의와 대조하고 있다.

정상과학의 시기들은 안정성과 지식의 누적적 확장에 의해 특징지을 수 있다. 정상과학의 탐구는 탐구의 결과들을 과학적 지식의 점차 늘어나는 비축량에 추가한다. 그러한 시기는, 통상적인 과학상에는 아주 잘 부합하지만, 통상적인 과학상이 그러한 평가에서 또한 유지하고 있는 **발명**이나 **발견**의 요소들까지 포함하지는 않는다. "정상과학은 사실이나 이론의 참신성들을 목표로 하지 않으며 성공하였을 때 그러한 것들을 발견하지 못한다"고 쿤은 말한다. "그러나 새로우면서 예상하지 못한 현상들이 과학 탐구에 의해 반복적으로 발견되고 있으며, 근본적으로 새로운 이론들이 계속해서 다시 과학자들에 의해 발명되어 왔다. 심지어 역사도 과학적 탐구 계획이 이러한 종류의 놀라움을 만들어 낼 수 있는 특유의 강력한 전문기법을 개발하였다는 것을 시사하고 있다"(p. 52).

여기서 말하는 발견들과 발명들이 패러다임-**변화들**, 즉 과학**혁명**의 측면들이다. 그러나 이러한 일이 어떻게 발생하는가? 하나의 패러다임의 지배를 받는 정상과학이나 탐구가 패러다임 **변화**를 유도하게 되는 효과적인 방식을 어떻게 구성하게 되는가? 아무튼 정상과학은 철저하게 보수적이며 반-혁명적인 활동인 것처럼 보인다. 쿤의 대답의 일반적인 모양새는, 정상과학의 탐구는 다른 인간의 활동처럼 그 종사자들이 목표로 하는 것**만**을 생산하지 않는다는 것이다. 과학혁명들은 인간의 행위의 결과들이지만 인간이 계획한 결과가 아니다. 이것들은 의도적인 **활동의 의도하지 못한 부산물**이다.

정상과학이란, 쿤이 '퍼즐-풀이(puzzle-solving)'라고 부르며 반드시 **문제들**을 발견하게 되는 그러한 종류의 집중적인 탐구로 특징지어진다. 정상적인 과학자의 일은 자연을 현존 패러다임에 일치하도록 만들고 이러한 '퍼즐들'을 푸는 것이다. 이러한 과제에서 과학자들이 실패하는 것이지 이들의 패러다임이 실패하는 것이 아니다. 이러한 과제에서 과학자들이 실패하게 될 때 우리는 쿤이 **변칙사례**(anomaly)라고 부른 것을 보게 되며, '자연은 정상과학을 지배하는 패러다임이 이끌어 낸 예상을 어느 정도 위배한다는 것에 관한 인지'를 하게 된다(pp. 52-3).[1] 변칙사례들은 정상과학 내에서 탐구된다. 어떤 변칙사례들은 완강하게 저항하는 현상들을 설명하는 방식들을 발견하여 해소될 것이다. 그러나 다른 변칙사례들은 해소되지 못할 것이다. 어떤 변칙사례들은 과학자들이 자신들의 이론들을 다시 고려하도록 만들지 **않은 채로** 수년 동안 변칙사례로만 인정받는다. 그리고 어떤 변칙사례는 처리하기가 매우 어렵다고 알려지기도 할 것이다. 종국에 가서 발견에 대한 자극을 제공하는 것은 바로 **이러한** 변칙사례들이다.

VI절에서 쿤은 다소 느슨하면서 비형식적인 방식으로 두 가지 종류의 발견을 구별한다. 하나는 **사실**의 발견들이고 다른 하나는 **이론**의 발견들('발명들')이다. 여기서 그의 중심논제는 발견들이 사건들(events)이기보다는 **과정들**(processes)이거나 **일화들**(episodes)이라는 것이다. 과정들로서 발견들은, 하나의 변칙사례들을 인식하게 되는 과학자들로부터 시작하여, 계속해서 변칙사례 주변의 영역을 과학자들이 탐구하는 것으로 전개되며, 마지막으로 그러한 현상들이 다르게 보이는 그러한 방식으로 패러다임 이론이 조정되어 이전에 변칙적으로 보였던 것이 이제는 예상된 것으로 되는 경우에 끝나게 되는, 전형적인 구조를 가진다.

---

[1] 쿤은 변칙사례의 개념을 폴라니의 책 『개인적 지식(*Personal Knowledge*)』이나 혹은 버터필드의 책 『근대과학의 기원(*The Origins of Modern Science*)』으로부터 얻었을 것이다.

사실의 발견들이 과정들이기 때문에 "산소가 **언제** 발견되었는가?"와 같은 질문은 잘못 형성된 것이다. 그리고 발견들은 개별 과학자들이 아니라 패러다임의 가동을 수반하기 때문에, "**누가** 산소를 발견하였는가?"와 같은 질문도 잘못 형성된 것이다. 그러한 질문들은, 통상적인 과학상이 역사학자들로 하여금 다루도록 고취시킨 것들로서 어떠한 대답도 절대로 가지고 있지 않다. 발견은 어떤 것이 존재한다는 **사실**뿐만 아니라 그것이 **무엇인지**를 인지하는 것을 수반하는 과정이다. 그러나 어떤 것이 무엇인지를 인지하는 것은 개념화를 수반하며 개념-형성은 때로는 몇 년이 될지도 모르는 시간을 필요로 하는 어떤 것이다.

실제로 기본적인 발견들은 패러다임에서의 변화를 일으킬 수 있고 또는 그러한 변화를 적어도 수반하고 있다. 종종 '하나의 발견'으로 발표된 것은 사실상 새로운 **이론**의 창조이다. 쿤은 과학적 발견의 몇 가지 사례들(산소의 발견, X선의 발견, 라이덴 병의 개발 등)에 관해 논의하면서 발견의 특성들을 일반화하려는 시도를 하고 있다. 발견들이 어떻게 등장하게 되었는가를 고찰하면서 그는 '변칙사례 — 그의 패러다임이 탐구자를 미처 준비하지 못한 현상 — 에 관한 지각이 참신성을 지각하는 방식을 예비하는 데 본질적인 역할을 하게 된다'고 말한다(p. 57). 새로운 현상은 이론적으로 그리고 방법론적으로 (관습에) 깊이 박혀 있는 예상들과 어긋나게 된다.

그것이 어떻게 해서 어긋나게 되는가는 설명될 수 없는(mistery) 어떤 것이라고 말해야만 한다. 쿤은 기존 이론의 **범주들**은, 새로운 개념화의 범주들과 상충하고 있다는 점에서 혹은 옛날 범주들에 대한 믿음은 새로운 범주에 속하는 항목들에서 보면 **존재하지 않는** 항목의 개입을 조성하고 있다는 점에서, 새로운 범주들과 분명하게 상충하고 있다고 간주한다. 범주들 그 자체는 물론 주장이 아니기 때문에 서로 상충할 수는 없다. 그리고 존재와 연관되는 어떠한 주장도 쿤이 생각하는 방식으로 **폐쇄적**이라고 우리가 생각해야만 하는 이유도 분명하지 않다. 어떤 종류의 대상들의 존재를 믿게 된 과학자들이 그러한 믿음 때문에 **다른** 종류의 대상들이 존재한다는 것을 무슨 방식으로 부정하는가? 이러한 일이 **항상** 사실이 아니라는 것은 뢴트겐과 그 동료들에 관한 쿤 자신의 사례들로부터 분명하게 나온다. 이 사례들에서 그 당시 사람들의 패러다임들은 X선의 존재를 금지하지 않았었다(p. 58).[2] 그러한 폐쇄적인 가정들을 만든 사람은 그에 해당하는 과학자들이지 그러한 과학자들의 이론이 아니라고 쿤이 생각하는 것처럼 보인다(p. 59). 그러나 이때 나오는 질문은, 이들이 왜 자신들의 (폐쇄적인) 가정을 **개정하지** 않는가이다. 이론들이나 패러다임들이 사실상 서로 양립할 수 없는 것은 언제이고 그리고 왜 그런가에 관한 일반적인 문제가, 쿤이 실제로 다루려고 시도하지 않았던 형이상학적 논쟁점들을 제기할 우려가 있다.

　　쿤은 과학적 발견을 전형적으로 특징짓는 대표적 특성을 다음과 같이 열거하고 있다.[3]

　　변칙사례에 관한 이전의 인식, 관찰적이면서 개념적인 인지의 점진적이고 동시적인 출현, 이 결과로 저항을 종종 동반하는 패러다임 범주와 과정의 변화. (p. 62)

---

[2]　역자 주: 뢴트겐과 그 시대 사람들의 패러다임은 X선의 존재를 예측할 수 없었다. 그래도 X선의 존재를 부정하지 않았다는 사실을 말하고 있다. 이와 대조되는 것이 플로지스톤 이론이다. 플로지스톤 이론은 프리스틀리 기체에 대한 라부아지에의 해석(산소의 존재)을 금지하였다.

[3]　역자 주: 쿤이 과학적 발견의 사례로 들은 것은, 산소 발견의 지연, 우라늄 핵분열의 뒤늦은 확인, 라이덴 병의 발견에 의한 전기 패러다임의 정립 등이다.

그는 하버드대학교의 브루너(Jerome Bruner)와 포스트먼(Leo Post-man)이 행한 심리학적 실험[4]을 언급하면서 이러한 특성들이 지각 자체에 각인되어 있다고 주장하는 방향으로 논의를 진행한다. 모양은 정상적으로 생겼지만 카드 무늬의 색깔이 정상적이지 않고 '엉뚱한(incon-gruous)' 카드(검은 하트, 붉은 스페이드 등)를 가지고 노는 실험의 대상자들을 간략하게 소개하면서 브루너와 포스트먼은 다음과 같은 사실을 보여 주고 있다.

> 지각적 기대(perceptual expectancy)는 현실적이거나 희망적이거나 간에 자신들이 사건들의 결과에 의해 강화되는 한에 있어 계속해서 작용한다. 요약하면 기대들은 자신들이 확증되는 한에 있어 자립자족하는 방식으로 지각적 조직화를 계속해서 형성한다. (Bruner and Postman 1949, p. 208)

반증주의에 관한 포퍼의 규범적 설명에 대해 흥미로운 보충설명을 하는 구절에서 이들은 다음과 같이 주장하였다.

> 최대한 장기적으로 그리고 이용가능한 모든 수단에 의해, 생물은 [자신의] 우세한 반응 경향에 부합하지 않는 그러한 것들, 즉 예상하지 못한 것들에

4　역자 주: 브루너와 포스트먼은 1949년 대학생을 대상으로 아주 짧은 시간 동안 빨간색 스페이드, 검은색 다이아몬드와 같은 변종 카드를 섞어서 보여 주는 실험을 했다. 학생들은 원래 카드의 스페이드 무늬는 검은색이고 다이아몬드는 빨간색인데도 처음에는 아무 생각 없이 빨간 스페이드를 스페이드로, 검은 다이아몬드를 다이아몬드라고 대답했다. 그런데 자꾸 반복하자. 학생들은 조금씩 헷갈리기 시작하며 혼란스러워했다. 다이아몬드는 빨간색, 스페이드는 검은색이라는 고정관념이 흔들린 것이다. 그러자 학생들은 자신의 기존 지식체계가 송두리째 흔들리는 경험을 하였고 다음부터는 아주 기본적이고 간단한 문제도 제대로 대답하지 못하는 상태가 되어 버렸다.

관한 지각을 물리칠 것이다. 대부분의 사람은 자신들의 환경에서 어떤 항상성(constancy, 恒常性)에 의존하게 된다. 그리고 특별한 조건하에 있는 경우를 제외하고는 이러한 사태들로부터 나오는 변이들을 물리치려고 노력한다. (같은 책)

"지각적 조직화[5]는 과거에 이루어진 환경과의 거래에 토대를 두고 있는 기대에 의해 강하게 영향을 받아 결정된다"고 이들은 결론을 내린다(같은 책, p. 222).

쿤의 경우에 브루너와 포스트먼의 실험은 과학적 발견의 과정에 대한 하나의 모델이 되었다. 지각과 과학적 탐구 모두에서 **규범**(norm)은 기대될 수 있는 특성들의 존재이다. 참신성들(엉뚱한 색깔의 카드를 가지고 노는 것과 같은 것)은 기대된 것에 의해 제공된 환경 내에서 저항을 이겨 내고 아주 어렵게 지각된다. 처음에는 예기된 것만 경험된다. 사실상 참신함은 처음에 나타났을 때 **전혀** 지각되지 않았으며 심지어 몇몇 실험대상자들은 **전혀** 알아차리지 **못하고 있다**. 그러나 대부분의 사람은 참신성들(엉뚱한 색깔의 카드들)이 오래 드러나게 된 후에야 브루너와 포스트먼이 '틀림감(sense of wrongness)' 이라고 부른 것을 지각하게 된

---

5   역자 주: 지각적 조직화(perceptual organization, 知覺的 組織化)는 인지심리학의 등장 배경인 독일의 형태주의 심리학의 주요 연구주제로서 정보가 기억 속에 자리 잡는 방식을 의미한다. 이에 따르면 학습자는 학습상황에서 부분을 보는 것이 아니고 각 부분의 상호 관계의 맥락 속에서 전체를 지각하며, 문제 상황의 여러 부분을 지각하게 될 때 그것을 조직화하는 데 있어서 그 지각장 또는 상황의 어떤 질서를 찾는 경향이 있다. 즉 어떤 상황을 독립되고 무의미한 단편으로 지각하는 것이 아니라 어떤 종류의 조직된 전체 혹은 형태로 지각하여 조직화한다는 것이다. 이러한 지각적 조직화에서 규칙성과 단순성, 항상성을 지니는데, 몇 가지 법칙을 통해 이루어진다. 예를 들면, 근접, 유사, 폐쇄의 법칙이다. (출처: 네이트 용어사전(학지사))

다. 이러한 느낌의 결과로서 '개념적 범주들(conceptual categories)은 처음의 변칙사례들이 예기된 것으로 될 때까지 조정된다'(p. 64). 그래서 발견이 나타났다고 진정으로 말해질 수 있다.

쿤에 따르면 이러한 내용은, 우리가 묻는 질문 "혁명적인 과학의 변화가 정상과학으로부터 왜 발생하게 되는가?"에 대한 대답을 제공한다. 이러한 대답의 부정적인 측면은 정상과학이 과학자의 미래상을 제약하는 직업화의 정도를, 패러다임의 변화를 제도적으로 거부하게 되는 경향과 함께 내포하고 있다는 사실이다. 보다 더 명확하게 긍정적인 측면에서 보면 정상과학은 또한 '다른 방식으로는 결코 성취할 수가 없는' 많은 상세한 내용으로 그리고 이론과 관찰 간의 엄밀한 적합으로 인도한다(p. 65).

> 정상과학이 탐구하는 영역들은 물론 아주 작다. 논의되고 있는 탐구계획은 아주 제약된 미래상을 가지고 있다. 그러나 그러한 제약은 패러다임에 대한 신뢰로부터 나온 것인데 결국 과학의 발전에 본질적인 것임이 드러나게 된다. 상대적으로 난해한 좁은 영역의 문제들에 관심을 집중시켜 패러다임은 과학자들로 하여금 자연의 어떤 부분을 다른 방법으로는 상상할 수 없는 깊이로 자세하고 구체적으로 탐구하도록 만든다. 그리고 정상과학은, 제약들이 나오게 된 근거인 패러다임이 효과적으로 기능하지 않을 경우에는 언제나, 탐구를 속박하는 그러한 제약들의 완화를 보장하는 메커니즘을 본래부터 내장하고 있다. (p. 24)

이러한 특성들, 엄밀성과 예측적 정확성은 정상과학을 문제들의 존재를 알리는 예민하고도 민감한 지시자로 만든다.

주로 예기했던 기능들을 위해 구성된 특수한 장치들이 없다면 최종적으로 참신성으로 인도하는 결과들은 나타날 수가 없다. 그리고 비록 장치들이 존재한다 할지라도 보통 참신성은 자신이 기대한 것을 **엄밀하게** 인식하면서 어떤 것이 잘못 진행하였다는 것을 인지할 수 있는 사람에게만 알려진다. 변칙사례는 패러다임에 의해 제공된 배경과 대조해야만 나타난다. 그러한 패러다임이 보다 더 엄밀해지고 더 광범위한 범위를 가지고 있으면 있을수록 그 패러다임이 제공하는 변칙사례와 패러다임 변화의 발생에 관하여 알려 주는 지시자는 더욱더 민감해진다. (p. 65)

정상과학은 정확한 기대에 관한 확립된 배경을 형성하기 때문에 참신성들은 분명하게 드러나게 된다. 그러한 배경이 **없다면** 참신성들은 그렇게 드러나지 못할 것이며 과학자들은 (해결된) 업적들을 (해결되지 못한) 문제들로부터 구분할 수 없게 될 것이다. 이전에 쿤이 한 번, 성숙한 과학의 '독단적인 태도(dogmatism)'라고 특성화하였던 것, 즉 패러다임 내의 과학자들이 변칙사례들에 직면하여 자신들의 패러다임을 완강하게 옹호하려는 경향은, 그러한 변칙사례들 중에서 가장 심각한 변칙사례를 처리할 수 있는 패러다임의 잠재적 자원이 **고갈**되자마자 그 변칙사례가 그 패러다임의 몰락을 초래하게 된다는 사실을 보증한다.

그래서 과학자들에게는 패러다임(범례)들이 **필요하다**. 패러다임들을 가지기 **전에는** 과학자들이 행하는 것은 과학보다 수준 낮은 것을 구성하며, 이들의 패러다임들이 결국에 침식당하게 된 때에는 이들의 활동의 집중력이 떨어지게 되고 보다 더 철학적으로 되며 **새로운** 패러다임을 발견하기 위한 방향으로 대부분 향하게 된다. 적어도 성숙한 과학은 패러다임들이 없다면 지속될 수 없다.

이러한 관념들은 쿤을 **패러다임 일원론자**, 즉 어떤 시기에서든지 개별 과학이 **하나의 단일한** 패러다임만을 가질 수 있다고 생각하는 사람이라고 확인하는 것(예를 들어, 파이어아벤트가 그렇게 생각한다)을 정당화하는가? 이러한 물음은 우리가 '패러다임'의 어떠한 의미를 염두에 두고 있는가에 따라 결정될 것이다. 쿤은 범례에 대한 일원론보다는 **학문적 기반**에 대한 일원론일 경향이 있다. 어떤 시기에 각 과학 전공에 참여하는 각 공동체는 하나 이상의 **범례들**에게 충성을 표한다고 쿤이 생각하고 있다는 것을 보여 주는 SSR에서의 어떤 논평이 있다. 이러한 사실은 V절 시작부분에서 더욱 분명하게 나타나는데, 이 부분에서 그는 예를 들어 그러한 공동체들의 구성원들이 연구하고 종사하는 **패러다임들**과 '성숙한 과학공동체의 패러다임들'에 관해 이야기하고 있다(p. 43). 그래서 서문에서, 쿤이 드물지라도 두 개의 패러다임들이 평화롭게 공존할 수 있는 환경들이 **존재한다**는 것을 인정할 때(p. ix),[6] 이러한 논평은 아마도 학문적 기반에 관련된 것임이 틀림없다. 이것은 그의 견해가 성숙한 과학의 분야들은 **보통은** 하나의 단일한 학문적 기반에 의해 지배되고 있다는 내용임을 암시한다. (과학적 분야들이 학문적 기반들과는 **독립적으로** 확인될 수 있는가 하는 문제는 하나의 좋은 물음이다.)

그러나 아마도 쿤의 저서는 과학에 관한 어떤 종류의 다원론적 평론의 자료들을 포함하고 있을 것이다. 만약 쿤이 옳다면 과학은 자연세계가 오직 하나의 방식으로만 존재할 수 있다고 가정하는 제도적인 메커니즘을 가지고 작용한다. (이것이 경쟁적인 패러다임들이 서로 **배척한다**는 가정으로부터 결과하는 내용이다.) 그럼에도 불구하고 쿤은, 이러한

---

6   역자 주: 이에 관해 쿤은 다음과 같이 말하고 있다. "초기를 특징짓는 경쟁 학파들 각각은 패러다임들과 매우 비슷한 어떤 것에 의해 지도를 받고 있다. 나는, 비록 드물기는 하지만 두 개의 패러다임들이 나중 시기에서도 평화롭게 공존할 수 있는 환경들이 있다고 생각한다." (p. ix)

것이 어째서 사실이 아닐 수도 있는지, 그리고 진정 다르지만 그래도 동등하게 정당한 개념체계들이 똑같은 현상에 어떻게 적용될 수 있는지를 제시할 수 있는 하나의 관점을 암중모색하고 있었다(이후에 나오는 이 책의 6절을 참조). 만약 이러한 사실이 올바르다면, 과학은, 개념체계들 (혹은 학문적 기반들)에 대해서 완전하게 적법한 **다원론**을 금지하는 메커니즘에 대해 조사를 하였을 것이다.

사실의 참신성들의 경우에도 사정은 마찬가지이다. 쿤이 '발명들'이라고 부르는 이론의 참신성에 대해서는 어떠한가? 그는, 이러한 참신성이 패러다임-전환의 발생에서 보다 중요한 요소들이라고 주장한다. 사실의 발견들은 패러다임에서의 변화를 발생시키 데 완전하게 충분하지 않다. 이 발견들은 **이론적인** 혁신을 틀림없이 동반하고 있다. 그러나 이제 우리는 사실적 발견에 대한 물음과 병행하는 하나의 물음에 직면하게 된다. 이론적 혁신들은 정상과학에서 어떻게 생겨나는가? 이 물음은 정상과학이 사실의 발견들보다는 이론적 혁신의 방향으로 **덜** 향하고 있는 것처럼 보인다는 사실로 인해 더욱 심각해진다.

쿤의 대답은 이전의 그러한 물음에 대한 대답과 대부분 유사하다. 변칙사례를 지각하는 것이 다시 한 번 주도적인 역할을 한다. 자연과학사는, 옛날 패러다임이 새로운 패러다임으로 전이하기 전에는 어떤 방식으로든 곤란한 문제를 가지고 있었다는 사실이 항상 감지되었다는 것을 보여 준다. 곤란한 문제 상황은 보통 패러다임이 풀어야만 한다고 말하는 바대로 정상과학의 퍼즐들이 해결되지 못하는 형식으로 나타난다. 이러한 상황은 우리가 가지고 있는 것이 퍼즐-풀이 활동에서 좌절로 끝나게 될 때까지 증폭한다. 이러한 상황이 쿤이 '위기(crisis)'라고 부른 것의 핵심 내용을 구성한다. 정치적이거나 종교적인 조건들과 같은 그러한 외재적 요인들과 개별 과학자들의 개인적 상황조건 등은, 위기가 발생한 **시기**, 위기가 인지된 시기, 그리고 심지어 좌절이 나타나게 되는 이론의 영역을 결정한다. 그러나 그러한 문제들은 위기 자체를 촉진시킬 수가 없다. 위기는 패러다임에 **내재하는** 문제이다.

여기서 우리는 가장 유명한 쿤의 선구자와 보다 더 단호한 입장을 취하는 사회학적 사상가들을 쿤과 대조할 수 있다. 코이레는 과학의 발전이 **자율적**이지만, 단지 다른 지성적 분야, 즉 철학(특별히 형이상학)과 종교와의 관계들을 보여 주는 정도에서만 자율적이라고 하는 관념을 무너트리는 하나의 틈새를 이미 만들었다.[7] 코이레는, 자신이 연구한 특정한 과학의 관념들을 이 관념들의 순수한 지성적 맥락에서 이해하고 그 관념들을 철학에 가까이 관계 지음으로써, 이 관념들의 **사회적이고 기술공학적인** 맥락으로부터 과감하게 '분리시키는' 모험을 감행했다는 것은 널리 알려져 있었다. 다른 지식 사회학자와 역사학자들은, 과학의 발전이 엄밀하게 '외재적인' 그러한 영향들에 결정적으로 의존하고 있다는 것을 보여 주기를 원하여 더 많이 나아갔다. 쿤도 또한 이러한 관점에서 코이레를 넘어서려고 노력하였으나 **오직** 제한된 정도로만 그러하였다.

쿤이 과학활동의 사회적 맥락에 관심을 두고 있었지만 영미 과학철학에 사회적 요인들에 관한 논의를 **도입하는** 정도로만 한 것으로 간주되고 있다. 그는 '외재주의자'이기보다는 '내재주의자'[8]였다(ET에 있는 쿤의 1968년 논문 "과학사" 참조, Hacking 1979, p. 225, RSS, pp. 287-8).

---

7   역자 주: 과학의 발전이 특별히 철학과 종교와는 아무런 관련성이 없다는 종래의 입장에서 벗어나, 코이레는 과학의 개념들을 철학과 종교와 관련지어 과학의 발전을 설명하려는 시도를 마련하였다는 것이다.

8   역자 주: 여기서 외재주의자는 과학사를 과학에 외재하는 사회, 정치, 경제적인 요인들을 중심으로 기술하려고 하며 대표적인 인물로는 버날이 있다. 내재주의자는 과학사를 과학에 내재하는 요인들을 중심으로 기술하려고 한다.

쿤 자신의 고백에 의하면 기술공학적이고 사회적인 조건들이 SSR의 주요 주제에 영향을 미치지 않았다고 생각하고 있기 때문에(p. x), 쿤은 그러한 조건들을 무시하였다. 그는 사회 맥락적 특성들이 탐구의 어떤 영역에 관련되는가의 여부는 경험적인 문제이고 그러므로 결정되지 않은 열려 있는 문제라고 올바르게 주장하였다. 그러나 그는 계속해서, '외재적' 요인들로부터 과학공동체들이 격리되어 있고 고립되어 있다는 과학공동체들의 이러한 특수한 **사회적** 성격이, 과학적 관념들의 개발을 이해하는 데 그러한 외재적 요인들을 왜 일반적으로 설명할 필요가 없었는가에 관한 이유가 되었다고 주장하였다. 성숙한 과학은 '어떤 다른 분야보다도 사회적 환경들로부터 완전하게는 아닐지라도 충분하게 격리되어 있었다' (ET, p. xx)고 그는 생각하였다. 그래서 자신의 저서가 개인이 아니라 **단체들**의 산물로 과학을 묘사하였기 때문에 그는 이 저서를 어떤 방식으로 '강하게 사회학적'인 것으로 생각하고 있으면서도, 또한 과학에서 예를 들어 **공유가치들**(common values)의 역할과 중요성을 심각하게 폄하하는 사람들로서 자신들이 비난받고 있으면서도, 자신들을 '쿤주의자(Kuhnian)'로서 표현하는 어떤 과학사회학자들에 대해서 독설을 퍼부었다(ET, pp. xxi-xxii).

위기를 알리는 신호들 중의 하나는 선-패러다임의 시기를 특징짓는 특성들 중의 몇 가지, 예를 들어 특수한 견해의 **이설들의 증식**과 같은 것이 재등장하는 것이다. 극단적 경우에는 활동하는 주도적 과학자들의 수만큼 이론들에 관한 많은 이설들이 존재한다. 기본적인 문제들은 그것들이 새로운 근본적 통찰을 만들어 낼 것이라는 희망을 가지고 탐구되고 있다. 정상과학을 대표적으로 특성화하는 일치의 견고한 핵심 내용은 손상되었다. 이러한 현상들 때문에 그 이론이 무엇**인지**를 아는 것이 더욱더 어렵게 되어 간다.

쿤은 자신이 위기에 관한 전형적인 것이라고 간주한 세 가지 사례들 (코페르니쿠스 천문학이 등장하기 바로 직전의 상황, 산소 연소이론이 등장하기 바로 직전의 상황, 19세기 후반의 물리학에서의 위기)을 동원하고 있다. 이 사례들 각각에서 새로운 이론들은 기존의 정상과학의 퍼즐-풀이에서의 실패가 분명하게 되어 위기가 먼저 나타난 후에만 그리고 이러한 경우에만 그러한 위기에 대한 직접적인 대응으로서 등장하였다. 그러나 아이러니하게도 몰락을 촉진시키는 문제들은 잠시 동안 활약하였으며 기존의 패러다임하에서 이미 **해결된** 것으로 간주되었었다. 그러므로 몰락은, 하나의 패러다임이 그 근거지에서조차도 문제들에 대한 자신의 해결들이 **확정적**이라는 것을 보증할 수 없다는 사실을 보여주었다. 패러다임들은 그것들 자신의 가장 뛰어난 성공들조차도 자신들을 몰락시키게 되어 난처한 상황에 처할 수 있다. 쿤은 해당 문제들에 대한 새로운 해결책들이, 정상과학의 진행시기 동안에도 새로운 이론들의 개발에 의해 예견되었을지도 모른다고 설명하고 있다. 그러나 그의 기능적 접근 관점(functional perspective)은, 그러한 이론들의 개발은 그 당시에는 (패러다임을 벗어난) 사변적이었기 때문에 터무니없는 생각을 표현하고 있다고 주장하도록(예를 들면, 파이어아벤트와는 반대되는 주장) 그를 인도하였다. 파이어아벤트 같은 비판자는 물론 만약 과학자들이 새로운 이론들을 '정상' 과학 동안에조차도 제안하지 **않는다면** 위기는 현재처럼 널리 퍼지지 않게 될 것이라고 불평하였을 것이다. 그러나 아마도 쿤은 이러한 불평에 대해서 위기들이 새로운 이론들의 '출현'에는 필수적인 조건이라 할지라도(p. 77) 자신은 새로운 이론들의 **옹호**까지도 의도하고 있기 때문에 위기들은 엄밀히 말해 새로운 이론들의 **존재**에 대한 필수적인 조건까지 되는 것은 아니라고 대답할 것이다. 즉 패러다임에 있는 과학자들은 자유롭게 새로운 이론들을 발명하고 있지만 기존의 이론에 어떤 심각한 문제가 있기 전까지는 그 이론들을 자유롭게 옹호할 수가 없다.

그러면 과학자들은 위기에 어떻게 대응하는가? 만약 포퍼적인 모델을 따른다면 그리고 쿤이 '변칙사례'라고 부른 것을 포퍼가 '반증사례'라고 부른 것과 동일시한다면 과학자들은 자신들의 이론을 포기하는 것으로 대응할 것이라고 믿게끔 사람들은 진행하게 될 것이다. 쿤은 이와 달리 역사적 사실의 문제로서 과학자들은 자신들의 **패러다임**을 포기하는 것으로 위기에 대응하지 **않는다**(패러다임이 하나의 이론인 경우에조차도 그렇게 대응하지 않는다)고 주장한다. 이들은 자신들의 패러다임을 자연과 직접 대조하지 않는다. 그리고 이들은 '변칙사례'들을 반증사례들로 간주하지 않는다. 물론 '과학철학의 어휘로는 그렇게 간주하는 것이 두 용어의 현재 상태이지만서도'(p. 77) 말이다.

쿤의 패러다임-전이에 관한 설명은, 과학자들이 자신들의 패러다임이 문제들에 직면하게 될 때조차도 왜 자신들의 패러다임을 포기하지 않는지를 설명하고 있다. 변칙사례들의 축적은 그러한 움직임에 대한 필요조건은 되지만 충분조건은 되지 못한다. 쿤의 설명에 따르면 패러다임을 포기하는 것은 그 대안이 되는 다른 패러다임으로 그 뒤를 이어 시작하는 것을 **항상** 수반한다. 충성을 전환시킬 수 있는 매력적인 어떤 다른 패러다임이 있을 때만 과학자들은 기존의 (패러다임에 대한) 충성의 방향을 전환한다. 이러한 이유는 패러다임들이 **없는** 과학은 생각조차 할 수 없기 때문이다. 과학자가 단지 변칙사례(반례)들 때문에 하나의 패러다임을 거부하는 것은 **과학자이기를 그만두는 것**이며 과학공동체를 떠나야만 한다.

쿤이 패러다임들을 확인하였던 방식은, 패러다임들이 적어도 과학자들의 개념적 '도구세트들(toolkits)', 즉 개념들을 포함하고 있고 그러한 어떤 도구세트가 없으면 과학자는 채용되어 일할 수 없다는 사실을 결국 의미하고 있다(Kuhn in Crombie 1963, p. 387을 참조). 쿤의 이야기는 또한 패러다임의 거부가 패러다임과 '사실들'을 대조한 결과로부터 나오지 않는다는 것을 강조한다. "하나의 패러다임을 거부하겠다는 결정은 다른 패러다임을 수용하려는 결정과 항상 동시에 일어난다. 그리고 그러한 결정으로 인도하는 판단은 패러다임들과 자연의 대조 **그리고** 패러다임들 상호 간의 대조를 모두 수반한다"(p. 77).

여기서 쿤의 견해와 포퍼의 견해를 대조하고(쿤 자신이 하였듯이), 그리고 포퍼의 이야기는 문제가 많은 이론들의 경우에도 과학자들이 그 이론들을 왜 그냥 배제하지 않는가와 과학자들은 이론들을 관찰결과들뿐만 아니라 이론들 서로 간에도 왜 대조하는가에 관한 이유를 설명하지 못한다고 단언하고 싶은 유혹을 느끼게 된다. 그렇지만 이러한 유혹은, 비록 분명하게 잘못되지는 않았다 할지라도 오도할 가능성이 있다. 첫 번째로 포퍼가 말하고 있는 이론들은 반드시 쿤이 말하고 있는 패러다임이라고 할 수 없다. 사람들은 해당 패러다임이 이론들**인** 경우에만 두 사람의 견해들을 단지 직접 대조할 수 있을 뿐이다. 설령 그렇다고 하더라도 자신들의 패러다임 이론을 할 수 없이 포기해야 하는 사람들의 실제적인 사회학적인 운명에 대한 쿤의 관심은, 문제의 그 사람들이 어떻게 다루어져**야만 하는가**에 관심을 가지는 포퍼의 관심과 잘 일치하지 않는다. 두 번째로 처음부터 올바르게 포퍼는 이론–검사에서 차지하는 이론–대조의 역할을 허용하고 있다. 그는 하나의 이론에 대해서 그 이론의 결론을 경험적으로 적용함으로써 그리고 이 이론이 과학적 진보를 이룩하는가의 여부를 결정하려는 주된 목적에서, 다른 이론들과 대조함으로써 내부적인 논리적 무모순성을 검사받는다고 주장한다(Popper 1959, pp. 32-3). 그렇지만 사람들은 포퍼가 이러한 역할을 중요시하지 않았다고 불만을 이야기할 수도 있다.

반대사례들(counterinstances)의 존재는 과학자들로 하여금 자신들의 패러다임을 포기하도록 야기하지 않는다고 하는 것이 더 좋은 것 같다. 왜냐하면 쿤이 주장하듯이 패러다임들은 **항상** 반대사례들에 직면하기 때문이다. 사실상 정상과학은 과학자들이 이러한 반대사례들에 대한 하나의 대응으로서 수행한 연구 작업 속에 **존재하고 있다**. 실제로 자신들의 모든 문제들을 해결하는 과학이론들은 순수 과학의 분야에서 벗어나 공학의 수단으로 넘어가게 된다. 일종의 게슈탈트-전환 관계에서 보면 한 사람에게는 '퍼즐들'로 간주되는 것은 다른 사람에게는 '반대사례들'로 간주된다.[9] 이러한 퍼즐/반대사례들이 없다면 정상과학이라는 것도 존재하지 않는다. 그러나 과학자들은 대부분의 자신들의 시간을 자신들의 이론을 **적용하는 것**에 소모하고 있지 부정적인 사례들을 찾아 그 이론들을 **검사하는 데** 소모하지는 않는다. 이러한 내용이 해당 과학의 연구 작업을 반대사례들에 대한 대응**이 아니라** 퍼즐을 다루는 것으로 처리하고 있는 점에서 쿤이 정당화될 수 있다고 생각한 이유이다. 과학자들은, 전형적인 과학적 활동의 개념에 부합하고 있는 활동뿐만 아니라, 사변적 이론들을 구성하고 사변적 실험들을 시행하는 것과 같은 이론-검사활동에도 종사하고 있다. 그러나 쿤에 따르면 과학자들이 그러한 이론-검사활동을 하는 것은 하나 이상의 중요한 변칙사례들이 이미 발견되기 시작한 후에 주로 정상과학에 **비상이 걸린** 시기 동안이다.

과학자들이 변칙사례들에 대해 어떻게 대응하는가를 고찰하게 될 때,

---

9 이론들과 패러다임 간의 차이라고 말하는 어떠한 것에 대해서도 많은 중요성을 부여하지 않는 파이어아벤트 같은 사람은 다음과 같이 말하기를 좋아하였다. 이론들은 논박된 상태로 **태어났다.**

비록 '지속적으로 존재하고 있고 이미 인지된 변칙사례들이라고 해서 반드시 위기를 유도하지 않는다' (p. 81)는 사실을 주목하는 것이 중요하다. 그 이유는 변칙사례들은 항상 변칙사례들의 상태로만 **남아 있지** 않기 때문이다. 이들 중의 어떤 것은 이후의 퍼즐-풀이 활동에 의해 **제거될** 수도 있다. 만약 우리가 이제 "하나의 변칙사례를 진지하게 검사할 가치가 있는 것으로 만드는 것은 무엇인가?"라고 묻는다면 쿤은 그에 대한 어떠한 일반적인 대답도 존재하지 않는다고 말한다(그리고 퍼즐들이 위기로 바뀌게 되는 시기에 관한 그의 설명은 아마도 이 책에서 가장 피상적으로 나타난 내용이다). 이 과정에 관여하게 되는 종류의 요인들은, 변칙사례들이 패러다임의 기본적인 일반화에 관해 의구심을 불러일으키는 것으로 보이게 되는 사실이거나 변칙사례들이 특정한 실천적인 중요성을 가지는 적용을 방해한다는 사실이다. 이러한 사실들과 같은 요인들이 동시에 발생하게 될 때 변칙사례들은 정상과학 내에서 다른 퍼즐보다 더 많이 증가하게 된다. 그것은 하나의 실제적인 문제로 일반적으로 인정받는다. 만약 그 변칙사례가 패러다임을 주도하는 과학자들에 의해 합의된 활동의 적용에 저항하게 되면 그 문제의 해결은 명예가 걸린 문제가 된다. 이 문제에 집중된 활동은 그 패러다임으로부터의 소수의 이탈자를 만들어 내게 된다. 집중적인 연구는 그 패러다임에 대해서 어떠한 소수의 대안들이 하나의 해결책을 만들게 된다는 것을 발견하게 된다. 소수의 이탈자의 존재는 경쟁 '학파들'이 생기는 현상들로 더욱 악화되며 그 결과 패러다임 자체가 분명하지 않게 된다. 패러다임을 공유하게끔 만들었던 공고한 합의는 무너지기 시작하고 대안이 되는 이론적 구조들을 분명하게 만들려는 시도가 행해진다. 이러한 시기 동안에 과학자들은 해결의 방향을 찾기 위해서 심지어 철학적 분석에까지 호소할 정도로 진행할 것이다. 이들은 자신들의 기존의 패러다임이 근거하고 있는 철학적인 가정들을 검토하기 시작할 것이다. 그리고 이러한 가정들에 대한 의구심들이 표현될 것이다. 이때가 '사고-실험들'의 현상이 진가를 발휘하게 되는 시기이다. 그것은 비정상적 과학의 또 다른 시기, '새로운 기본원리들로부터 장을 재구성하는' **혁명적인** 과학 변혁의 시기의 시작을 알려 준다(p. 85, 강조는 저자 첨부).

쿤은 '과학적 관심을 좁은 영역의 곤란한 상황에 집중시킴으로써 그리고 실험의 변칙사례들이 나타나는 바에 대해서 이를 인지하는 과학정신을 준비시킴으로써, 위기는 종종 새로운 발견들을 급격하게 증식시킨다'고 우리에게 말한다(p. 88). 이러한 일은 어떻게 발생하는가? 때때로 새로운 패러다임은 변칙사례를 해결하려고 참여하였던 비정상적인 연구 속에 예시되기도 한다. 다른 말로 하면 때때로 새로운 패러다임들은 어떤 옛날 문제를 해결함으로써 나타난 결과**이기도 하다**. 이와 다른 시기에는 '그러한 구조는 미리 앞서 의식되어 알려지지 않는다. 대신에 새로운 패러다임이나 혹은 나중에 명확하게 될 여지를 가진 충분한 힌트는 …… 위기에 깊이 빠져 있는 [과학자]의 정신에 한꺼번에 나타난다' (pp. 89-90). 이러한 개인의 창조성을 쿤은 말로 표현할 수 없는 것으로 간주한다. 그의 사회학적인 접근 방식은, 젊은 사람이 옛날 패러다임에 단단하게 속박되어 있지 않기 때문에, 새로운 아이디어를 가지는 사람이 보통 젊은 과학자들이라는 사실에 주목하게 한다. 그러나 그렇다고 그러한 심리학적인 과정 자체가 가지고 있는 '불가해한' (같은 책) 성격까지 탐구하게 하지는 않았다.

자신의 후기에서(p. 181) 쿤은 SSR이 함축하듯이 위기가 항상 변함 없이 혁명들에 선행하는가의 여부에 대해 물음을 제기하였다. 그러나 그는 그 물음에 대한 대답에는 본질적인 어떤 것이 붙어 있는 것도 아니고 위기는 **통상적으로** 혁명에 대한 전조에 불과해야만 하며 위기는 해당 패러다임의 과학자들의 연구뿐만 아니라 그와 연관된 다른 분야들의 과학자들의 연구에 의해서 조성될 수도 있다고 주장한다.

>> 탐구문제

1. 어떻게 보수적인 활동들이 혁명적인 결과들을 만들어 내는가, 어떻게 '생산적인 과학자는, 게임을 하는 데 필요한 새로운 규칙들과 구성부분들을 발견하는 혁신자가 **되기 위해서** 이미 정립되어 있는 규칙들에 의해 복잡하고 난해하게 된 게임을 하고 노는 것을 즐기는 전통주의자가 되어야만 하는가'(ET, p. 237, 강조는 저자 첨부)를 쿤은 성공적으로 설명하는가?

2. 하나의 물음에 역사가 대답할 수 없는 것(예를 들어, "산소는 언제 발견되었는가?"와 같은 물음)은 그러한 물음이 본래적으로 문제가 있다는 것을 왜 의미하는가?

3. '변칙사례들'은 단지 보는 사람의 시각에 따라 나타나는가? 쿤의 사례들은, 과학적 발견들이 항상 변칙사례들을 먼저 인식함으로써 이루어진다는 것을 우리가 확신하도록 만들어 줄 수 있는가?

4. 만약 범주들의 체계가 다르다면 그것들은 왜 양립 불가능한 것으로 간주되어야만 하는가? 하나의 그러한 체계는 왜 또 다른 그러한 체계의 범주들에 속하는 항목들의 존재를 부정하는 것으로 간주되어야만 하는가?

5. 만약 과학자들이 패러다임들에 의존함으로써 자신들의 미래상이 제약되지 않는다면 이들은 변칙사례들을 지각할 수 있게 되는가? 이러한 관점에서 견문이 넓은 정신이 개방된 정신보다 더 좋다고 할 수 있는가? 하나의 패러다임에 대한 의존에서 수반되는 제약은 자연에 관한 어떤 깊은 탐구에 대한 필요한 필수조건인가?

6. 과학자들이 하나의 위기에 대해서 자신들의 패러다임을 포기함으로
써 대응하는 것이 올바른 것인가? 아니면 자신들의 **이론**을 포기함으
로써 대응하는 것이 올바른 것인가? 이론-검사함에 관한 쿤의 견해
가 포퍼의 견해보다 더 유리한 입장인가? 패러다임들이 없는 과학이
가능한가? 패러다임들이 없는 그러한 활동이 현실적으로 존재하는
과학보다 중요하게 인식적 진보를 더 이루지 못한다고 생각하게 만드
는 이유는 있는가? 퍼즐들이 존재하지 않게 되면 '정상과학'은 없어
지게 되는가?

5절. 과학혁명 대 누적주의

SSR의 IX절은 과학혁명들의 성격과 과학의 발전에서 과학혁명들의 기능에 대하여
문제를 제기한다. 쿤은 자신의 중심적인 정치 메타포(central political metaphor)
를 정당화하려고 노력한다. 그의 책의 나머지 내용은, 패러다임-변화에 관한 역사
적 연구가 과학과 정치 사이의 유사점을 드러낸다는 것을 논증하는 것으로 생각할
수 있다. 이 절에서 쿤은 이로부터 결과하는 과학관과 통상적인 누적주의자의 과학
관 간의 상충을 제기하고 후자의 과학관을 의심하게 되는 이유를 제시한다.

　　과학혁명들에 관해서는 어떻게 생각하고 있는가? 쿤은 이미 다음과
같이 우리에게 말하였다.

　　　위기에 있는 하나의 패러다임으로부터 새로운 전통의 정상과학이 출현할
　　　수 있는 새로운 패러다임으로의 전이는, 옛날 패러다임의 명확화나 확장에
　　　의해 이루어진 누적적인 과정이 결코 아니다. 오히려 새로운 기본 원리들로
　　　탐구 분야를 재구성하는 것, 즉 그 분야의 가장 기본적인 이론적 일반화들

중의 몇몇과 자신의 패러다임의 방법들과 적용들 중의 많은 것들을 변화시
키면서 재구성하는 것이다. (pp. 84-5)

그러한 전이에서 중심 요소들 중의 하나는 과학공동체의 구성원들의 지
각 변화라고 그는 VIII절에서 주장하였다. 과학자들은 탐구 분야(field)
에 관한 자신들의 지각, 그 분야의 방법, 그 분야에 관한 목표를 변화시
켰을 것이다. 여기서 쿤은 다음절에서 논의하게 될 '게슈탈트-전환
(Gestalt-switch)' 이라는, 논란거리가 되는 메타포를 이끌어 내고 있다.

쿤이 사용하고 있는 다른 하나의 메타포는 그의 책의 제목 자체에 분
명하게 나와 있듯이 혁명이라는 **정치적** 메타포이다. 그는 정치적 혁명들
과 패러다임 변환들 간에 평행하는 유사점들은 이 메타포를 지지할 수
있을 정도로 풍부하다고 주장한다. 이러한 유사점들의 몇몇 측면들은
다음과 같다(pp. 92-3). 두 종류의 혁명들이 일어나게 되는 방식, 즉 기
존의 제도들의 불충분성에 관한 지각을 통하여 정치적 혁명이 일어나게
되고, 문제들을 해결하고 있지 못하다는 사실의 지각을 통하여 과학혁
명이 일어나게 되는 방식. 두 혁명의 경우에 작동불능에 관한 여론이 혁
명을 위한 필요조건이라는 생각. 각 영역에서 '서로 **양립할 수 없는** 공동
체 생활양식들 가운데서 어떤 하나를 선택해야만 하는 상황에 직면하고
있다' (p. 94, 강조는 저자 첨부)는 사실. 혁명들은 기존의 제도들이 스
스로 금하고 있는 그러한 방식들로 그 제도들을 변화시키려고 목적하고
있다는 생각. 그리고 마지막으로, 중간 전이의 시기에 논쟁이 되는 정상
과학의 규범들은, 논증보다는 설득 기법을 포함하는 의사결정 방법에
의해 일시 효력정지 된다는 생각이다. 우리가 알게 되는 바대로 마지막
이 핵심 내용이 가장 중요하다.

과학혁명은 그래서 '옛날 패러다임이 **양립할 수 없는** 패러다임에 의

해 부분적으로 혹은 전체적으로 대체되는 그러한 비누적적으로 전개되는 일화들이다'(p. 92, 강조는 저자가 첨부). 이와 같은 사정은 새로운 이론들의 발명에도 적용된다(p. 97). 그러나 하나의 새로운 패러다임이나 이론을 수용하는 것은 왜 기존의 패러다임에 대한 **거부**를 의미해야만 하는가?

어떤 사람은 종전의 패러다임들을 혼란에 빠뜨리지 않는 새로운 패러다임들과 이론들이 도입되는 이미지로 생각할 수도 있다. 그러나 쿤에 따르면 그러한 이미지는 현실적으로 절대로 혹은 거의 일어나지 않는다. 이러한 쿤의 주장은, 논리경험주의자들과 같은 과학철학자들과 상충하도록 만든다. 논리경험주의자들은, 종전의 이론들이 논리적 도출에 의해 새로운 이론들로 **환원될 수 있다**고 믿고 있기 때문에, 새로운 이론들의 개발을 통하여 과학이 누적적으로 성장하고 있다는 이미지로 그리고 있다.

쿤은 누적주의를 (17세기의) 과학혁명 이래로 서양철학을 지배하고 있었던 특정한 **인식론적** 전통, 혹은 '패러다임'과 연관시키고 있다. (그는 이에 관해서 X절에서 더 많이 이야기하고 있다.) 그러나 우리가 이미 알고 있듯이 그는 그러한 인식론적 전통을 의심하게 만드는 이유들이 증가하고 있다고 생각하였다. 이러한 이유들 중의 어떤 것은 심리학으로부터 나온다. 그러나 또한 쿤은, 누적주의와 그와 연관되는 패러다임은 만약 우리가 단지 과학의 역사만을 진지하게 고찰해 본다면 그 근거가 약화될 것이라고 제시하였다. 그는 그러한 역사를 편견이 없이 바라보는 것은 다수의 과학혁명들의 존재를 반드시 드러나게 할 것이라고 생각하고 있다.

이러한 내용은 너무 피상적이라고 말해질 수밖에 없다. 누적주의자들은 너무나 많고 아마도 너무나 다양하여 하나의 단일한 철학적 '패러다

임'에만 명확하게 묶여 있을 수가 없다. 논리실증주의자들과 논리경험
주의자들에게는 자신들의 과학상이 실제 과학과 그 역사에 주목하여 형
성된 것이 아니라 형식 논리학으로 표현되었을 경우에 이해가 되는 방
법들을 과학자들이 사용해야만 한다는 **선천적** 가정하에서 작업함으로써
형성된 것이라고 하는 반대 주장이 가능할 수도 있다. 그러나 누적주의
는 과학에 대한 역사적 접근방식과 반대되는 '논리적' 접근방식으로부
터만 발생하는 것은 아니다. 과학사를 아무런 편견이 없이 공평하게 바
라보는 것은 비누적주의라는 결과가 되어야만 한다고 생각하는 것은 소
박하다.

누적주의적 역사는 '과학연구에 종사하는(practitioner)' 역사학자들
(즉 역사를 서술하는 과학자들)뿐만 아니라 휴얼(William Whewell), 메
이에르송(Émile Meyerson), 쿤의 조언자 코넌트, 사튼(George Sarton)
과 같은 사람들을 포함하여 전문 과학역사학자와 과학철학자에 의해서
도 서술되었다.

하나의 예를 취한다면, 19세기의 저명한 과학자, 역사학자 그리고 철
학자인 휴얼은 누적주의자의 입장을 취한 박식한 과학역사학자의 좋은
하나의 예가 된다. 휴얼과 쿤은, 이 두 사람을 분리시키는 접근방식과
견해들만큼 중요한 접근방식과 견해들을 공유하고 있다. 공유하고 있는
이러한 견해에는, 과학을 시기적으로 발전하는 과정들에 의해 형성된
것으로 보는 것을 주장하는 철저한 역사주의자 입장, 과학이 구분과 세
분에 의해 증식하고 진보한다는 사실의 인지, 그리고 형이상학을 과학
에 본질적인 것으로 평가하는 것이 있다. 휴얼도 쿤과 같이 과학의 역사
를 '정체되어 있는 시기(stationary period)'들을 포함하는 다양한 종류
들의 '연대(epoch)'들로 나누었으며, 위대한 개별 과학자들이란 선재하
는 맥락의 요소들을 일반화된 구조체제로 종합화하는 사람이라고 보았

다. 그러나 쿤은 이러한 과정에서 불연속성을 보았지만 휘얼은 그러한 과정을 이끌어 가는 합리적인 발전 관계들을 식별해 내기 위해서 표면적으로는 불연속적인 것으로 보이는 역사적 사건들의 이면에 있는 모습을 밝혀 내려고 분명하게 노력하였다. 휘얼에 따르면 '혁명들의 연속처럼 나타날 수도 있는 ······' 개별 과학사는 '실제적으로는 일련의 연속된 발전의 단계들로 이루어져 있다'(Whewell 1984, p. 8). 이러한 '합리적 재구성'의 방법은 이후에 논리실증주의자들, 논리경험주의자들, 라카토스(Imre Lakatos)에 의해 주목을 받게 되었다.

이외에도 그러나 중요한 전통으로서, 쿤의 혁명주의에 대한 하나의 **대안**을 제공할 뿐만 아니라 우리가 나중에 보게 되는 바대로 쿤이 자신의 연구와 연결 지었던 근원(진화론)에 의지하여 그러한 대안을 제공하고 있는 전반적인 다원적인 역사학자들과 과학철학자들의 전통이 있다(이들 가운데에는 마하(Ernst Mach), 뒤앙이 있으며 최근에는 툴민과 헐이 있다).

쿤은 휘얼, 마하, 뒤앙을 과학에 관한 역사 기술에서 개별적이면서 확고한 **철학적** 전통의 대표자들로 간주한다(ET, pp. 106-7). 그러나 누적주의자들이 과학의 역사를 진지하게 취하고 있지 않다는 쿤의 비난은, 과학의 역사를 다룰 때 해석의 가용한 범위를 나타내지 못하고 있다. 연속성이든지 혁명이든지 간에 둘 다 과학의 겉모습에 관해서 서술된 것이 아니며, 이와 다르게 (그렇게 겉모습에 관하여 서술되었다고) 생각하는 것은 역사가 해석의 (그래서 부분적으로 철학의) 분야라는 사실(쿤도 다른 곳에서 매우 잘 인식하고 있는 사실)을 설명하지 못한다.

이러한 사실은 그가 논의하고 있는 **특정한** 누적주의의 견해에 관해 행한 쿤의 비판이 성공하지 못한다는 사실을 말하는 것은 아니다. (누적주의는 물론 소박할 수 있다. 그러나 혁명주의도 그럴 수 있다.) 쿤이 초

기 논리실증주의에서 발견하였고 이론에 관한 '도구주의자의' 견해와
연관되는, 문제의 그 견해(누적주의)는 확실히 제한적(restrictive)인 것
처럼 보인다. 그 견해는 새로운 이론들이 종전의 옛날 이론들을 전복시
키지 않으며 단지 그 이론들의 적용 영역을 제한할 뿐이라고 대충 말한
다. 예를 들어, 아인슈타인의 일반상대성 이론의 성공은 뉴턴 이론이 적
용될 수 없다는 것을 보여 주기보다는 비상대론적 현상들에만 적용된다
는 사실을 보여 준다고 간주된다.

  포퍼처럼 쿤은, 이러한 견해가 이론들이 **영원히** 공격을 받지 않게 만
들 것이라고 하여 반대하였다. 그는 첫 번째로 먼저, 이론들의 적용 범
위를 제한하는 것은 과학자들에 대해서 아직까지 관찰되지 못하였던 어
떠한 현상들에 대한 이론화를 금지하는 것을 또한 의미할 것이라고 말
하고 이러한 금지는 과학을 발전시키는 탐구를 그만두게 만든다고 완곡
하게 말한다. 그러나 이러한 반대의 주장은 피상적인 것처럼 보인다. 과
학자들은 여전히 자신들의 이론들이 적용되는 범위의 제한을 발견하는
것에 관한 적법한 관심을 가질 것이며 아직까지 관찰되지 못한 현상들
은 이러한 과정에서 가능성이 있는 것으로서 관심을 받게 될 것이다. 하
나의 이론이나 패러다임을 새로운 영역들에 시험 삼아 적용해 보는 것
도 결코 배제되지 않는다.

  첫 번째와 같은 종류의 노선 방향을 따라, 쿤의 두 번째의 그리고 보
다 유망한 반대는, 그러한 제한들이 '어떠한 문제들이 근본적인 변화로
인도하게 되는가를 과학공동체에 말해 주는 메커니즘'을 불가능하게 만
든다는 내용이다(p. 101). 정상과학의 약속은, 특정한 하나의 패러다임
을, 이 패러다임이 이미 적용되고 있는 곳뿐만 아니라 새로운 현상들에
도 적용하는 것과 이제까지 시도하지 않았던 정확성으로 이 패러다임을
적용하는 것에 관해 보장하는 것이다. 이러한 확장들이 정상과학에 대

해서 **새로운** 퍼즐들이 계속해서 만들어지는 근거를 제공하는 것이다. 정
상과학이 퍼즐-풀이로 구성되어 있기 때문에 그러한 과학은 이러한 개
입이 없으면 존재할 수가 없다. 이와 마찬가지로 변칙사례들과 위기들,
일상에서 벗어난 비정상적인 과학의 발생 근원들(wellsprings)은, 패러
다임들의 초기 적용능력의 범위를 초월하여 잘 적용하려고 하는 이와
똑같은 개입 때문에 다만 생겨날 뿐이다. 과학적 진보의 대가는 틀릴 수
있음이 지속적으로 나타날 수 있는 가능성이다. 이러한 생각은, 이미 알
려져 있는 것과 관찰될 수 있는 것에 가능한 한 가장 가까운 관계를 유
지하고 있는 것으로 과학을 묘사함으로써 과학에서의 인식적 **안전**을 찾
으려고 하는 경험주의자의 일반적 경향과 충돌하게 된다. 그러한 일반
적 경향은 실증주의자들이 공유하고 있다.

　쿤은 또한 논리적 도출에 의한 환원은 뉴턴 동역학과 상대론적 동역
학과 같은 특별한 경우에는 비실제적인 목표라고 주장한다. 환원이 비
실제적인 이유는 두 이론들의 이론용어들의 **의미**가 똑같지 않기 때문이
다. 뉴턴 동역학과 상대론적 동역학이 둘 다 같은 '질량'이라는 용어를
사용하고 있을지라도 이 이론들 속에 나타난 그 용어들은 서로 똑같은
것을 의미하지 않는다. 뉴턴의 경우에 질량은 하나의 속성이지만 아인
슈타인의 경우에는 하나의 관계이다. 실제로 상대론적 동역학에는 두
개의 질량의 개념들 즉 고유 질량(proper mass)과 정지 질량(rest mass)
이 있다. 한 술 더 떠서 우리는 나중에 '행성(planet)'(p. 128)과 '지구
(earth)'(p. 149)와 같은 관찰용어들의 의미조차도 (이론이 변하면) 변
하게 된다고 하는 쿤의 설명을 듣게 될 것이다. 이러한 용어들과 같이
친숙한 용어들의 의미에서의 변화는 쿤에 따르면 과학혁명의 부산물들
중의 하나이다. 쿤은 나중에 이러한 논제를 이와 조금 다르게 그리고 보
다 세련된 용어들로 표현하게 된다. 그는 이 논제를, '언어에서의 혁명

적인 변화에 특유한 성격은, 그 변화가 용어들을 자연에 부착시키는 기준뿐만 아니라 그러한 용어들이 부착되는 일단의 대상들이나 상황들을 대규모로 개조해 버린다'(RSS, pp. 29-30)고 주장하면서 그 이론의 **존재론**에서 변화가 있게 된다고 하는 초반기의 논제와 결부시킨다.

나중의 이론들이 앞의 이론들을 통합한다는 통상적인 이야기에 대해, 쿤은 앞선 패러다임과 나중의 패러다임이 **상충하는** 그러한 방식으로 서로 차이가 있다고 하는 그의 견해를 대비시키고 있다. 그가 이러한 차이들을, 패러다임들이 상충하고 있음을 실제로 이해시킬 수 있는 표현으로 설명하고 있는가는 그러나 혼란을 야기하는 논쟁점이다.

연속적으로 나타나는 패러다임들은 여러 가지 방식들에서 차이가 있다. 첫 번째의 그리고 가장 확실한 차이는 쿤이 '실질적 내용의(substantive)' 차이라고 부르는 것으로서 서로 다른 패러다임들은 세계에 거주하는 것들에 대해 서로 다른 것들을 우리에게 말한다는 것이다. 서로 다른 패러다임들은, 예를 들어 세계가 포함하는 대상들의 종류들에 관한 서로 다른 목록들처럼 서로 다른 **존재론들**을, 그러한 대상들이 어떻게 지내는가에 관한 서로 다른 견해들과 함께 수반하고 있다. 그러나 연속적으로 나타나는 패러다임들이 서로 차이가 나게 되는 두 번째 방식의 차이는, 패러다임들이 단지 **이론들**에 불과한 것이 아니라는 사실로부터 발생한다. 우리가 보았듯이 패러다임들은 올바른 방법의 개념, 문제로 간주되는 것의 개념, 그 문제에 관한 올바른 해결책으로 간주되는 것의 개념을 또한 수반한다. 패러다임들이 변화할 경우에 이러한 패러다임들과 함께 그러한 모든 개념들도 변화하게 될 것이다. 그러므로 과학혁명들(아마도 여기서 쿤은 범례에서의 단순한 변화보다는 보다 폭넓은 종류의 혁명으로서 학문적 기반에서의 변화를 염두에 두고 있는 것 같다)은 단지 이론에서의 변화가 아니라, 해당되는 **과학** 자체의 재개념화(reconceptualization), 즉 '새로운 기본원리들로 탐구 분야를 재구성하는 것'(p. 85)을 수반한다. 그리고 이러한 점에서 쿤은 혁명 이전과 혁명 이후의 정상과학의 전통들이 단순히 양립불가능하기보다는 '통약불가능(incommensurable)' 해야만 한다는 가능성을 처음으로 진지하게 언급하고 있다(p. 103). (우리는 이 중심 개념을 이 책의 8절에서 다룰 것이다.)

쿤은 뉴턴 혁명의 사례를 들어 패러다임-전환의 이러한 '보다 미묘한' 결과들을 처음으로 예증하고 있다(pp. 103-6). 그리고 나서 그는 계속해서 종전의 옛날 이론들에 의해 해결되었던 문제들이 보다 최근의 더 나은 새로운 후속이론들에 의해 해결되지 못하는 다른 역사적 경우들이 있다는 것을 제시하고 있다. 쿤이 이러한 현상에 대한 관심을 이끌어 냈다는 것을 인정하여 그 보답으로, 그 현상은 실제로 '쿤-손실(Kuhn-loss)' 이라고 부르게 되었다. 이것은 두 개의 사례들에 의해서 p. 107에서 처음으로 예증된다. 첫 번째 사례[1]에서, 쿤은, 라부아지에가

---

[1] 역자 주: 이 첫 번째 사례에 관해 쿤은 다음과 같이 소개하고 있다. "일반적으로 인정된 화학의 과제는 화학물질들의 성질들과 화학반응 동안에 일어나는 이러한 성질들의 변화를 설명하는 것이다. 적은 수의 기본 '원소들(principles)' ― 플로지스톤이 이러한 원소들 중의 하나이다 ― 의 도움을 받아 화학자들은 어떤 물질이 왜 산성으로 되고, 다른 것은 왜 금속으로 되며 왜 연소하게 되는가 등을 설명할 수 있었다. 이러한 방향으로 어떤 성공이 이루어졌다. 우리는 이미 플로지스톤이 금속이 왜 그렇게 많이 비슷한가를 설명하였다는 것을 이미 언급하였으며 산들(acids)에 대해서도 그와 비슷한 논거를 개발할 수 있었다. 그러나 라부아지에의 개혁은 마침내 그러한 화학 '원소들' 을 제거하였고 화학에 대해서 어떤 현실적이고 많은 가능성을 가진 (플로지스톤에 근거한) 설명력을 허용하지 않는 것으로 결말을 지었다. 이러한 손실을 보상하기 위해서는 표준들에서의 변화가 요구되었다. 19세기의 많은 기간 동안 화합물들의 성질들을 설명하는 데 실패한 것은 화학이론에 대한 비난의 내용이 될 수 없다." (화합물들의 성질들은 새로운 표준으로서 분자 개념이 정립되어야 제대로 설명될 수 있었는데, 원자개념은 1803년 돌턴이 제안하였고, 분자개념은 1811년 아보가드로가 제안하였으나 분자 가설은 1860년대 이후에야 인정받았다.)

화학 '원소들(principles)'과 관련하여 플로지스톤 이론을 무용지물로
만들은 후에는, (이전에 설명되었던) 금속들 간의 유사성(likeliness)과
산성들(acids) 간의 유사성이 더 이상 설명될 수 없게 되었다는 점²에서
화학혁명(설명력에 있어 순수 이득을 수반하는 혁명)이 설명력의 부분
적 **손실**을 수반하였다고 설명하였다. 두 번째 사례³에서 맥스웰 전자기
학 이론의 수용은, 광파들의 전파를 설명할 수 있는 매질에 관한 정당한
설명을 제안하지 않은 이론을 수용한 것으로서 빛에 관한 이전의 파동
이론과 관련지어 볼 때 설명력의 손실을 수반하였던 것으로 간주되고

---

2   역자 주: 플로지스톤(phlogiston)에 관한 내용은, 1697년에 독일의 의학자이자 화학자인
슈탈(Georg Ernst Stahl 1660-1734)이 베커의 이론을 소개하면서 과학사에 등장하게 된다.
1669년에 독일의 의학자 베커(Johann Joachim Becher 1635-1682)는 모든 무기물(mineral,
고체 흙)들이 세 가지 구성 성분을 갖는다고 설명하면서, 첫 번째 성분은 오늘날 염에 해당
하는 것으로서 모든 고체에 들어 있는 고정성의 흙인 테라 라피다(terra lapida)를, 두 번째
성분은 오늘날 유황에 해당하는 것으로서 모든 가연성 물질에 들어 있는 기름 성분의 흙인
테라 핑귀스(terra pinguis)를, 세 번째 성분은 오늘날 수은에 해당되는 것으로서 유동성의
흙인 테라 메르쿠리알리스(terra mercurialis)를 든다. 여기서 베커는 가연성의 물질은 모두
유황과 기름 성분의 테라 핑귀스를 함유하고 있으며, 연소할 때 이것이 다른 흙 종류와 결
합하면서 달아난다고 설명한다. 연소에 관한 이러한 내용은 1697년에 슈탈이 이 테라 핑귀
스를 플로지스톤(이 용어는 '연소된(burned)'이라는 의미를 가지는 라틴어로부터 유래한
것이며, '불의 연료(the food of fire)'라는 의미로 사용됨)이라고 명명하면서 이 용어가 등
장하게 되고, 이 개념을 중심으로 하여 연소 현상을 설명하였다.
플로지스톤 이론에 따르면 금속은 플로지스톤을 함유하고 있다가 플로지스톤을 잃게 되면
산으로 된 금속재로 변하게 된다. 또한 금속재가 플로지스톤을 다시 함유하게 되면 금속으
로 되며 플로지스톤이 빠져나가는 것이 연소이다. 즉 금속은 플로지스톤과 금속재로 플로
지스톤의 함량, 플로지스톤이 빠져나가는 정도 등을 금속들의 종류 간에, 산성들의 종류 간
에 비교할 수 있다고 본다. 이러한 모든 이론의 배경에는 플로지스톤 이론이 자리 잡고 있
다. 그래서 이 플로지스톤이 화학 원소에서 사라지게 되면 플로지스톤에 의해 이루어졌던
금속들의 종류나 산들의 종류에 관한 설명이 사라지게 된다. 그러나 라부아지에의 이론은
이에 관한 설명을 제공하지 않고 있다.
3   역자 주: 두 번째 사례에 관하여 쿤은 다음과 같이 소개하고 있다. "맥스웰(Clerk Max-
well)은 빛의 파동설을 옹호하는 19세기의 다른 지지자들과 함께 빛의 파동은 에테르라는
물질을 통해 틀림없이 전파되고 있다고 하는 확신을 공유하고 있었다. 그러한 파동을 지속

있다. 나중에 XII절에서 쿤은 사라진 해결은 아닐지라도 사라진 **물음**에 관한 또 하나의 사례로서 뉴턴의 운동이론의 경우를 제시한다.⁴ 즉 뉴턴의 운동이론은 그 이론의 이전 이론과 후속 이론과는 다르게 중력 인력의 원인을 설명하려고 시도하지 않았다는 것은 유명하다(p. 148). 만약 쿤이 이러한 사실에 대하여 올바르다면 이 사실은 물음들이 사라질 수 있을 뿐만 아니라 그 물음들이 나중에 재발견될 수 있거나 대답될 수 있다는 사실을 보여 준다.

쿤은 그래서 논의를 잠깐 멈추고, 과학혁명들이 수반하게 되는 문제들과 표준들에서의 그러한 종류의 변화들이 방법론적으로 보다 저급한

시켜 주는 역학적 매질을 설계하는 것이 그 당시의 가장 유능한 많은 사람들에 대해서 하나의 표준적인 문제가 되었다. 그러나 맥스웰 자신의 빛에 관한 전자기학 이론은 광파를 지속시킬 수 있는 매질에 대해 어떠한 설명도 제공하지 않았다. 그리고 그 이론은 그러한 설명을 이전에 제공하였던 것처럼 보였던 것보다도 더 제공하기 어렵게 만들었다. 초기에 이러한 이유들 때문에 맥스웰 이론은 일반적으로 거부되었다. 그러나 뉴턴 이론과 마찬가지로 맥스웰의 이론이 없이는 어렵다는 것이 입증되었으며 그 이론이 하나의 패러다임의 위상을 얻게 되면서 이 이론에 대한 공동체의 태도가 변하게 되었다. 역학적 에테르의 존재에 관한 맥스웰의 주장은 결코 단순하게 빈말이 아니었지만 점점 더 빈말처럼 보이게 되었으며 그러한 에테르 매질을 설계하려는 시도들은 포기되었다. …… 이러한 결과는 새로운 일단의 문제들과 표준들이 되었으며 그것들은 결국 상대성 이론의 출현과 많은 관계를 가진 결과였다."

4 역자 주: 이 사례는 통약불가능성과 관련하여 나온 것으로서 쿤은 다음과 같이 소개하고 있다. "경쟁 패러다임들의 지지자들은 패러다임에 대한 어떤 후보자가 해결해야만 하는 문제들의 목록에 대해 종종 일치하지 않을 것이다. 이들의 표준들과 이들의 과학에 관한 정의들이 똑같지 않다. 운동 이론은 물질의 입자들 간의 인력들의 원인을 설명해야만 하는가? 아니면 그러한 힘들의 존재만을 단지 기록만 해도 좋은가? 뉴턴의 역학이론은 아리스토텔레스와 데카르트의 이론들과 다르게 후자의 물음에 대한 대답만을 함축하고 있었기 때문에 많은 사람들 사이에서 거부되었다. 그러나 뉴턴 이론이 (패러다임으로) 수용되었을 때 하나의 물음(첫 번째 물음)은 과학에서 사라졌다. 그런데 그 물음은 일반 상대성 이론이 해결하였다고 자랑스럽게 주장할 수도 있는 것이었다."(일반상대성 이론은 인력이 질량(에너지) 때문에 생긴다고 말한다.)

유형에서 보다 고급한 유형으로의 변화로 해석될 수 없다고 주장한다(p. 108).[5] 만약 사람들이 이러한 변화를 인정하게 된다면 누적주의에 굴복하게 된다고 주장하고 있는 점에서 그가 잘못 생각하고 있다고 나는 생각한다. 나는 과학의 **결과들**의 축적이 없을지라도 과학의 **방법론**의 개선이 계속해서 이루어진다는 것이 완전하게 가능하지 않을까 생각한다. (엄밀히 말해 방법론이 **축적**될 수 있다는 것이 어떤 의미에서 그렇다는 것인지를 아는 것도 어렵다.) 쿤은 과학의 결과들의 축적을 옹호하는 것이 방법론의 축적을 옹호하는 것보다 더 어렵다고 주장하지만[6] 그의 사례들은 이러한 그의 주장을 거의 입증하지 못한다. 시간이 경과함에 따라 방법론이 일반적으로 개선된다는 생각을 옹호하기 위하여 우리는

---

5 역자 주: SSR에서의 쿤의 주장은 다음과 같다. "과학공동체의 적법한 문제들과 표준들에 관한 그러한 공동체의 개념에서의 이러한 특유한 전환들(위의 주 1과 3의 사례가 말하는 전환)은, 만약 그러한 전환들이 어떤 방법론적으로 보다 저급한 유형으로부터 어떤 보다 고급한 유형으로 항상 전환한다고 생각할 수 있다면, 이 논문의 주제에서 중요성이 별로 없을 것이다. 그러한 경우에 그러한 전환들의 결과들은 또한 누적적으로 보일 것이다. 몇몇 역사학자들이 과학사는 인간의 과학의 성격에 관한 개념의 성숙성과 개선에서 계속되는 증가를 기록하는 것이라고 주장하였다는 것은 놀랄 만한 일이 아니다. 그러나 과학의 문제들과 표준들의 누적적 발전을 옹호하는 것은 이론들의 누적을 옹호하는 것보다 더 어렵다. 중력을 설명하려는 시도는 대부분의 18세기의 과학자들이 효과적으로 포기하였을지라도, 그 시도는 그 자체가 본래부터 부적법한 문제에 관심을 기울인 것은 아니다. 예를 들어, 본래부터 있다는 힘들(만유인력과 같은 힘)의 존재를 반대하는 것에는 본래부터 비과학적인 것이 내재하고 있는 것도 아니고 어떤 비난 투의 말의 의미로 형이상학적인 것이 있는 것도 아니다. 그러한 종류의 판단을 허용하는 어떠한 외재적인 표준들도 존재하지 않는다. 발생하였던 것은 표준들의 쇠퇴도 아니고 상승도 아니며, 단지 새로운 패러다임의 채택이 필요로 하는 변화일 뿐이다. 더 나아가 그 변화는 그 후 역전되기도 하였고 다시 반복될 수도 있었다. 20세기에 아인슈타인은 중력 인력을 설명하는 데 성공하였고 그러한 설명은, 이러한 특정한 관점에서 보면 뉴턴의 후속 이론들보다는 이전 이론들의 문제들과 법칙들에 더 유사한 그러한 일단의 법칙들과 문제들로 과학을 다시 돌아가게 만들었다"(p. 108).

6 역자 주: 쿤은 실제로 과학의 문제들과 표준들의 누적적 발전, 즉 과학의 누적적 결과들을 옹호하는 것은 이론들의 누적을 옹호하는 것보다 더 어렵다고 말하고 있어. 방법론의 개선을 옹호하는 것보다 더 어렵다고 하는 이 책의 내용과는 약간의 차이가 있다.

쿤-손실의 가능성을 부정할 필요까지는 없다. 즉 나중의 과학자들은, 이전의 이론들이 적용되었던 각각의 모든 현상들에 대해 자신들의 이론들을 적용하는 것을 때로는 거부하고 있다는 사실(중력[7]과, 물질의 색깔과 응집상태[8](colour and aggregation of substance)에 관한 쿤의 사례에서처럼)을 우리는 흔쾌히 인정할 수 있다. 사람은 그러한 문제들이 더 나중의 이론들(예를 들어 중력의 경우에 아인슈타인의 이론)에 의해 다시 한 번 제기되었다는 사실을 똑같이 흔쾌히 인정할 수 있다. 그리고 마지막으로 방법론이 **때때로** 퇴보한다는 것을 구태여 부인할 필요까지는 없다(물론 쿤은 이에 관한 어떠한 사례도 제시하고 있지 않다). 쿤은 방법론이 진보한다는 관념에 관해 너무 지나치게 단순한 해석을 하고 있고, 이러한 점을 내가 말할 필요가 있다고 생각한다. 사실 나는 그러한 관념에 관한 좀 더 세련된 해석이 과학적 진보에 관해 그가 말하고 싶어 했던 것들과 과연 양립할 수 있을까에 관해서는 미심쩍게 생각하고 있다.

이론, 방법, 표준들을 모두 함께 얻게 되고 이것들은 '통상적으로(usually)' 모두 함께 변화한다는 점에서, 쿤은 패러다임들이 과학을 구성하게 된다는 결론을, 자신이 제시하였던 사례들로부터 이끌어 낸다. 그러한 중대한 결과들을 가지고 있는 관념을 옹호하기 위해 제시된 사례들의 수효가 너무 적어서 그러한 논제를 지지하기에는 충분하지 않으며 쿤도 이를 지지하기 위해 더 이상의 어떤 노력도 거의 하지 않는다.

---

7   역자 주: 중력을 물체의 내재적 성질(질량이나 에너지)로 설명하는 아인슈타인의 이론은, 중력에 대해서 뉴턴의 이론의 적용을 거부한다.
8   역자 주: 양자역학이 라부아지에의 화학혁명 이후의 이론에서 금기시된 방법(새로운 물질의 형성, 색깔의 본성)을 다시 부활시키게 됨으로써 이 분야에 라부아지에 이론의 적용을 거부한다.

그러나 그 논제는 쿤으로서는 **전일론**(holism)의 가능성에 관해 너무 지나친 추정을 하고 있다는 것을 보여 주는 하나의 중요한 사례를 표현하고 있다고 나는 생각한다. 만약 이론, 방법, 표준들이 아주 완전하게 변화한다면 그리고 쿤이 주장하였듯이 방법과 표준들이 개선되기보다는 **단순히** 변화한 것에 불과하다면 이전의 패러다임과 이후의 패러다임을 비교하는 것은 물론 불가능한 것은 아니지만 아주 어렵게 된다. 왜냐하면 우리는 "새로운 이론은 일단의 같은 문제들을 다루는 데 종전 이론보다 더 성공적이다"라는 말뿐만 아니라 "새로운 이론은 종전 이론보다 더 성공적이다"라는 말도 할 수 없기 때문이다. 이러한 곤혹스러운 상황은 그러한 철저한 전일론으로부터 발생하게 되는데, 쿤이 어떤 다른 과학 철학자들로부터 **상대주의** 입장으로 인해 비판받게 만드는 이유들 중의 하나이다. (6절과 8절에서 우리는 그가 이 핵심 내용을 옹호하면서 말할 수 있는 내용을 살펴볼 것이다.)

맥킨타이어(Alasdair MacIntyre)는 이러한 문제점에 관하여 쿤을 책망하고 있다. 패러다임 변화에 관한 쿤의 설명은, 경쟁 패러다임의 지지자들이 일치하지 않는다는 사실이 아니라, 합리성과 관련되는 **모든** 분야가 그러한 불일치에 의해 점령당하고 있다는 사실을 전제하고 있다고 그는 불평하고 있다(MacIntyre 1977, p. 466, 강조는 저자 첨부). 쿤이 지배적인 '데카르트적인' 철학적 세계상으로부터 떨어지려고 노력하고 있을 때, 아이러니하게도 맥킨타이어가 '인식론적 위기'라고 적합하게 명칭을 붙였던 내용을, 모든 것을 동시에 의심하려는 데카르트의 시도를 연상시키는 방식으로 이해하였다. 이러한 인식론적 위기가 가능하다면 그것은 과학의 전향(conversion)이 맹목적인 신앙의 비약에 불과할 수 있다는 우려를 불러일으킬 것이다.

그리고 SSR의 모든 내용들 중 바로 이곳에서, 처음과 나중의 과학의 결과물들이 어떠한 유의미한 방식으로도 단순하게 대조될 수 없다는 사실을 쿤이 함축하고 있는 것처럼 가장 잘 보인다. 정상과학의 전통(학파)들[9]이 문제들로 간주되는 것과 해결로 간주되는 것에 대해 불일치하고 있는 한에 있어, 각각 자신들의 패러다임들의 우열들에 관해 논쟁을 벌일 때 그 전통(학파)들은 불가피하게 확실하게 이해가 될 때까지 서로에 대해서 끝까지 이야기할 것이라고 쿤은 말한다(p. 109). 이로부터 결과하게 되는 논증은 의례히 '부분적 순환논법으로' 전개될 것이다. 왜냐하면 각 전통은 경쟁하는 상대방의 전통이 설정해 놓은 표준들보다는 오직 자신이 스스로 설정한 표준들에 따라서만 활동할 것이기 때문이다. 그리고 이러한 '논리적 접촉의 불완전성' (p. 110)은 경쟁 패러다임들의 지지자들이 고려해야만 하며 아마도 어떠한 문제를 해결하는 것이 더 **중요한가**에 관한 문제, 즉 중요한 **가치**에 관한 문제에 대해 불일치하게 될 것이라는 사실로부터 부분적으로 결과한다. 이러한 환경들 아래에서 패러다임들을 대조하는 것은 사과들과 오렌지들을 대조하는 것처럼 이루어지지 않을 것이며, 유망한 좋은 예는 아니지만 오히려 사과들과 텔레비전을 대조하는 것과 비슷하게 이루어질 것이다. 다음에 이러한 사실은 오직 다른 문제를 더욱 나쁘게 악화시킬 것이다. 즉 연속적인 패러다임들 간의 '논리적 접촉' 이 불완전하면 할수록 패러다임들이 실제로 서로 **상충**해야만 하는 이유를 알아보는 것이 더욱더 어렵게 될 것이다.

SSR과 후기 모두에서, 쿤은 소규모와 대규모의 현상들에게 모두 과학혁명의 개념을 적용하겠다는 자신의 생각을 구체적으로 특별히 언급하고 있다. 왜냐하면 소규모 혁명들의 구조를 대규모의 혁명들(코페르

---

9 역자 주: SSR에서는 두 과학 학파들(two scientific schools)로 표현하고 있다.

니쿠스 혁명과 같은 것)의 구조와 관련짓는 것을 중요하다고 간주하였기 때문이다(pp. 7-8, 180-1). 그는 혁명이라고 볼 수 있는 매우 확실한 **주요** 과학혁명들로서 코페르니쿠스, 뉴턴, 라부아지에, 아인슈타인과 관련되는 혁명들을 열거하고 있다(p. 6). 라부아지에, 돌턴의 연구 작업의 결과로 생겨난 화학에서의 혁명은 '아마도 과학혁명에 관한 우리의 가장 완전한 사례'가 될 것이라고 그는 표명하였다(p. 133). 다윈의 연구 작업에 이어 나타나게 된 생물학의 전환은 때때로 (과학혁명에 관한) 또 하나의 다른 사례로서 언급되고 있다(p. 180과 ET, p. 226). 빛에 관한 미립자 이론에서 파동이론으로의 전이도 분명하게 하나의 혁명으로 간주되고 있으며(p. 102) 이러한 전이가 소규모인지 대규모 혁명인지에 관해서는 쿤이 분명하게 말하지는 않았을지라도 그가 위에서 언급된 혁명들과 함께 그것을 같이 분류하고 있다는 사실은 그것을 대규모 혁명으로 보고 있다는 것을 암시한다.

보다 적은 규모의 혁명들에 관한 SSR의 사례는 놀랍게도 많지가 않다. 즉 맥스웰의 방정식(p. 7), 산소의 발견, X선의 발견(pp. 92-3), 그리고 아마도 열에 관한 열소(熱素, caloric) 이론으로부터 에너지 보존의 이론으로의 전이와 같은 사례이다(pp. 97-8).

이제는 과학혁명(그리고 패러다임)의 개념을 이러한 서로 다른 규모의 현상들 모두에 걸쳐 적용하는 것은 잘못된 것이라고 일반적으로 인정하고 있다. 해킹이 주장하였듯이 쿤은 그렇게 적용함으로써 **모든** 패러다임들이나 혹은 **모든** 과학혁명들에 대해 (공통적인) 일반적인 것을 말할 수 없게 되었다(Hacking 1979, pp. 230-1). 쿤의 이야기를 호기심 있게 혹은 위험하게 들리도록 만든 많은 생각들(예를 들어 세계-변화들, 통약불가능성)은, **대규모의** 과학혁명들에 대한 생각들로 고쳐되었다. 그러나 범례들의 매우 일상적인 변화들에 대해서 말할 수 있는 내용과는 매우 다르게 보이는, 학문적 기반들의 이러한 (대규모) 변화들에 대해서 말할 수 있는 내용들이 있다.[10] 전문가들 간의 의사소통이 상대적으로 문제가 없다는 특성과 전문가들 간의 판단이 상대적으로 완전 일치한다는 것을 설명하는 어떠한 '공유된 요소들'도 아마도 존재하지 않는다고 할 수 있는가?(같은 책, p. 233) '매우 다른 시대와 사회들에서 서로 다르게 확인될 수 있는 과학공동체들'에 관해 제기한 쿤의 근본적인 질문에 대한 대답들 가운데 아마도 아무런 공통적인 것도 존재하지 않는 것은 아닌가?(같은 책) 그리고 이에 따라 아마도 (대규모이거나 소규모이거나) 과학혁명의 구조와 같은 그러한 어떤 것도 아마도 존재하지 않는 것은 아닌가? 대규모의 혁명들에서 일어나는 것은 새로운 범례를 발견하는 것과는 매우 다른 종류의 것이다.

---

10   역자 주: 해킹은 이에 관해 다음과 같이 서술하고 있다. "우리는, 전형적으로 구성원이 100명이 채 안 되고, 어떤 지식의 분야를 다루는 그룹들을 형성하고 있는 과학자들의 공동체들을 종종 확인할 수 있다. 이러한 확인은 인용횟수, 사전인쇄물 배부목록 등과 같이 고민할 필요 없는 수단에 의해 때때로 이루어질 수 있다. 하나의 공동체를 확인한 다음에 우리는 다음과 같은 하나의 근본적인 질문을 던질 수 있다. '어떠한 공유된 요소들이, 전문가들 간의 의사소통이 상대적으로 문제가 없다는 것과 전문가들 간의 판단이 상대적으로 완전하게 일치하는 것을 설명하는가?' 이 질문에 대답하는 것들의 부류에 대한 이름은 이제는 '패러다임'이 아니라 '학문적 기반(disciplinary matrix)'이다. 그것이 무엇이든지 간에 범례(exemplar)로서의 패러다임과는 다른 어떤 것이다. 많은 사람들은 아주 다른 시대와 사회들에서 확인될 수 있는 서로 다른 과학공동체들에 관해 제기한 쿤의 근본적인 질문에 대한 대답들 가운데 공통적인 어떤 것이 존재하는가의 여부에 대한 우려를 가지게 될 것이다. 그러나 여기서 최소한 실행 가능한 추측이 존재하고 있다. 즉 다양한 그룹들에 관한 근본적인 질문에 대답하는 내용들은, 분석의 유용한 도구가 될 수 있는 것으로서 '학문적 기반'이라고 하는 한 종류의 것이 존재한다고 말할 수 있을 정도로, 특성들을 많이 공통적으로 가질 것이다." 이후에 해킹은 범례로서의 패러다임이나 학문적 기반으로서의 패러다임 관념들 모두는, 과학혁명의 구조와 같은 것이 존재한다는 사실을 자신이 납득할 수 있는 방향으로 진행하지 못한다고 주장한다.

한쪽에는,[11] 나름대로 정평이 나 있는 업적들, 제도화된 계층, 학생들에게 가르치는 표준적 사례들을 가지고 백 명의 사람을 주도하고 있는 하나의 학문적 기반이 있다. 또 다른 한쪽에는 '새로운 시대에서의 인간 경험의 새로운 구조'[12]가 있다. 『과학혁명의 구조』는 이 둘 사이를 연속적으로 왔다 갔다 하는 롤러코스터를 너무 쉽게 타고 있다. (같은 책, p. 234)

이제 우리는 쿤의 새로운 과학상의 주요 요소들을 보았기 때문에 그의 주장들의 위상(status)에 관해 말썽이 되고 있는 문제에 주목할 수 있다. 대부분의 주석가들은 쿤을 어떤 종류의 이론을 제시한 것으로 간주하고 있다. 그렇다면 그는 **경험적인** 것을 말하려고 노력하였는가 아니면 **개념적인** 것을 말하려고 노력하였는가? 쿤이 SSR에서 의지하려고 하였던, 과학철학에 관한 중요한 저자들 중의 한 사람인 핸슨(Norwood Russell Hanson)이, 쿤과 함께 그 주장의 위상을 명확하게 하는 것을 옹호하였던 유일한 사람이었다(Hanson 1965를 참조).

거의 모든 주석가들은 과학사로부터 나온 증거에 의해 원리적으로 확

---

11   역자 주: 인용하고 있는 해킹의 구절은, 아래의 각주 12에 나오는 버터필드의 구절을 해킹이 인용한 후에, 다음과 같은 구절로 시작하고 있다. "그래서 여기에 쿤의 저서로 인해 드러나게 되는 또 하나의 '본질적 긴장(essential tension)'이 존재한다. 한쪽에는, 정평이 나 있는 업적들 ……."

12   역자 주: 이 용어는 해킹이 인용하고 있는 버터필드의 책(1949) 『근대과학의 기원, 1300-1800(The Origins of Modern Science, 1300-1800)』(p. 118)의 구절에 나오는 용어이다. 해킹이 인용하고 있는 이 구절은 다음과 같다. "역사적 전환을 다룰 때 문제의 밑바닥에 도달하거나 설명의 최종 한계에 닿았다는 것은 — 설사 가능하다 하더라도 — 쉽게 느낄 수가 없다. …… 이러한 미묘한 변화 — 어떤 책이 아니라 새로운 시대에서의 인간 경험의 새로운 구조에 의해 생긴 결과 — 는, 어떤 사람이 물질 자체에 관한 인간 느낌의 변화로 설명하고자 했던 혁명인, 과학혁명의 이야기의 이면에 분명하게 존재한다." 이 용어는 말로 분명하게 표현될 수 없는 패러다임의 배경적인 측면을 말한다.

증될 수 있거나 논박될 수 있는 경험적인 주장들을 쿤이 제시하고 있는
것(종래의 과학철학자들이 때때로 제시하였던 방식처럼 반드시 그렇게
단순하지는 않을지라도)으로 간주하였다. 어떤 사람은 과학사에 나타난
어떠한 사건들이 쿤의 상에 실제로 부합하는가라는 의문을 제기하였고
이러한 의문은 확실히 쿤의 주장을 경험적인 것으로 간주하는 방향으로
진행한다.

　그러나 쿤의 저서에 관한 또 하나의 가능한 해석도 있다. 샤록(Wes
Sharrock)과 리드(Rupert Read)와 같은 주석가들은, 기존의 과학상에
관한 주장이 (거짓이기보다는) 완전히 무의미하다는 사실을 우리에게
보여 주면서 그러한 기존의 과학상을 우리에게서 없애 버리려고 노력하
였고 계속해서 현재의 과학 개념들, 과학의 구성요소들, 과학과 관련된
활동들과 상충하지 않는 하나의 그림으로 대체하려고 하는 사람으로 쿤
을 해석하였다. 쿤에 대한 이러한 비트겐슈타인적인 해석은 헤세(Mary
Hesse)가 앞서 행하였다. 그녀는 다음과 같이 말하면서 SSR에 대해 맨
처음으로 행한 논평들 중의 하나를 시작하였다. "책에 대해 순전히 말하
게 될 때마다 말한 내용들은 모두 분명하다는 느낌을 갖게 되는 그러한
종류의 책이다. 그러한 느낌을 가지게 되는 이유는, 이전에는 잘 일치하
지 못했던 자명한 이치들을 다양한 여러 출처자료들로부터 저자가 수집
하였고 우리의 전체 과학상이 전환되는 새로운 형태로 그러한 것을 보
여 주기 때문이다"(Hesse 1963, p. 286). 핸슨은 또한 '패러다임'과 '과
학혁명'이라는 용어들이 그 의미의 확인에 있어서 서로 의존하게 만드
는 방식으로 얽혀 있다는 것을 우려하면서도 과학에 관한 쿤의 그림이
경험적인 반대 사례에 취약하다고 **간주되지** 않을 수 있는 가능성을 고려
하였다.

　나는 이러한 문제에 대해 쿤이 일관된 태도를 지녔다고 생각하지 않

는다. 그는 **보통** SSR을 마치 과학사로부터 나온 증거가 그 책의 평가에 밀접한 관련성을 가지고 있는 것처럼 다루었다. 예를 들어 SSR에 첨부된 후기에서 그는 '패러다임'과 '과학공동체'가 상호 정의되었다는 내용의 우려를 표현하였다(p. 176). 그리고 그는 과학공동체가 패러다임과 독립적으로 확인될 수 있다는 사실을 보증하기 위해 많은 노력을 기울였다. 그는 또한 SSR의 '과학의 성격에 대한 이론'은 다른 어떤 이론과 마찬가지로 틀릴 수도 있다는 것을 인정하면서도 그러나 과학자들이 행동해야만 한다고 그 이론이 말하는 바대로 과학자들이 실제로 행동하고 있기 때문에 그 이론이 중대하게 간주되어야만 한다는 사실도 인정하였다(pp. 207, 208). 확실히 과학의 성격에 관한 다른 **경쟁적인** 견해에 대한 그의 태도는 그 견해들이 역사적 기록과 대조함으로써 알려질 수 있어야만 한다는 것이다.

그러나 이와 다른 곳에서는 그는 매우 미묘한(elusive) 태도를 취한다. 1995년에 SSR과 그의 1978년 책 『흑체이론과 양자 불연속(*Black-Body Theory and the Quantum Discontinuity*)』의 관계에 대해서 질문을 받았을 때, 그는 "여러분은 (SSR처럼) 도식적으로 된 관점을 문서로 증명하거나 탐구하거나 적용하려고 **노력하면서** 역사를 서술할 수 없다"고 언명하고 "만약 여러분이 확증하기를 원하는 하나의 이론을 가지고 있다면 여러분은 그 일을 진행할 수 있으며 역사가 그 이론을 확증하도록 역사를 서술하게 된다. 그리고 기타 등등의 일을 한다. 그것('역사를 서술하는 데 철학적 이론을 적용하는 것'[13])은 해야 할 적절한 것이 아니다

---

13 역자 주: 앞의 대화에서 나온 쿤의 언명에 대해 킨디(Kindi)가 "당신이 역사를 서술하는 데 철학적 이론을 적용하지 않았기 때문에 그렇다"라고 응수하여, 이 킨디의 말에 대해 쿤이 대답하고 있는 내용이다(RSS, p. 314). 그래서 이를 설명하기 위해 RSS에서 역자가 직접 인용하였기 때문에 따옴표를 붙였다.

(just not the thing to do)"(RSS, p. 314, 또한 Sigurdsson 1990, p. 23)
라고 말하였다. 헤일브론(John Heilbron)은 SSR의 유명한 '패러다임',
'혁명' 등의 용어를 쿤이 후기 저서에서 왜 사용하지 않았던가를 설명하
면서 쿤이 유사하지만 보다 더 모호한 의견을 진술하고 있다고 기록하
고 있다. 쿤은 SSR이 '모든 역사적 일화들에 부합해야 한다는 주장과는
두 배나 멀리 떨어져 있다'고 말하였다. 즉 그것은 후보 패러다임이지
포괄하는 이론이 아니다. 더 나아가 그것이 하나의 이론이라 할지라도
역사에 관한 서술에서 철학적 이론들을 적용하는 것은 '해야 할 적절한
것이 아니다(just not the thing to do)'. 혁명들에 관한 쿤의 이론을 확
증하고 싶어 하는 박사과정 학생들에게 어떠한 역사적 일화들을 배당해
줄 것인가에 대한 물음을 받았을 때, 쿤은 "그것(자신의 이론)은 이론이
아니며 나는 그것이 그러한 기록과 일치할 것이라고 기대하지 않는다"
라고 대답하였다(Heilbron 1998, p. 511).

사람이 하나의 이론을 확증하거나 반증하려는 목적을 가지고 '역사
를 서술하지' 말아야 한다는 생각은 정당하다. 그러나 이 말은 역사가
서술된 후에 이론들이 그 역사와 비교하여 대조될 수 있고 대조되어야
만 하는가에 관한 논쟁점을 언급하는 것은 아니다. 하나의 이론이 '도식
적'이라는 사실은, 대조가 이루어지기 위해서는 그 이론이 구체화되어
야 한다는 사실만을 제시하는 것이다. 나는 쿤이 SSR에 대해서 포괄하
는 이론보다는 '후보 패러다임'이라고 부르면서 그가 의미할 수 있었던
내용이 무엇인지를 확실히 알지 못한다. 그러나 그것이 하나의 이론이
라는 사실을 명시적으로 **부정하면서** 그는 비트겐슈타인적인 견해에 확
실하게 더욱 가까이 접근하는 것처럼 보인다.

>> 탐구문제

1. 쿤의 정치적 메타포인 혁명을 충분히 정당화할 수 있을 정도로 과학과 정치 간에 유사점들이 존재하고 있는가?

2. 누적주의와 쿤이 추적하였던 지배적인 인식론적 '패러다임' 간에는 어떠한 연결이 존재하고 있는가? 실제로 **철학**에서도 패러다임들이 존재할 수 있는가? 그리고 만약 존재한다면 '패러다임'의 어떤 의미가 논쟁을 일으키겠는가? 누적주의자들은 쿤의 비판에 대해 어떻게 대응하게 될 것인가?

3. '쿤-손실'의 사례에서 손실이 되는 것은 무엇인가? 쿤-손실은 실제로 문제가 되지 않는 **가짜** 문제들로부터 벗어나는 것으로 표현될 수 있는가?

4. 쿤은 과학적 패러다임들이 어떻게 서로 상충하고 있는가를 성공적으로 설명하였는가? 논리적 양립 가능성은 상충을 더 쉽게 설명하도록 만드는가 아니면 더 어렵게 설명하도록 만드는가? 패러다임-논쟁들은 '모든 시대에 과학자들에게 견지되고 있는'(p. 42) 그러한 규칙들에 의존하여 왜 해결될 수 없는가?

5. 우리는 쿤이 과학에 대해 경험적인 주장을 하고 있는 것으로 생각해야만 하는가 아니면 더 철학적인 어떤 내용을 주장하는 것으로 생각해야만 하는가? 만약 후자의 경우라면 그는 하나의 철학적 이론을 제기하고 있는가 아니면 우리에게 그러한 이론을 제거하려고 노력하고 있는 것인가? 만약 후자의 경우라면 쿤은 문제의 그 철학적 이론 대신에 어떤 것을 제안하는가?

6절. 게슈탈트-전환과 세계-변화

SSR의 X절은 패러다임-변화(학문적 기반에서의 변화)들이 어떻게 간주되어야만 하는가를 탐구한다. 쿤은 이 변화들이 세계-변화들을 수반하고 있다는 관념을 지지하고 있으며 이것을 시각적인 게슈탈트-전환들이라는 '원형(prototype, 原型)'으로 설명하고 있다. 이 절은 개념들, 특별히 지각 개념들을 확장시키는(stretching) 연습이다.

SSR의 X절은, 역사가는 패러다임 전환이 일어날 때 세계가 변화하게 된다는 것을 제시하고 싶어 한다는 말로 시작한다. 쿤은 패러다임 전환들, 즉 학문적 기반에서의 변화들이 세계 자체에서의 변화들이라는 관념을 사용한 것에 대해 몇 번이고 다시 변명하고 있다. 그는 또한 그 관념을 다양한 방식으로 수정하고 있다. 그러나 결국에 그는 필요한 일을 스스로 할 수 없었다. 나중에 그는 '내가 더 이상 해명할 수 없다는 의미에서' 다음과 같이 말한다.

> 경쟁적인 패러다임의 지지자들은 서로 다른 세계에서 직업 활동에 종사하고 있다. 어떤 패러다임은 천천히 낙하 운동하도록 속박된 물체를 포함하고 있고 다른 패러다임은 몇 번이고 운동을 반복하는 진자를 포함하고 있다. …… 다른 세계들에서 종사하고 있기 때문에 두 그룹의 과학자들은 똑같은 관점에서 똑같은 방향으로 (똑같은 것을) 바라보게 될 때라도 다른 사물을 보고 있는 것이다. 그렇다고 이 사실은 그 사람들이 자신들이 좋아하는 바대로 어떤 것을 볼 수 있다고 말하는 것은 아니다. 두 사람은 하나의 세계를 보고 있으며 이들이 바라보고 있는 것은 변하지 않았다. 그러나 어떤 영역들에서 이들은 서로 다른 사물들을 보고 있으며 이들은 이 사물들을 서로 다른 관계에 있는 것으로 본다. (p. 150)[1]

이 구절은 SSR에서 가장 논란이 많이 제기되는 관념들 중의 두 가지, 즉 **게슈탈트-전환들**과 **세계-변화들**이라는 관념을 구체적으로 표현하고 있다.

쿤은 게슈탈트-전환이라는 관념을, 전면적인 패러다임-변화에서 일어나는 것과 마찬가지로 과학교육에서 일어나는 것을 표현하는 하나의 메타포로 사용하고 있다. 게슈탈트-전환과 같은 변화는 매우 **점차적으로 이루어지고 역행할 수는** 없을지라도 과학의 훈련과 패러다임-변화에 공통적으로 일어나는 현상이다. 특히 전통이 바뀌는 혁명의 시대에, 환경에 관한 과학자의 지각 내용은 재교육되어야만 한다. 그는 새로운 게슈탈트를, '과학자의 세계에서 혁명 전에는 오리들이었던 것이 혁명 후에는 토끼들이 되는' 그러한 게슈탈트의 결과로 보는 것을 학습해야만 한다(p. 111).

그의 책의 X절의 제목이 암시하는 내용과는 반대로, 쿤은 과거에 오리들이었던 것이 이제는 토끼들이 되었다는 것을 실제로 의미하고 있지, 과거에 오리로 보였던 것이 이제는 토끼와 같이 보이게 되었다는 것을 단순하게 의미하고 있지 않다는 사실에 주목하자. 문제가 되는 것은 '세계**관**'에서의 변화만이 아니다. 사물들을 쿤식으로 기술하는 것은 그의 유명한 '세계-변화들'이라는 관념을 우리가 생각하도록 만들며, 그 관념은 그가 일종의 철학적 **관념론**에 동의하고 있는 것이 아닌가 하는 우려를 불러일으켰다. 해킹이 말하고 있는 바대로, 쿤은, "근본적으로 다른 패러다임을 가지는 것은 서로 다른 세계에 살고 있다는 사실을 함

I   자신의 책 『개인적 지식』의 제4장에서 폴라니가 사용하고 있는 게슈탈트 심리학에 관한 내용이 쿤에게 영향을 주었던 것 같다. 그리고 매우 다른 구조체제를 작동시키는 탐구자들은 '서로 다른 세계들에 살고 있다'는 개념은 폴라니의 그 책의 제6장(p. 151)에 나타난다.

축하고 있다. 그것은 세계를 다르게 기술하는 것(오늘날의 철학적 '실재론자들이' 설명하고 있듯이)이 아니라, 다른 세계에 존재하고 있다는 것을 쿤이 함축하고 있으며 그 말은 마치 우리가 살고 있는 세계가 부분적으로 우리들의 정신적 활동의 산물이라고 말하는 것처럼 들린다"(Hacking 1979, p. 229).

그러나 우리는 이러한 방식으로 사물들을 기술해야 할 필요가 있는가? 물론 쿤은 반대하는 설명이지만, 과학자들은 자신들이 관찰한 것들에 대한 자신들의 생각을 변화시킬 때, 고정된 관찰자료들, 즉 '감각자료들'을 재해석함으로써 단지 그렇게 변화시킨다고 하는, 보다 친숙하면서도 표면적으로는 문제를 덜 일으키는 설명(story)이 있다. 쿤은 이러한 설명을 우리가 앞의 절에서 언급하였던 서양의 인식론적 그림이나 '패러다임'과 연관시키고 있다.[2] 이러한 서구적 패러다임에 의하면, 과학은 '정신이 미가공(raw) 감각자료를 직접 배열하여 만든 구성물'(p. 96)이며 그 구성물이 시간에 따라 변화할지라도 자료 자체는 변화하지 않는다. 그러므로 자료들은 '순수한' 혹은 '중립적인' 관찰언어로 포착될 수 있으며 관심을 가지고 있는 모든 사람이 똑같이 이용할 수 있을 것이다.

이에 반대하여 쿤은 몇 가지 방책을 취한다. 첫 번째로 그는 철학, 심리학, 언어학, 예술사에서의 최근의 탐구가 이러한 전통적인 철학적 패러다임에 틀림없이 결함이 있다는 사실을 제안하고 있다고 주장한다. 지각에 관한 심리학적인 문헌들은 특별히 '하나의 패러다임과 같은 어

---

2   여기서 확실히 카벨이 영향을 미쳤다. 왜냐하면 그는 '16세기와 17세기의 "과학혁명"에 답하여 정립된 그리고 그 혁명의 일부분으로서 정립된 철학적 전통이 없이(이론 중립적으로) 시대가 천천히 지나가게 되었는가'에 대해 쿤과 논의하였다는 것을 그가 언급하기 때문이다(Cavell 1969, p. 42, n. 38).

떤 것이 지각 자체에 필수 불가결하다'는 사실을 제시하고 있다.[3] 그리고 '과학의 역사는', 만약에 과학자들이 예를 들어 핸슨이 주목하도록 만들은 일종의 게슈탈트-전환을 때때로 지각에서 경험하게 된다고 상정할 수 있다면, '보다 더 낫게 그리고 보다 더 정합적으로 이해할 수 있다'(p. 113). 쿤은, 그렇지만 해당하는 심리학적인 실험들이 단지 암시적인 것에 불과하다는 것을 인정하면서 이러한 첫 번째 방책의 한계를 깨달았다. 아마도 그 과학자들이 과학적 관찰에 직접적으로 관심을 가지고 있지 않다는 단순히 이 이유 때문에, 그들은 그러한 종류의 관찰이 실험들에서 나타나는 지각의 대표적인 특성을 가지고 있다는 것을 증명할 수 없었다. 그의 두 번째 방책은 그러므로 이러한 심리학적인 실험들이 이 실험들을 적절한 관련성을 가지도록 만드는 **역사적** 사례에 의해 보완되어야만 한다는 사실을 제안하는 것이다. 그리고 쿤에 따르면 충분히 확실하게, 과학의 역사도 또한 서구의 인식론적 패러다임에 결함이 있다는 사실을 보여 주고 있다.

이러한 사실은 게슈탈트-심리학적인 실험들의 **모든** 특성들이 과학적 관찰에 반영된다는 것을 의미하는 것은 아니다. 쿤은 그 특성들이 모두 반영되지 않는다는 점을 분명히 하고 있으며 그 특성들에 대응하지 않는 과학적 관찰의 몇 가지 특성들에 명시적으로 주목하고 있다(p. 114). 지각적 전환들이, 예를 들어 패러다임-변화들을 동반한다고 하더라도 과학자들 자신은 그러한 패러다임-변화들을 직접 지각하지 못할 것이며 그것들을 증명할 수도 없다. 그러면 그러한 변화들의 존재를 믿는 역사

---

3 철학에서 패러다임이 있다고 하는 그의 관념의 경우와 마찬가지로, 이러한 사실을 중대하게 취하는 것은, 쿤이 다른 곳에서 주장하고 있는, 과학 패러다임의 특수한 성격을 침식할 우려가 있다고 사람들이 걱정할지도 모른다.

학자가 과학자의 탐구-세계에서 어떠한 종류들의 전환을 발견할 수 있는가? 쿤은 천문학, 전기학, 화학, 역학의 역사로부터 그러한 사례들을 제시하려고 진행한다. 이러한 경우들 각각에서 그는 해당되는 사실들이나 실재들을 이론-변화의 결과로서 그 자체가 변화하였던 것으로 기술한다. 그래서 예를 들어 천왕성의 공전 궤도가 (혜성이 아니라) 행성의 공전 궤도라고 하는 렉셀(Lexell)의 제안이 받아들여졌을 때, '전문적인 천문학자의 세계에서 별(항성)들의 수는 몇 개 더 줄어들었고 행성이 하나 더 존재하게 되었다'고 쿤은 말하고 있다(p. 115). 라부아지에는 '프리스틀리(Priestley)가 플로지스톤이 빠져나간 탈플로지스톤 기체(dephlogisticated air)를 보았던 곳에서 산소를 보았다' (p. 118). 그리고 스콜라 철학의 임페투스(impetus) 이론이 고안되기 전까지는 '어떠한 진자도 존재하지 않았으며 단지 과학자들이 보고 있는, 왔다 갔다 하는 돌멩이만 존재하고 있었다. 진자들은 패러다임에 의해 유도된(paradigm-induced) 게슈탈트-전환과 같은 어떤 것에 의해 존재하게 되었다' (p. 120).

놀랄 것도 없이, 이러한 기술들(descriptions)은, 각 경우에 수반된 것이 **새로운** 세계로의 변화이기보다는 오히려 하나의 단일한 지각 세계 **내에서의** 관심의 전환이거나 범주화의 변화였다고 하는 매우 합리적인 근거로부터 도전받았다. 예를 들어, 어떤 사람은 초기의 천문학자들이 하나의 행성을 보았으나 그것을 하나의 별(항성)로 **해석하였다**고 말하거나 아리스토텔레스가 진자를 **보았으나** 그것을 낙하가 속박되고 있는 하나의 돌로 해석하였다고 말함으로써 그 문제들을 기술할 수도 있다. 이와 다르게 어떤 사람은 초기의 천문학자들이 하나의 별로 보았고 별의 범주로 분류한 것을 나중의 천문학자들이 하나의 행성으로 보았고 행성의 범주로 분류하였다고 말할 수도 있다. 혹은 아리스토텔레스가 낙하가 속박되고 있는 하나의 돌로 보았던 것을 갈릴레오는 진자로 보았다고 말할 수도 있다. 이러한 견해에 따르면, 쿤은 어떠한 관찰들이 이루어지는가를 결정하는 것과 그 관찰들의 결과가 무엇이 될 것인가를 결정하는 것을 혼동하고 있는 것이다. (그리고 쿤 자신은 때때로 이러한 매우 호의적인 방식으로 사물들을 기술하고 있다는 점을 주목할 수 있다. 예를 들어, 서로 다른 패러다임들은 서로 다른 과학자들에게 **이해하기 쉬운** 각기 서로 다른 자료들을 만든다고 말하는 경우이다(p. 123).)

과학자들은 자신들이 관찰한 것에 대한 자신들의 생각을 변화시킬 때 단지 안정적인 관찰자료들을 재해석함으로써 그렇게 변화시킨다고 하는 특정한 제안에 반대하여, 쿤은 그 자료들이 안정적이지 않다고 주장하며(p. 121), 개인이나 공동체가 전이를 하게 되는 과정은 해석과 유사한 과정이 아니라고 주장한다(pp. 121-2). 첫 번째 핵심 내용(안정적이지 않다는 것)이 논쟁의 여지가 있는 것으로 올바르게 간주된다 할지라도 두 번째 내용(해석과 유사하지 않다는 특징)은 발전의 가능성이 더 많다. 해석은 합의된 자료들로부터 진행하여 그 자료들에게 부여할 수 있는 가장 좋은 구성을 발견하는 규칙-지배적인 과정이며, 쿤이 그의 후기에서 말하고 있듯이, '우리가 여러 대안들 가운데서 어떤 하나를 **선택**하게 될 때 의존하는 **신중한** 과정'이다(p. 194, 강조는 저자). 그러나 해당되는 과학자들은 자료에 관한 어떤 보다 더 기본적인 기술에 대해 처음으로 합의하고, 그리고 나서 그것들을 해석하는 것으로 진행하는 그러한 위치에 있지 않다고 쿤은 지적하고 있다. 해석은 이들의 경우에 불필요하다. 그리고 그러한 과정들은 발생하지도 않는다. 하나의 새로운 패러다임은 쿤이 '직감(flash of intuition)'이라고 부른 것(p. 123)에서 탄생하는 것이지 해석의 과정에서 탄생하지 않는다. 왜냐하면 쿤이 염두에 두고 있는 **전일적**(holistic)이고 **기계적**으로 이루어지는 현상과 비

교하여, 해석은 너무나 **점차적**이고 **지성적**으로 처리되는 과정이기 때문
이다. 쿤은 과학자들이 해석에 참여하고 있다는 사실과 또는 이성적인
반성이 패러다임의 개발에 관여되고 있다는 사실을 부정하지는 않는다.
그는 과학자들이 예를 들어 관찰들과 자료들을 해석한다는 사실을 인정
하고 있다(p. 122). (그리고 나중에 그는 이들이 자연 자체를 해석하고
있다고 시사하고 있다(p. 144).) 이러한 해석들은, 그렇지만 순수하거나
중립적인 관찰-언어를 만들어 내는 거의 매우 성공하는 시도들과 비슷
하면서도(pp. 125-6) 그러나 통상적인 인식론적 그림을 배경으로 고려
된 해석들과는 다르게 하나의 패러다임을 **전제하고 있다**. 그래서 이러한
해석들은 통상적인 인식론적 설명에게 이 설명이 필요로 하는 내용을
제공하지 않는다.

　한 가지 점에서 쿤은 '새로운 패러다임을 기꺼이 받아들이는 과학자
는' 해석자이기보다는 '역전(逆轉)렌즈(inverting lenses) 안경을 쓴 사
람과 비슷하다'고 설명한다. "이전과 같이 똑같은 무리의 대상들을 직면
하고 있더라도 그리고 그가 그렇게 직면하고 있다는 것을 알고 있다 하
더라도 그는 그것들이 그 구체적인 많은 내용에서 완전히 전환되었다는
것을 발견하게 된다"(p. 122). 여기서 그러나 쿤은, 이러한 기술의 내용
이, 역전렌즈 안경을 낀 실험 대상자는 망막에 **다른** 상을 가지고 있으면
서도 그래도 이전과 **똑같은** 것을 보고 있는 것(p. 127)으로 특성화되는
경우[4]에는, 그가 나중에 말하게 되는 내용과 상충하기 때문에, 자신의
이야기를 이해하지 못하였다고 볼 수 있다. 패러다임-변화에 관해 보다

4　역자 주: 심리 실험에 의하면, 역전렌즈 안경을 쓴 사람은 처음에는 역전된 상으로 사물
을 보다가, 며칠이 지나면 이전처럼 바로 보게 된다. 이러한 경우에 전환된 것을 발견한다
고 하는 쿤의 나중의 기술 내용과 상충하게 된다.

적절한 그의 최선의 제안으로서, **게슈탈트-전환**들의 현상이 망막에 **똑같은** 상을 가지고 있는 두 사람이 서로 **다른** 사물들을 볼 수 있다는 사실을 보여 준다는 관념이 아직 남아 있다(같은 책).[5]

쿤은 게슈탈트 심리학에 대한 그의 관심을 그의 1947년 아리스토텔레스 통찰(epiphany)의 시기까지 가지고 있었다고 믿었다(Sigurdsson 1990, p. 20). 그는 비트겐슈타인처럼 지각에 관한 게슈탈트 심리학의 문헌들 중의 어떤 것을 읽었을지라도(p. vi, ET, p. xiii), 그러나 게슈탈트-전환들이라는 기본 관념 이상의 어떠한 내용을 그 문헌으로부터 얻었는지를 아는 것은 매우 어렵다. (더 나아가 그가 자신에 대해서 다양한 분야들에서 이루어진 최근의 발전들을 종합한 것으로 생각할지라도 쿤이 SSR을 쓰고 있었던 시기에는 게슈탈트 심리학의 전성기는 오래전에 끝났다.) 그는 『철학탐구들』에 의해 더 많이 영향을 받았었던 것처럼 보인다.[6] 특히 이 책의 II부에는 비트겐슈타인이 '양상을 인지함(noticing an aspect)'[7]이라고 부른 것에 관한 장시간에 걸친(미완성일지라도) 논의가 있다. 그 논의는 용어 'see'의 두 가지 의미[8]를 구별하는 비

---

5 역자 주: 이에 대해 쿤은 오리-토끼 그림을 말한다. 오리-토끼 그림은 망막에 똑같은 상을 사람들이 가져도 다른 사물을 본다는 것을 보여 준다. 이 그림이 보여 주는 사례와 역전 렌즈 안경이 망막에 다른 상을 가져도 똑같은 사물을 보게 된다는 것을 보여 주는 사례를 제시하면서, 쿤은 이러한 사례들이 순수한 이론 중립적인 관찰언어가 가능하지 않음을 보여 준다고 주장한다(pp. 107-8).

6 카벨이 편지로 나에게 말해 주었다.

7 역자 주: 이 용어는 비트겐슈타인의 『철학탐구들(*Philosophical Investigations*)』 II부의 xi 에서(p. 193) 다음과 같은 내용에서 등장한다. "한 사람이 두 얼굴들을 정확하게 그릴 수 있을 것이다. 그리고 다른 한 사람은 그 그림 속에서 그 그림을 그린 사람이 보지(알지) 못한 유사성을 인지한다. / 나는 하나의 얼굴을 응시한다. 그리고 다음에 갑자기 그 얼굴이 다른 얼굴에 대해 가지는 유사성을 인지한다. 나는 그 얼굴이 변하지 않았다는 것을 본다 (안다). 그럼에도 나는 그 얼굴을 다르게 본다. 나는 이러한 경험을 '양상을 인지함(noticing an aspect)'이라고 부른다.

트겐슈타인의 주장으로부터 시작한다.

> 하나의 의미 : "당신은 거기에서 무엇을 보는가?" — "나는 **이것을** 본다."
> (그리고 나서 기술어, 그림, 모방이 나온다.) 다른 하나의 의미 : "나는 이 두
> 얼굴들 사이의 유사성을 본다(안다)." — 내가 이 말을 전하는 사람도 내 자
> 신이 보는 것만큼 명확하게 그 얼굴들을 보고(알고) 있다고 상정하자.
> (Wittgenstein 1958, p. 193)

비트겐슈타인은 시각의 두 '대상들' 사이에는 범주의 차이가 존재한다
고 제안한다. 왜냐하면 그림을 그린 사람이 보지(알지) 못하는 유사성을
다른 사람이 그 그림에서 '인지하는 것'이 완전하게 가능하기 때문이다
(같은 책). 그래서 첫 번째 경우에 보이는 것(구체적인 종류의 공개적
대상)은 두 번째 경우에 보이는(알려지는) 것(유사, 유사성, 혹은 양상)
과는 똑같은 **종류**의 것이 아니다. '보이는 것'이라는 구절의 의미의 모
호성은 **외견상** 역설의 출현을 일으킬 수 있다. (보이는 것은 변화하였지
만 보이는(알려지는) 것은 변화하지 **않았다**.) 이러한 외견상의 모양은
비트겐슈타인이 하였듯이 두 가지의 의미들을 분리하게 되면 해소된다.
　대상이 변화하지 않았을지라도 다르게 본다는 것이, 비트겐슈타인이
'양상을 인지함'이라고 부르는 것이다. 이러한 현상은 "당신은 그것을
어떻게 보는가?"라는 질문을 함께 동반한다. (질문 "당신은 **무엇을** 보는
가?"는 시각의 첫 번째 종류의 대상**이거나 혹은** 두 번째 종류의 대상을
물어보는 것으로 해석될 수 있다.) 이 결과 비트겐슈타인은 'see'의 두
번째 의미(본다(안다))를 '으로 본다(안다)(seeing as)'로 연관 짓고 있

8　역자 주: '보다'와 '보다(안다)'의 의미이다.

으며, 자유롭게 두 의미 사이를 오가고 있다. 그리고 그는 'see'의 이러한 두 번째 의미를 첫 번째 의미보다는 **사유함**이나 **해석**에 더 가까운 것으로 분명하게 고찰하고 있다.

비트겐슈타인의 경우에 일상적으로 행하는 보통의 지각은 양상-지각(aspect-perception)[9]이 **아니다**. 그리고 양상-지각은 우연적으로 **가끔** 일어나는 것이지 보편적인 것이 아니다. 그는 예를 들어 나이프와 포크와 같은 일상적으로 친숙한 대상들을 바라보고, 사람이 그 대상들을 나이프와 포크**로서** 보고(알고) 있다고 말하는 것은 말이 되지 않는다고 주장한다(같은 책, p. 195).[10] 양상-지각은 관점에 따라 달리 나타나는 **양상의 변화**와 밀접하게 연결되어 있으며 그 변화는 **유사성**(resemblance)**을 인지하는 것**을 수반한다. 그래서 그 지각은 **보편적**일 수가 없다. 양상-지각은 또한 실험적으로 시도해 보는 것(trying)을 동반한다. 즉 이것은 의지의 영향을 받는다. 그러나 그러한 의지의 행동은 나이프와 포

---

9 역자 주: 양상-지각은 관점에 따라 사물이 다르게 나타나는 양상을 지각하는 것을 말한다. 예를 들어 토끼-오리 그림을 보고, 토끼와 오리로 동시에 지각할 수 없으며 배타적으로 토끼의 양상으로 지각하거나 오리의 양상으로 지각하게 되는 것을 말한다.

10 역자 주: 비트겐슈타인이 말하고 있는 내용을 그대로 인용하면 다음과 같다. '당신은 여기서 무엇을 보는가?' 라고 (나에게) 묻는 질문에 대해 나는 '나는 지금 그것을 그림-토끼로 보고 있다' 라고 말하는 것으로 대답하지 않았을 것이다. 나는 단지 나의 지각을 기술하였을 것이다. 즉 마치 '나는 저기에 하나의 붉은 원을 본다' 라고 말하였던 것처럼 말이다. — / 그럼에도 불구하고 다른 어떤 사람이 나에 대해서 다음과 같이 말할 수도 있을 것이다. '그는 그 그림을 그림-토끼로 보고 있다' 라고. / 내가 '나는 지금 그것을 …… 으로(as …) 보고 있다(see)'고 말하는 것은, 나이프와 포크를 보고 '지금 나는 이것을 나이프와 포크로(as) 보고 있다(see)'고 말하는 것과 마찬가지로 말이 되지 않는다. 이 표현은 이해되지 못할 것이다. — 마치 다음과 같은 표현들처럼 말이다. '이제 그것은 (나에게) 포크이다.' 혹은 '그것은 또한 (나에게) 포크가 될 수 있다.' / 사람은 식사 시간에 나이프와 포크와 같은 날붙이류(cutlery)로 알고 있는(know) 것을 날붙이류라고 생각하지 않는다. 이는 마치 사람이 음식을 먹기 위해 입을 움직이려고 (의식적으로) 노력하지 않으며 혹은 입을 움직이는 것을 목적하고 있지 않은 것과 같다.

크와 같은 대상을 보는 것에는 수반되지 않는다.

비트겐슈타인은 연속적인 성향적(dispositional) 태도(어떤 것을 X라고 간주하는 것)를 하나의 양상(관점)을 갑작스럽게 우연적으로 '깨닫는 것(lighting-up)' 이거나 혹은 양상(관점)을 인지하는 것으로부터 구별하는 것을 강조하고 있다(같은 책, p. 194). 후자의 경우에, 유사성을 인지하게 될 때, 하나의 변화가 사람의 지각적 경험에 나타난다. 비트겐슈타인은 이러한 두 번째 의미에서의 '보는 것(seeing)' 이 정보를 추출하는 것(picking up information)에 관한 문제라고 하는 사실을 구체적으로 부정한다(같은 책, p. 197).[11] 물론 두 번째 의미의 '보는 것' 은 우리가 과학의 경우에 보통 관심을 가지고 있는 것이다. 그러나 쿤은 정보 추출이 **전제하고** 있는 과학적 관찰의 측면(양상)에 주의를 돌리려고 시도하고 있다고 나는 생각한다.

지각적 전환들에 관한 SSR의 논의를 비트겐슈타인의 논평들의 입장에서 고찰해 보자. VI절로 되돌아가면 쿤은 브루너와 포스트먼의 실험에 관하여 "실험의 대상자들은 자신들이 확인하였던 내용으로부터 어떤 색다른 이상한 것(카드)을 보았었다(seen)는 사실을, 일반 사람이 말하고 싶어 하지 않는다"고 주장하였다(p. 63). 그는 왜 그런가에 대해서는 말하지 않았으나, 그의 주장은 만약 사람이 용어 'see' 에 관한 비트겐슈타인의 **두 번째** 의미로 사용하고 있는 경우에 오직 타당할 뿐이다. 만약 어떤 사람이 진지하게 "나는 이 두 얼굴들 간의 유사성을 본다"라고 말

---

11 그는 '⋯⋯으로 보는(아는) 것(seeing as)' 을 'Wahrnemung' 의 부분이라는 것을 부정한다. 여기서 나타난 용어 'Wahrnemung' 은 아마도 (앤스콤(Anscombe)의 번역이 가지고 있는) '지각(perception)' 이라는 의미보다는 '정보 추출(information pick-up)' 로 번역하는 것이 더 좋은 것 같다. 나는 이러한 관찰에 관하여 나의 동료 슈뢰더(Severin Schroeder)에게 감사를 드린다.

한다면 말한 사람을 제외한 아무도 이 말을 실제로 **고칠** 수가 없을 것이다. 그것은 경험적으로 반증 불가능하다. 이러한 이유는 비트겐슈타인에 따르면 그러한 발언이 **고백**이며, 보인 것에 관한 **기술**이기보다는 (경험과) 동시적으로 보이는 자연적 반응이기 때문이다. 그러면 질문은 다음과 같다. 과학적 관찰의 과정에서 만들어진 발언들의 경우에 과학자들은 자신들이 지각한 것을 기술하기보다는 **고백하는 것**으로 간주되어야만 하는가? 과학적 관찰-언명들은 그래서 의심할 여지가 없는 확실한 것으로 간주될 수 있는가? 아마도 쿤은 그렇다고 제안하고 있는데, **이러한** 과학자들은('원시 부족' 의 구성원들처럼) 자신들이 '보았던' 것이 거기에 실제로 존재하지 않았다는 것을 인지하는 상태에 있을 수 없을 것이라는 제한된 의미에서 그렇다는 것이다. 특별히 상황의 어떠한 특성들이 **유사한**가에 관한 과학자들의 기본적인 직관은 경험적으로 반증될 수 없으며, 그래서 분명하게 경험적이지 않다.[12] 사실이 그렇다고 할 수 있는 한에 있어 이들이 **과학활동을 하는 방식**과 이들의 **자연적인 반응**은 고정될 것이다. 이러한 결과로서 이들은 (적어도 그렇게 고정되어 있는 그 당시에는) 지금 문제가 되는 게슈탈트-전환을 경험할 수가 없다.

지금까지 사람들이 쿤의 견해에 동의한다 할지라도 몇 가지 중요한 조건들이 들어와야만 한다. 첫 번째로 **모든** 과학자들이 이러한 입장에 있지 않다는 사실은 쿤 자신의 경우에 중요하다. 변할 수 있는 지각들을 가진 **몇몇 사람**(혁명적이었다고 나중에 판명되는 연구를 한 사람)이 존재해야만 한다. (이들의 지각들이 **반대 방향으로 될 수 있어서** 사유에서 하나의 패러다임에서 다른 패러다임으로, 그리고 다시 이와 반대의 방

향으로 이동할 수 있다는 사실은, 쿤은 **다르게 보겠지만**, 중요할지 모른다.[13]) 이러한 사실은 'see'의 두 번째 의미에만 **배타적으로** 의존하여 상황을 기술하는 어떤 방식에 대해서 하나의 문제[14]를 만든다. 두 번째로 'see'의 첫 번째 의미를 이용할 수 있다는 것은, 교정이 불가능한 문제의 과학자들에 대해서, 잘못을 범하였던 것으로, 즉 이들이 보았다고 생각한 것을 실제로는 이들이 보지 못하였던 것으로 일반 사람이 매우 적법하게 기술**할 수 있다**는 것을 의미한다. 쿤은 비트겐슈타인이 주목하도록 만들었던 의미이고, 사람들이 보고 있다고 자신들이 **생각하고 있는** 것만 모두 (대략적으로) 본다(안다)고 하는 'see'의 두 번째 의미에 올바르게 주목하였다.[15] 그러나 쿤은 때때로 또한 **다른** 의미도 있다는 것을 잊어버리는 것처럼 보인다. 이 의미는 보다 일상적으로 사용되는 의미로서, 동사 'to see'가 **목적성취**-동사(success-verb)[16]이기 때문에 그곳에 보이는 것만을 사람이 볼 수 있다고 할 때의 의미이다. **쿤의 경우와는 다르게** 브루너와 포스트먼의 실험 대상자들이 (예를 들어) 빨강색의 스페이드 4가 그곳에 보일(나타날) 수가 없었다는 **단지 그 이유만으로** 자신들은 빨강색의 스페이드 4를 **보았던 것으로 오직 생각만 할** 뿐이라고 주장한다고

---

13   역자 주: 이 사실은, 실제로 과학이 기존의 패러다임을 벗어나 새로운 패러다임으로 발전하고 있다는 과학사의 사실들을 설명할 수 있는 여지를 만들기 때문에 중요하다.
14   역자 주: 쿤에 따르면 해석을 의미하는 'see' 두 번째 의미에서는 하나의 패러다임을 전제하고 있다. 그러나 기존의 패러다임에 의존하지 않고 기존의 패러다임과 다르게 사물을 인식하고 해석할 수 있다는 주장은, 패러다임에만 의존해서 사물을 보고 해석한다는 입장에 대해 문제를 제기할 수 있다.
15   이 용어가 또한 때때로 '인용부호'의 방식으로 사용되고 있을지라도 주목하였다. 예를 들어, 사람이 '보고 있는(see)' 것(예를 들어, 핑크색 코끼리)이 그곳에 보이지 않는다는 것은 명확하다고 하는 경우에서처럼이다.
16   역자 주: 이 동사는, 동사의 목적절로 나오는 종속절이 반드시 사실이어야 의미가 통하게 되는 동사로서 서실적 동사이다.

해서 잘못된 것은 아니다. (사실 브루너와 포스트먼 자신들은 실험 대상
자들이 보았거나 보았다고 생각한 것을 말하도록 신경을 썼다(예를 들
어, p. 210).)

브루너와 포스트먼의 실험에 대한 자신의 판단에서 쿤도 또한, 보인
(나타난) 것은 현존해야만 한다는 사실을 함축하기 위해서, 동사 'see'
가 목적성취-동사로서 목적절의 내용을 사실이라고 전제하는 이 단어의
서실적(敍實的, factive) 양상(측면)을 이용하였다. 그러나 우리가 공유
하지 않는 패러다임이나 개념체계를 가지는 과학자들에 대해 말할 때
이러한 함축적 의미를 (이것이 그들이 **보았던** 내용이라고 주장함으로
써) 강화하는 것은, 우리가 존재한다고 믿지도 않는 것의 존재에 **우리가**
개입하도록 만들기 때문에 부적절할 것이다. 그러한 경우에 우리는 과
학자들은 (현재의 관점에서) 실제로 존재하지 않았던 것들을 이들이 보
았다고 생각하였다는 사실을 때때로 말할 필요가 있다.

물론 일반 사람들은 해당 실험 대상자들이 통상적이지 않은 이상한
시험용 카드(예를 들어, 검은 색의 하트 4)를 스페이드 **4로** 보았다고 말
할 수도 있다. 그러나 이것은 **무엇으로서**(as) **본 것**이지 무엇을 본 것이
아니다. 전자의 경우는 후자의 경우의 서실적 특성(만약 어떤 사람이 X
를 보았다고 진실하게 말해질 수 있다면 X는 실제로 그들에게 시각적으
로 현존해야만 한다는 특성)을 보여 주지 않는다. 쿤은 자신이 '무엇으
로서 보는 것'에 대한 논제에 의존하고 **있지 않다**는 사실을 구체적으로
분명히 하고 있다. 그는 자신이 관심을 가지고 있는 패러다임-전이의 특
성(새로운 기본 원리들로 탐구 분야를 재구성하는 것)에 주목하였던 어
떤 사람(예를 들어 핸슨)이 그 특성을 게슈탈트에서의 변화들에 비유하
였다는 사실에 주목하고 있다. "처음에 한 마리의 새로 보였던 종이 위
의 표식들(marks)이, 이제는 한 마리의 영양(羚羊)으로 보인다. 혹은 그

반대로 될 수 있다"(p. 85). 그러나 그는, 과학자들이 '어떤 것을 이와 다른 어떤 것으로 보지 않고, 단순하게 그것을 보기' 때문에, **이러한 유사성의 비유가 오도하고 있다는 것을 발견하였다**(같은 책). 어떤 것을 산소로 보고 있는 것으로 과학자들을 기술하는 것은, 재빠르게 이루어지는 이들의 지각의 성격이나 혹은 이들이 그것을 공개적으로 발표하는 방식을 정당화하지 못한다고 쿤은 느낀 것처럼 보인다. 비트겐슈타인이 말하였듯이 " '당신은 여기서 무엇을 보는가?' 라고 묻는 질문에 대해, 나는 '지금 나는 그것을 그림-토끼로 보고 있다' 라고 말하는 것으로 대답하지 않았을 것이다. 나는 단지 나의 지각을 기술했었을 것이다. 즉 마치 '나는 저기에 붉은 원을 본다' 라고 말하였던 것처럼 말이다"(Wittgenstein 1958, pp. 194-5).

그렇지만 이러한 내용은, 쿤이 관심을 가지고 있는 것이 '양상-지각' 에 대해 비트겐슈타인이 의미한 내용과 다르다는 사실을 의미한다. 비트겐슈타인은 양상-본다(aspect-seeing)는 것이 **갑작스럽고 우연적이고 역방향으로 일어난다**고 주장한다. 쿤은 그가 관심을 가지고 있는 전향의 경험이 게슈탈트-전환보다는 더 점진적으로 이루어질지라도(p. 111) '비교적 갑작스럽게 일어난다' 는 것(pp. 122, 150)에 동의하고 있으나, 그러나 그 경험을 (관련된 과학자들의 경우에는) **보편적인 것**으로 다루고 있고 그것이 **역방향으로 일어날 수 없다**고 명시적으로 말한다(pp. 85, 111). 그럼에도 불구하고 그는 게슈탈트-전환이 '완전한 규모의 패러다임-전환' 에서 발생하는 것에 관한 '유용한 기본 원형(prototype)' (pp. 85, 111, 학문적 기반에서의 전환)이라고 언젠가 주장한 바가 있기 때문에 쿤은 두 종류들의 경우 간에 **비유** 이상의 어떤 것이 있다는 말을 하지 않는다. 질문은 다음과 같다. 비유는 **충분할 정도로** 있는가?

쿤이 말하고 있는 것은, **어떤 것을 단순히 X라고 간주하는 태도로서** 비트겐슈타인이 양상-지각으로부터 **구별한** 연속적인 성향적 태도와 더 비슷하다. 쿤은 아마도 (핸슨에 반대하는 그의 움직임에서 진행한 바대로) 이보다 더 나아가기를 원하고 있으며 과학자들이 단순하게 〔어떤 것을〕 산소라고 간주하지' 않는다고 말한다. (사람은 그가 다음과 같이 묻고 있는 것을 들을 수 있다. 이러한 '어떤 것'은 도대체 무엇이란 말인가?) 과학자들은 산소를 **본다**. 이러한 말은 만약에 사람이 이 말과 관련하여 'see'의 **두 번째** 의미를 사용할 수 있을 경우에만 오직 참이 될 것이다. 그러나 동사 'to see'는 ('유사성', '비슷함', 혹은 '양상'과 같은 매우 불명확한 '대상'보다는) '산소'와 같은 대상을 목적어로 취할 때는, 오직 이 용어의 **첫 번째** 의미가 실제로 뜻이 통하게 된다. 그 동사의 **그러한** 의미는 비록 서실적이지만 (해당 분야의 과학혁명의 결과로서) 그러한 종류의 어떤 것을 본다고 하는 어떠한 주장도 가능적으로 개정될 수 있다는 것을 의미하기 때문에 공개적으로 조사할 수 있게 되는 지각된 현상의 존재를 함축한다. 그리고 우리는 그러한 현상들이 보인다고 하는 취지의 어떠한 주장도 단순하게 인정할 수가 없다. 여기서 쿤은 비트겐슈타인이 관심을 이끌어 내었던 'see'의 두 가지 의미들의 양상(측면)을 **혼합하였던 것**처럼 보인다. 즉 만약에 어떤 사람이 'see'의 서실적 양상(측면)을 이용하고 있다면 그는 동시에 실험 대상자가 본 것은 다른 사람들이 보았다고 주장하는 내용이 아닐 수 있는 가능성을 배제할 수가 없다.

　요약하면 쿤은 자신이 비트겐슈타인을 따르고 있다고 생각했던 것 같다. 그러나 그가 다루는 내용은 오직 부분적으로만 비트겐슈타인의 내용과 일치한다. 가장 중요한 일치점은, 보여진 대상의 새로운 양상이 인지되었을 때 하나의 변화가 그 사람의 지각적 경험에 생겨난다는 것과 그리고 이러한 내용은 어떤 새로운 항목의 정보 습득으로 간주될 수 없다는 것이다. 두 번째 일치점은, 사람들이 'see'의 두 번째 의미로 사용할 경우에는 자신들이 본 것을 기술하기보다는 **고백하는 것**(avowing)으로 간주되어야만 한다는 것이다. 과학적 관찰-언명들은 그러므로 의심의 여지가 없이 확실하다. 다만 그 언명을 말하는 사람들이 '본(see)' 것은, 실제로 그곳에 존재하지 않는다는 것을 그 사람들이 인지하도록 만들어 주는, 순수하게 논증적인 어떠한 방식도 존재하지 않는다는 제한된 의미에서 그렇다. 이와 같이 부분적으로 하나의 패러다임을 구성하는 유사성에 관한 기본적인 직관은 경험에 의해 직접적으로 반증될 수 없다. 시각적인 착시와 같이 하나의 사물이 사람들로 하여금 그것이 다른 사물과 유사하다는 느낌을 직관적으로 가지도록 만든다는 사실은, 그러한 사물들이 그러한 방식으로 실제로 관련되지 않는다고 하는 어떠한 논증에도 불구하고 계속 유지될 수 있다. 세 번째로 쿤은 지각자들이 '무엇으로 보고 있음(seeing as)'과 '무엇으로 간주하고 있음(taking as)'과 같은 말투들을 사용하여 자신들의 지각들을 자연스럽게 고백하지 않는다는 점에서 비트겐슈타인과 일치하고 있다. 지각자들은 자신들이 지각한 내용을 그냥 기술할 뿐이다. 그러한 말투들을 사용한다는 것은 (비트겐슈타인의 경우에는) 사람의 지각내용이 변화하였다는 것을 암시하고 있고 혹은 (쿤의 경우에는) 지각자의 측면에서 어떤 망설임이 있다는 것을 암시하고 있다. 그리고 이러한 암시들은 관련된 경우들에서 정확한 것은 아니다.

　그러나 비트겐슈타인과 쿤의 **차이들은** 유사성들만큼이나 중요하다. 첫 번째로 쿤은 비트겐슈타인이 집중하고 있는 것과 똑같은 'see'의 사용들 중에서 몇몇을 강조하고 있을지라도, 그는 그 사용들이 그 단어의 각기 독립된 의미를 형성한다고 명시적으로 말하지 않는다. 비트겐슈타인이 그 단어의 통상적인 일상적 의미로서 취급하고 있는 그 단어의 **첫**

번째 의미를, 다루는 단 한 번의 유일한 때에도, 쿤은 그 의미가 '문제가 많다(questionable)'고 말을 꺼내면서도(p. 55) 그러나 정작 그 문제를 더 다루고 있지는 않다.

두 번째로 쿤은 자신이 관심을 가지고 있는 'see'의 사용들을, 'seeing as'의 현상과는 구체적으로 **분리시키고 있지만** 비트겐슈타인은 그 둘을 연결시키고 있다. 비트겐슈타인은 'seeing as'를 자신의 논의 주제의 한 부분으로 간주하고 있지만, 쿤은 과학자들의 지각적 경험을 이러한 구절로 기술하는 것이 올바르지 않다고 부정한다.[17]

세 번째로 비트겐슈타인이 갑작스럽게 '깨닫는 것(lighting-up)'이나 양상을 인지하는 것을 어떤 것을 X라고 간주하는 연속적인 성향적 태도로부터 **구별하지만**, 쿤은 이것들을 같은 것으로 동질화한다.

네 번째로 비트겐슈타인은 '양상을 인지함'이 오직 우연적으로만 발생하는 어떤 것이라고 분명히 하지만 쿤은 자신이 관심을 가지고 있는 그러한 종류의 본다는 것(seeing)이 (해당되는 과학자들의 그룹에 대해서) 보편적인 것이라고 간주하고 있다. 이와 관련하여 비트겐슈타인은 양상을 인지하는 것을 의지의 영향을 받는 것으로 간주하고 'seeing as'를 **해석**에 가까운 것으로 다루고 있지만, 쿤은 자신이 관심을 가지고 있는 양상-지각의 종류를, 관련된 과학자들에 대해서 의지의 영향을 받지 않고 전적으로 **자연스럽게** 이루어지는 것이며 과학자들이 고의적으로 결코 통제할 수 없는 것으로 간주한다. 그의 경우에 그것은 해석과 대조될 수 있다.

다섯 번째로 우리가 보았듯이 고전적인 게슈탈트-그림들에 대한 비트겐슈타인의 집중은 양상의 변화를 **갑작스럽고 전일적으로 이루어지고**

---

[17]   여기서 나는 Hoyningen-Huene(1993, p. 40)과 의견을 달리한다.

역방향으로도 가능한 것으로 간주하도록 인도하고 있다. 쿤은 자신이 염두에 두고 있는 과학적 전이는 갑작스럽게 이루어질지라도 게슈탈트-전환들보다는 '더 천천히 점차적으로' 이루어진다고 주장하며 역방향으로 진행하지 않는다고 부정하지만 **전일론적으로** 이루어진다는 생각은 계속 유지하고 있다.

　이러한 차이점은 쿤이 틀렸다는 사실까지 의미해야만 하는 것은 결코 아니다. 되풀이해서 말하지만 그는 비트겐슈타인이 말하는 것과는 어느 정도 다른 현상들에 대해서만 단순하게 말하고 있었을 수도 있다. 왜냐하면 그는 자신이 게슈탈트-전환들이라는 관념을 단순히 하나의 메타포나 '원형'으로서 사용하고 있다는 것을 분명히 하고 있기 때문이다. 그러나 쿤은 먼저 'see'에 관해서 그의 기술에 대응하는 의미가 있다는 것을 보여 주어야만 할 것이다. 이러한 일은 가능하지 않은 것처럼 보인다. 쿤이 원하는 모든 것을, 즉 "내가 X를 본다"와 같은 판단의 개정 불가능성과 만약에 어떤 사람이 X를 본다면 X는 실제로 현존해야만 한다는 사실을 함축하는 서실적 내용을 함께, 쿤에게 제공하게 되는, 이 동사의 하나의 단일한 의미가 존재하는 것처럼 보이지 않는다. 더 중요하게 그러한 의미가 존재한다 할지라도 이용 가능한 'see'의 **첫 번째** 의미는, 실험대상자들이나 과거의 과학자들이 자신들이 보았다고 생각한 것을 실제로는 보지 못했다고 주장하는 쿤의 반대자들이 **틀렸다**는 것을 쿤이 계속해서 주장할 수 없다는 것을 의미한다. 비트겐슈타인이 인정하였듯이, 내가, 하나의 그림을 그림-토끼로서(as) 보고(알고) 있는 것으로 **나 자신**을 기술하지 않았다 할지라도[18] 그럼에도 불구하고 '어떤 다

18　역자 주: 앞에서 비트겐슈타인은 이 경우에 해석이 개입한 'seeing as'가 아니라 그냥 지각 내용을 그대로 기술하여 그림으로써 그림-토끼를 보았다고 대답한다라고 말한다.

른 사람은 나에 관해서 다음과 같이 말할 수 있다'. "그는 그 그림을 그림-토끼로서 보고(알고) 있다"(Wittgenstein 1958, p. 195). 그러한 판단들을 하는 것은 **역사학자**의 짧은 논평의 부분이 아닐지도 모르지만, 그러나 그 사실은 그러한 판단들이 적법하게 내려질 수 없다는 것을 의미하지는 않는다.

게슈탈트-전환은 하나의 결론을 받아들이도록 우리들의 태도를 완화시킬 수 있는 메타포라고 전제될 수 있을 뿐이다. 그리고 쿤은 이 용어를 (그의 후기 활동에서 사실상 행했었던 것처럼) 생략할 수 있다. 그러나 받아들이도록 만들려는 그러한 결론, 즉 X절의 다른 중심 개념인 '세계-변화들'이라는 개념은, 마찬가지로 문제의 소지가 있으나 생략될 여지는 더 낮다.

쿤은, 과학혁명 동안에 과학자들은 '이들이 이전에 보았던 장소들에서 친숙한 기구들을 가지고 보게 될 때 이전과 다른 새로운 것들을 보게 된다'라고 말한다(p. 111). '이들이 오직 그러한 세계에만 의존해서 바라보고 연구하는 한에 있어', 이들은 **다른** 세계에 반응하고 있다(같은 책). 그리고 과학 역사학자들은(쿤이 역사서술혁명을 따라가는 사람으로서 의미하는 사람들) 세계 **자체**가 변화한다고 말하고 싶어 한다. 나중에 역사학자들이 처음에 말하고 '싶어 하는' 내용은 **의무적인 것**으로 변한다. 즉 우리는 어려움들이 있을지라도 "과학자들은 서로 다른 세계에서 연구하였다"와 같은 언명들을 이해하는 것을 의무적으로 학습해야만 한다는 이야기를 듣는다(p. 121).

쿤은 '세계'라는 용어를 어떻게 이해하고 있는가? 그는 우리에게, 패러다임-변화들은 과학자들로 하여금 **'자신들이 종사하고 있는 탐구의 세계**(*the world of their research-engagement*)'를 다르게 보도록 유발한다고 말한다(p. 111, 강조는 이 책의 저자가 첨부). 과학 연구생들은 **과학**

자의 세계'에 거주하게 된다(같은 책, 강조는 이 책의 저자가 첨부). 과
학자의 세계에 거주한다는 것은 과학자가 보는 것을 본다는 것과 과학
자가 반응하는 바대로 반응한다는 것을 의미한다. **이러한** 세계는 '한편
에서는 환경의 성격에 의해서 그리고 다른 한편에서는 과학(일반)의 성
격에 의해 단번에 확정되지' 않는다(p. 112). 이 세계는 환경과 **특정한**
정상과학의 전통이 **연대하여**(jointly) 결정한다. 그리고 과학자들이 이
전에 거주하였던 세계와 통약불가능하게 보이는 것은 (나중의) 〔**과학자
들의**〕 **탐구의 세계**'이다(같은 책, 강조는 이 책의 저자가 첨부). 예를 들
어, 천왕성의 공전궤도가 행성의 공전궤도라고 하는 제안이 받아들여졌
을 때, '**전문적인 천문학자의 세계**에서 별(항성)들의 수는 몇 개 더 줄어
들었고 행성이 하나 더 존재하게 되었다'(p. 115, 강조는 이 책의 저자
가 첨부).

　이러한 구절은 쿤이 '세계'라는 용어를, 쿤과 같은 시대의 다른 많은
철학자들이 세계에 대해 심어 주려고 원하였던 중대한 존재론적인 의미
를 가진 것으로 취하고 있지 않다는 것을 알려 주고 있다. 결국 만약에
과학 연구생이 '과학자의 세계'에 거주하게 된다면 과학자들이 아닌 사
람들은 과학자들과 똑같은 세계에 살지 못하게 된다는 어처구니없는 일
이 생긴다. 그래서 쿤은 '세계'를 '과학자들이 종사하고 있는 탐구의 세
계'라고 의미한다(마치 사람이 돼지 축산업자의 세계에 관해 말하는 것
처럼 말한다).[19] 아마도 그는 사물들이 다양하게 존재하는 하나의 세계
(a world)와 모든 것을 포괄하는 하나의 세계(the world)와 같은 개념들
이 철학자들에게 얼마나 크게 비중이 있는 논쟁을 불러일으키는지를 처

19　이 내용은 그의 로웰 강의들로부터 수집하였다. 이 강의에서 그는 '지각의(perceptu-
al)' 세계들과 먹고 마시고 하는 '행동의(behavioural)' 세계들에 관하여 말하고 있다.

음에는 깨닫지 못하였다. 철학자들이(모든 것을 포괄하는) '하나의 세계(the world)'를 의미하는 내용을 쿤은 보통 '환경' 혹은 '자연'이라고 부른다.[20]

쿤은 두 종류의 견해 중에서 어느 것을 선택할 것인가에 관해 망설였다고 나는 제안한다. 한편에는 소위 수정된 칸트적 그림이라고 말하는 것이다. 칸트는 물리학 학부 시절에 쿤이 읽었던 소수의 철학자들 중의 하나이다. 그리고 그에게 많은 영향을 미쳤다(RSS, p. 264). 그러나 어떠한 훌륭한 포스트 칸트주의자들이 한 것처럼 쿤은 변화가 없는 정적인 성격의 칸트의 범주들을 받아들일 수가 없었다. 그의 수정된 칸트적인 그림에 따르면 연속적으로 이어지는 패러다임들은 개념체계들(쿤이 말한 바대로 '개념적 안경'(같은 책, p. 221))처럼 기능한다. 이 구조를 통해서 세계는 서로 다른 과학자들의 그룹들에 의해 개념화된다(즉 경험되고, 지각되고 생각된다). 이후 몇 년 뒤에 쿤은 그의 견해들을 이러한 방식으로 명시적으로 고찰한다. 이 견해들을 '이동할 수 있는(moveable) 범주들을 가진' 칸트주의(같은 책, p. 264), 혹은 '포스트 다윈적 칸트주의'(같은 책, p. 104)라고 부른다. 이러한 견해에 따르면 하나의 실제 세계가 존재한다. 그리고 물론 그 세계는 우리가 그것을 재개념화한 결과로서 변화하지 않는다. 변화하는 것은 관여된 과학자들의 **탐구 세계들**이다. 쿤의 이러한 해석은, 변화하는 그러한 (과학자들의 탐구) 세계들을 '현상적 세계들(phenomenal worlds)'이라고 부르고 있는 회닝겐-휀(Paul Hoyningen-Huene)에 의해 매우 완벽하게 다듬어졌고 옹

---

20 그러나 패러다임이 과학뿐만 아니라 자연을 구성한다고 하는 선언(p. 110)은, 그리고 그가 때때로 '자연'과 '세계'를 동의어로 사용하는 것(p. 173)은, 쿤이 자신의 용어 사용의 충실성에 항상 유의하고 있지 않다는 것을 보여 준다.

호되었다(Hoyningen-Huene 1993, part II). 이러한 세계들은 하나의 패러다임의 개념적 장치, 특별히 패러다임의 유사성 관계들에 의해 구성되고 그러한 패러다임이 변하게 되면 변화하게 된다. 쿤의 저서에 대한 이러한 해석은, 과학자들이 작업하는 '하나의 세계(one world)' 라는 것이 존재하지 않는다고 하는 그가 비중 있게 자질 부여하였던 조건을 주문하는 것이 필요하지 않다는 것을 의미하게 되는 장점을 가진다. 그러나 물론 이러한 경우에, 그러한 해석은 동시에 변화하지 않는 세계, 즉 하나의 세계(the world)를, 이에 대해 어떤 것도 인식할 수 없는 어떤 것으로서, 말로 표현할 수 없는 **물자체**(Ding-an-sich)로 만들게 된다는 문제가 주요 문제로 나타나게 된다. 그래서 그 해석은 대부분의 포스트 칸트주의 철학자들이 사실상 거부하게 되는 내용을 계속 존속시키게 된다. 또 하나의 걱정은, 그것이 연속적으로 나타나는 과학공동체들이 변화하지 않는 안정된 어떤 것(세계 자체)에 관해 서로 다른 **해석들**을 개발하였다는 관념, 그리고 변화하지 않는 안정된 항목들이 주어진 해당 자료들일 경우에 쿤이 분명하게 벗어나기를 원하였던 관념에 너무 가까운 것처럼 보인다는 것이다.

　쿤은 이러한 칸트적인 견해에 대해서 때로는 그것을 논박하였다가 그 후 다시 집중하였고 결국 나중에는 다시 거부하면서 그의 생애 동안 내내 이 견해와 씨름하였다. 그 견해는 쿤이 말한 대부분의 내용을 확실히 정당하게 다루고 있다. 그러나 **물자체**로서의 세계의 표현불가능성에 관한 그러한 문제는 아직도 남아 있고 그래서 때때로 쿤이 이를 멀리하도록 만들었다. 그가 수정된 칸트주의를 논박하였을 때 그 이유는 엄밀히 말해 그러한 입장이 세계를 '원리적으로 인식될 수 없는 것으로' 만들었기 때문이었다(RSS, p. 207). SSR의 이 절 내에서조차도 세계를 **'가설적으로 확정된 자연'** (p. 118, 강조는 이 책의 저자 첨부)으로 그가 언급하고 있는 것도 확실히 그러한 개념(물자체)에 대한 어떤 회의주의를 확실하게 표현하고 있다. 그러므로 이러한 문제 때문에 이와 다른 가능한 해석들에 대해서는 관대한 마음으로 탐구할 가치가 있다.

고려할 만한 하나의 해석은 해킹의 해석이다. 이 해석에 따르면 쿤은 개별적인 사물들의 정신 독립적인 존재를 부정하는 것이 아니라, 우리가 과학의 대상들을 범주들로 **분류하는** 방식들이 우리들과 독립적으로 세계가 존재하는 방식에 대한 사실들을 반영하고 있다는 것을 부정하고 있다. 실제로 개별자들은 존재하지만(개별자들의 세계는 변화하지 않는다), 이론적으로 분류하는 범주로서의 **종들**은 실제로 존재하지 않는다. 이러한 견해에 따르면 '세계'가 변화할 때 일어나는 일은, 이론적인 종류들로 된 하나의 세계와 우리가 세계(의 어떤 부분)를 체계적으로 분류하는 하나의 방식이 다른 것으로 대체된다는 것이다. 해킹은 이러한 견해를 '혁명적 초월적 유명론(revolutionary transcendental nominalism)'이라고 부르고 있다(예를 들어 Hacking 1979, 그리고 Horwich 1993에서의 해킹의 논문을 참조). 그것이 '혁명적인' 이유는 (범주로서의) 종들이 **변화하기** 때문이고, '초월적인' 이유는 그것이 오직 **이론적** 종들만 고려하기 때문이며, '유명론인' 이유는 그 견해가 **그러한** 종들이 실제로 존재한다는 것을 부정하면서도 개별자들이 존재한다는 것을 허용하기 때문이다.

그렇지만 쿤은 개별적인 사물들이 정신-독립적으로 존재한다는 사실을 부정하고, 필요한 것은 '선재(先在)하고 있는(preexisting) 전체 개체들을 분할하면서 세계에 거주하게 되는 "종들(kinds)"의 개념'이라고 (Horwich 1993에서의 쿤의 논문) 주장하면서 해킹의 주장에 답변하였다. 이러한 답변은 관념론에 대한 우려를 다시 불러일으켰다. 또한 경험적이고 '경험-초월적인' 종들에 관한 해킹의 이야기와 관련하여 하나의 문제가 또한 존재할지도 모른다. 종들이 만나게 되는 이러한 종류의 대략적인 범위를 쿤이 인지하지 못하였었다고 암시하는 어떤 것도 쿤에게서 찾을 수는 없다. 그러나 해킹이 개괄하고 있는 견해는, 보다 더 문제가 많은 것으로서, 경험적인 종과 '초-경험적' 종 사이를 분명하게 자를 수 있는 단일한 **구분**을 요구하고 있는 것처럼 보인다. 단일한 그러한 확정된 구별이 존재할 수 있는 방식과, 또는 쿤의 반대자인 논리경험주의자들이 그와 유사한 구별들에 의존하고 있을 때 그러한 구별들에 대해서 쿤이 얼마나 냉담했었는지를 알게 될 때, 쿤의 관점에서 그러한 명확한 구별이 나올 수 있었던 방법을 아는 것은 매우 어렵다.

쿤의 우연적이지만 일시적인 **반**(反)-칸트적인 직관들은, 회닝겐-휀과 해킹의 해석들이 일으키는 그러한 종류의 문제들을 부담하지 않을 경우에 쿤이 말했을 내용을 보기 위해서는, 좀 더 멀리 떨어져서 바라볼 것을 제안하고 있다. 쿤이 유혹을 받았으나(그의 반-칸트적인 시기에) 그러나 그러한 유혹에 빠지지 않았던 매우 철저한 그림이 있다. 그 그림에 관한 설득력 있는 표현이, 윈치(Peter Winch)의 영향력이 있는 책『사회과학의 관념(*The Idea of a Social Science*)』에 나타난다. (이 책이 쿤에게 어떤 직접적인 영향을 미쳤는지에 대해서는 내가 말하고 있지는 않지만 쿤은 이 책을 잘 알고 있었던 것 같다.)

실재의 영역에 속하는 것에 관한 우리의 관념은 우리가 사용하는 언어 속에서 우리에게 주어진다. 우리가 가지고 있는 개념들은 우리가 세계에 대해 가지는 경험의 형식을 우리에게 정립한다. 우리가 세계에 대해 말할 때, '세계'라는 표현으로 우리가 사실적으로 의미하는 내용에 관해서 지금 우리가 말하고 있다는 당연한 사실을 우리가 스스로 상기하는 것은 가치가 있다. 즉 우리가 세계에 대해 생각할 때 의존하고 있는 개념들 밖으로 나갈 수가 없다. …… 세계란 그러한 개념들을 통해서 우리에게 표현된 것이다. 그렇다고 우리의 개념들이 변하지 않는다고 말하는 것은 아니다. 그러나 개념들이 변화하게 될 때 그러한 변화는 세계에 관한 우리의 개념도 또한 변화하였다는 것을 의미한다. (Winch 1958, p. 15)[21]

만약 이 말이 올바르다면 쿤의 '세계-변화들' 논제도 사물들을 표현하는 올바른 방식이 아니다. 그것은 세계가 재개념화의 결과로서 변화하였던 것이 **아니다.** 결국 **우리가** '세계' 라는 말에 의해 의미할 수 있는 유일한 것은 세계의 본성에 관한 현재의 최선의 설명(현재의 과학적 설명)에 의해 주어지기 때문에 세계는 개념적 변화의 결과로서 변화할 수 있는 그러한 **종류**의 것이 아니다. **우리가 이제는 사물들로 간주하고 있는** 항성, 행성, 화학원소, 유기체 등으로 이루어진 세계는 어떠한 '실재론자'도 항상 생각할 수 있는 견고한 세계이다! 그것은 단순히 '현상적인' 것이 아니라 당연히 **유일하게 하나밖에 없는** 세계이다. 쿤은 그 세계가 '하나의 세계(the world)' 라는 말이 의미하는 것으로 생각하고 싶어 했을 것이라고 나는 제안한다. 그러나 그렇게 하지 않았다. 이 견해를 설명하는 올바른 방식은, 세계라는 것은 **우리가** '하나의 세계(the world)' 라는 단어에 의해서 **의미하는** 것이라고 말하는(윈치가 말하는 것처럼) 것이다. 그의 '세계-변화들' 논제가 모호할지라도 쿤이 그 논제에 의해

21 윈치는 이 내용을, 비트겐슈타인의 『철학탐구들』에서 쿤이 많은 영향을 받았던 절의 내용과 똑같이 연결하고 있다. 그러나 또한 이 내용이, 세계는 나의 세계이다라고 말하면서 유아론(solipsism)에 대해 논평하고 있는 『논리-철학 논고(*Tractatus Logico-Philosophicus*)』 (Wittgenstein 1961, 명제 5.62)의 내용과 연결된다는 것은 확실하다. 그리고 이 내용은 '유아론은, 그 의미가 엄밀하게 끝까지 가게 되면, 순수한 실재론과 일치한다' (명제 5.64)라는 관념과도 연결되어 있다.

의미하는 내용은 아마도 패러다임-변화의 결과로서 '하나의 세계'라는
용어가 의미하는 내용도 변화하였다는 것이다. 즉 고대 사람들은 '하나
의 세계'라는 말에 대해서 우리와는 다른 어떤 것을 의미하였다. 이들은
세계에 대해 우리와 다른 **개념**을 가지고 있었다. 이러한 사실은 실제로
세계가 변화하였다는 사실이거나 혹은 '문화-의존적'이라는 사실을 의
미하지 **않는다**. 과학은 정신-독립적인 세계에 대해 더욱더 많은 내용을
우리에게 말하는 것으로 여전히 간주될 수 있다.

물론 이러한 종류의 견해는 '개념적 상대주의'[22]라는 이름으로 애링턴
(Robert Arrington)이 개발하였던 견해로서, 쿤이 원하지 않으려는 의미
와 그리고 그가 지속적으로 그 견해에 개입하지 않으려는 이유가 되는
것처럼 보이는 하나의 함축적 의미를 가지고 있다. 그 견해는 고대인들
이 인식론적으로 만족스럽게 세계와 접촉하지 않았다는 사실을 함축
하고 있다. (마치 고대인들은 오늘날 우리가 '도덕성'이라고 의미하는
내용으로서의 **도덕성**이 아니라 자신들 **나름대로의** 하나의 도덕성을 가지
고 있듯이, 이들은 여러 세계들 중에서 **자신들의** 세계를 가지고 있는 것
이지 현재와 연결되는 **하나의** 세계를 가지고 있지 못하다. 사람들은 이
러한 것들을 말할 때 **조심해야만** 한다.) 이러한 사실은, 과거 과학자들은
우리가 불충분한 것으로서 (올바르게) 간주할 수밖에 없는 개념체계 내
에서 연구 활동을 하였을지라도 단순하게 **시행착오를 범하거나** 잘못을 범
하고 있는 것은 아니라고 하는 쿤의 견해에 동의하는 것과 완전하게 양
립 가능하다. 시행착오나 잘못은 특정한 개념체계의 자원을 사용하여 주
장하는 사람이 범하게 되는 어떤 것이다. 반면에 여기서 문제가 되는 것
은 처음부터 **그러한** 자원들을 사용했는가이다.[23] 과거의 과학자들은 비

22　도덕에 관한 그의 책(Arrington 1989) 6장에 있다.

합리적으로 행동하는 것은 아니다. 즉 이들은 단지 **다르게** 행동했을 뿐이다. 그리고 이들의 패러다임이 결점을 가지고 있었던 것이다. 그럼에도 불구하고 내가 염두에 두고 있는 관점은, 해당되는 과거의 과학자들의 견해들에 대해서 일반적으로 이해되고 있는 '관용(tolerance)'의 의미를 허용하자는 것이 아니다. 현재의 우리의 세계가, 존재하는 **하나의** 세계(the world)가 되는 것이지 그 밖의 다른 것은 될 수 없다.

말해야만 내용은 아마도 다음과 같을 것이다. 과거의 과학자들은 말하자면 **존재하지 않는 것**(nothing)과 접촉했던 것은 아니다. 이들은 자신들이 '세계(the world)'라고 의미한 것과 접촉하였다. (아마도 그때 이들은 자신들의 세계와 접촉하였다고 말할 수도 있겠다.) 그러나 이들은 해결될 수 없는 다양한 문제들을 배출하는 개념체계들을 사용하였고 참된 일반적 언명들의 개진을 허용하지 않았다. 그래서 우리는 그러한 것을 개진하도록 우리에게 허용하게 되는 이론들을 과학에서 목표로 하기 때문에 우리는 그러한 옛날 체계들을 사용하는 것을 더 이상 원하지 않는다. 비록 그러한 옛날 개념체계들을 사용하더라도, 고대 사람들은 해당 대상들에 적용되는 것들이나 많은 참된 것들을 그럭저럭 많이 이야기하였다. 비록 그러한 대상들은 우리가 '세계(the world)'라고 의미하는 내용에 더 보태 주는 것은 없을지라도 말이다.

이러한 관점은, 쿤이 주의를 돌렸던 인식론적 위기들(보다 대규모의 과학혁명들)이 우리의 역사 서술에서 비합리적일 정도로 총체적인 변화를 수반하게 된다는 의구심으로부터 쿤을 구하려고 하는 맥킨타이어의

---

23 개념체계들은 도구세트들과 같은 것이며 반면에 주장들은 그러한 도구세트들로부터 하나의 특정한 도구를 가지고 행해진 것들과 같다. 하나의 패러다임은, 그것이 개념체계를 수반하고 있기 때문에 쿤이 말한 바대로, 사실 '이론이 없을 때 당신이 사용하고 있는 것'이다(RSS, p. 300).

시도와 부합한다고 나는 생각한다.

> 갈릴레오와 같은 과학의 천재가 자신의 변환시기에서 성취한 것은 …… 자연을 이해하는 새로운 방식뿐만 아니라 또한 이 방식과 분리될 수 없는 자연을 이해하는 옛날 과학자의 방식을 이해하는 새로운 방식이다. 새로운 과학이 옛날 과학보다 더 충분하다고 간주되는 것은 바로, 옛날 과학의 불충분성이 오직 새로운 과학의 관점으로부터만 특성화할 수 있기 때문이다. 역사의 이야기의 연속성들이 재정립되는 것은 새로운 과학의 관점에서이다 (p. 467). [……] 몇몇 과학 이론들이 다른 이론들보다 우월한 이유에 관해 제시될 수 있는 가장 최선의 설명은, 역사적 진리를 주장할 수 있는 극적인 사건서술(narrative)을 이해될 수 있게 구성할 수 있는 가능성과 이 사건서술에서 그러한 이론들이 연속적으로 전개되는 일화들의 주제가 되는 가능성을 전제하고 있다. 우리가 또한 이론들을 합리적으로 비교할 수 있는 것은, 우리가 이러한 종류의 더 좋은 그리고 더 나쁜 역사들, 합리적으로 서로 비교될 수 있는 역사들을 구성할 수 있다는 바로 이러한 이유 때문이다. 물리학은 내가 옹호하면서 논증하였던 그러한 전통의 개념, 이해 가능성, 인식론적 위기를 떠오르게 하는 그와 같은 종류의 역사와 역사를 전제하고 있다. (MacIntyre 1977, pp. 467, 470)

이러한 대안적 그림에 대해 말해진 결론과 같은 마지막 말은 그것이 더 이상 칸트적인 것이 아니라 아마도 칸트의 후계자인 헤겔과 헤겔의 몇몇 추종자들의 순전한 견해에 더 비슷하다는 것이다.[24]

---

24 버드(Bird 2000, p. 130)는 또 하나의 유사성을 지적하고 있다. 즉 쿤의 과학의 발전에 관한 그림은, 헤겔의 '변증법적' 발전에 관한 관념과 비교될 수 있다.

만약 이 견해가 일종의 상대주의라면 그것은 **개념**에 대한 상대주의이
지 진리나 참된 사실들에 관한 상대주의가 아니다. 많은 주석가들이 생
각하듯이, 만약에 쿤이 진리에 대한 상대주의자가 되기 위해 실제로 이
러한 의미 이상의 것으로 진행하는 것을 의도하였다면, 나는 우리가 쿤
을 따르지 말아야만 한다고 생각한다. 과거 과학자들의 주장이 어떤 것
(**이들의** 패러다임이나 개념체계)에 따라 **상대적으로** 진리가 된다고 말하
고 싶어 하는 유혹은 방어하기가 어렵다고 나는 생각한다. 진리는 상대
적이지 않다. 왜냐하면 어떤 명제 'p'에 대해서 p가 참이 되는 것은 단
지 p가 사실이라는 것에 관한 문제이기 때문이다. 그리고 자연과학의
현상에 대해서 사실인 것(사실이라고 **간주되는** 것과는 반대되는 것으로
서)은 사람에 따라, 또는 패러다임에 따라, 혹은 개념체계에 따라 달라
질 수가 없다. 이것이 세계에 대해 어떻게 생각하는가에 호응하여 세계
(the world)가 변화하지 않는다고 말하는 것이 의미하는 내용이다. 상대
주의는 그러한 견해라고 통상적으로 간주되고 있으며, 상대주의에 대한
반대 주장의 대부분은 그러한 견해에 대한 반대로부터 나온다. 그러나
상대주의는 그러한 견해로부터만 꼭 그렇게 나오지는 않는다. 여기서
마음에 떠올릴 수 있는 개념체계들에 관한 다원주의(pluralism)는, 진리
에 대한 상대주의 입장이 아니기 때문에, 예를 들어 자기-논박에 근거하
여 이루어지는 통상적인 반대[25]는 피할 수가 있다.

애링톤(1989, p. 260)은 이러한 '개념적 상대주의'라는 용어를, 과학
적 개념들이 형이상학적으로, 실용주의적으로, 도구적으로 정당화될 수

---

[25]   역자 주: 자기-논박(self-refutation)에 근거한 반대는 진리 기준에 대한 상대주의를 향하고
있으며, 다원주의는 절대적인 하나의 진리의 존재를 비판하고 다양한 진리의 존재를 인정하고 있
기 때문에 그러한 반대를 피할 수가 있다.

없다는 사실을 의미하기 위하여 취하였다. 나는 이러한 애링턴의 의도에 대해서 사람들이 적법하게 동의하지 않을 것이라고 생각한다. 내가 나중에 8절에서 제시할 쿤 자신의 관점은, 패러다임과 그 패러다임을 구성하는 개념들이 **형이상학적으로** 정당화될 수 없다 해도 **실용적**이거나 도구주의적으로 정당화될 수 있다는 생각을 허용하고 있다. 개념들에 관한 다원주의나 상대주의는 과학이 진보한다는 생각(그리고 심지어 과학의 주장들이 참이거나-거짓 둘 중의 하나라고 하는 생각)과 완전하게 양립 가능하다.

쿤이 자신의 SSR에 대한 후기에서 세계-변화들에 관해 말하는 내용은, 자신이 관심을 가지고 있는 그 '세계들'이 사실상 '현상적 세계들'임을 암시하고 있다. 그는 사람들이 지각에서 받아들이는 공개적인 자극과, 서로 다른 '세계들'에서 그 사람들이 그 결과로서 가지게 되는 '감각들'을 대조하고 있다. 그리고 서로 다른 '세계들'에서 살고 있는 사람들이란, 똑같은 자극을 받았으나 서로 다른 '감각들'을 가지는 사람의 그룹들이라고 주장한다. (Hoyningen-Huene 2003, 2장은 이러한 '자극 존재론'의 경우에 생기는 심각한 문제들을 제기하고 있다.)

쿤의 후기의 이 절은, 통상적인 인식론적 '패러다임'에 관한 자신의 비판을 분명히 하면서, 해석과 지각에 관한 쿤의 구분을 또한 명확히 하고 있다. 우리가 이미 주목하였고 그가 말하였듯이, 해석은 '우리가 여러 대안들 가운데서 어떤 하나를 선택할 때 하게 되는 신중한 과정이지만 지각 자체에서는 그러한 선택을 하지 않는다'(p. 194). 해석에서 우리는 기준과 **규칙들을** 효율적으로 사용한다. 그러나 과학자가 되는 것은 똑같은 자극에 직면했을 때 똑같은 사물을 보도록 훈련받는 것인데 그러한 훈련과정과 기법은, 사물들을 인지하는 것이 자의적으로 이루어지지 않기 때문에, 규칙들을 학습하는 것을 수반하지 않는다. 사람들은 해

당되는 사물을 지각한 **후에**만 해석이나 분석과 같은 규칙지배적인 과정
에 참여할 수 있게 된다. 쿤이 설명하였듯이 해석은 '지각이 끝나는 곳
에서 시작한다'(p. 198).

>> 탐구문제

1. 게슈탈트-전환은 과학교육에서 패러다임-변화보다 더 적합한 메타포
   인가? 과학자가 아니라 과학역사학자들이, 쿤이 염두에 두고 있는 지
   각적 변화들을 증명할 수 있는 것은 왜 그러한가? 역전렌즈 안경의
   현상이 게슈탈트-전환들의 현상보다 과학의 지각적 변화에 더 좋은
   비유가 되는가?

2. 'to see'와 'to perceive'와 같은 동사들에 관해 서로 다른 어떠한 의
   미들이 존재하는가? 그러한 동사들에 관해 쿤의 요구에 부합하는 단
   일한 의미는 존재하는가?

3. 과학자들은 자신들이 지각한 내용을 기술하기보다는 고백하는가? 만
   약 그렇다면 이러한 사실은 사람들이 그들의 고백을 수용해야만 한다
   는 것을 의미하는가? (올바르게 만들어진) 과학적 관찰언명들이 의
   심할 여지없이 확실하다고 할 수 있는 의미는 존재하는가? 쿤은 see-
   ing보다는 seeing-as에 관심을 가졌어야만 하는가?

4. 설령 있다면 어떠한 종류의 '세계들'이 과학혁명들의 기간 동안에 변
   화하는가? 즉 현상적 세계들인가, 혹은 종들의 세계들인가, 혹은 세
   계 자체인가, 혹은 어떤 다른 종류의 세계들인가? 아니면 변화하는
   것은 단순히 우리가 '세계(the world)'라는 용어로 의미하는 내용에
   불과한 것인가? 만약 세계가 변화하지 않는다면 그리고 '자극'들도
   그러하다면 우리가 자료들이 변화할 수 있다고 생각해야만 하는 이유
   는 무엇인가? 세계는 인식될 수 없는가?

5. 설령 가능하다면 쿤을 하나의 상대주의자로 보는 것에 대해 어떻게
   생각하는가?
6. 보다 폭넓게 해석의 개념을 취하는 것이, 과학자들이 똑같은 자료들
   을 해석하면서도 다른 방식들로 해석한다고 하는 통상적인 이야기를
   성공적으로 적법하게 회복시킬 수 있는가? 해석은 지각과 대조되어
   만 하는가?

7절. 혁명의 불가시성과 해소

마지막으로 과학혁명들의 존재와 성격을 독자들에게 확신시켜 주기 위해, ⅪⅩ절은 과학혁명들이 일반적으로 인지되지 못하는 이유를 탐구한다. 이 절은 이러한 이유를 과학 교과서들의 성격으로까지 추적하고 있다. 그리고 나서 혁명의 이러한 불가시성이 왜 그러한 교과서들의 적법한 기능적 특성 때문에 생기게 되는가를 설명하고 있다. Ⅻ절은 "과학혁명은 어떻게 끝나게 되는가?"라는 질문을 던진다. 쿤은 확증이나 반증에 대해서 과학철학자들이 통상적으로 생각하는 역할과 비슷한 어떤 것을 맡고 있다는 사실을 부정하기 때문에 그는 그것들이 맡고 있는 역할이 무엇인지를 설명해야만 한다. 패러다임들은 이것만 따로 분리해서 검사되지는 않는다(그래서 확증되거나 반증되지도 않는다). 그러나 오직 위기가 퍼지기 시작하자마자 그리고 오직 패러다임 경쟁 과정의 중요 부분으로서 패러다임들은 검사된다.

쿤은 과학혁명들에 의해 영향을 받은 패러다임을 가진 사람들에게는 과학혁명들이 적어도 혁명적인 것으로 보인다는 사실을 이미 시인하였다(p. 93, 비교 p. 50). 그러나 이제 그는 과학혁명들이 왜 일어나는가뿐만 아니라 과학혁명들이 일어나지 않는다고 일반적으로 생각되고 있는 이유, 즉 이 혁명들이 왜 '불가시적'이었는가에 관해서도 설명하는 것이 자

신의 임무의 중요한 부분이라고 간주하였다. 그의 대답은 다음과 같다.

> 과학자들과 보통 사람들은 창조적인 과학활동에 관한 자신들의 상을, 과학
> 혁명들의 존재와 의미를 **체계적으로** — 부분적으로는 중요한 기능상의 이유
> 들 때문에 — **감추고 있는**, 권위 있는 출전(authoritative source)으로부터 취
> 하고 있다. (p. 136, 강조는 이 책의 저자가 첨부)

해당 출전은 과학 교과서와 함께 그러한 교과서들에 근거한 대중화와
철학적 작업이다. 이것들의 임무는 과학혁명을 구성하는 대변동을 기술
하는 것이 아니라 그러한 혁명의 **결과들**이나 주어진 주제에 관한 기존의
과학적 지혜를 기술하는 것이기 때문에, 그러한 교과서들은 이미 **기정사
실**로 만들어진 완결된 체계의 정상과학의 연구내용을 전달하려고 노력
하고 있다. (쿤은 ET에서 과학들이 사용하고 있고 사용하고 있지 않는
그러한 종류의 교과서들에 관해 유용하게 특정화한 내용을 제시하고 있
다. pp. 228-9.)

　과학 교과서들은 그 분야에서의 각 과학혁명의 영향 속에서 재서술되
어야만 하기 때문에, 교과서들은 자신들의 주제에 관한 역사를 묘사하
는 한에 있어 '그러한 결과들을 만들었던 혁명의 역할뿐만 아니라 그 존
재까지도 불가피하게 감추게 된다' (p. 137). 사실상 그러한 교과서들에
서 구체화된 역사서술(편찬)의 방향은, 쿤과 다른 사람들이 '휘그주의
역사서술(whig historiography)' [1]이라고 부르는 내용으로 거의 불가피

---

[1]　역자 주: 휘그주의 역사서술은 현재 중심의 낙관주의 역사서술을 말한다. 이 용어에 대해서 버
터필드는 그의 1931년 책 『근대과학의 기원』에서 '역사에 대한 휘그주의 해석'을 '현재의 관점에
서 과거를 연구하는 역사학의 입장'이라고 말한다. 이러한 역사서술과 해석의 입장은 과거의 역사

하게 전개된다. 이러한 역사서술은, 역사서술혁명 이전에 연구하였던
약간의 역사학자들(주로 정치단체들의 역사를 서술하는 사람들)이 흔히
취하고 있는, 과거를 보는 방식이다. 과학사에 적용될 때, 그러한 서술
은, 과학활동의 발전을 **진보적으로**뿐만 아니라 **누적적으로** 보이도록 만
들기 위해 그러한 역사를 재서술하는 것도 수반한다. 휘그주의 역사학
자들은 과거를 주로 현재와 관련지어 연구한다. 이들은 과학사를 우리
의 현재의 과학적 세계-그림을 향해 진보한 역사로 볼 뿐만 아니라, 현
재의 과학관들을 사전에 조성한(prefigure) 측면과 그렇지 못한 측면들
로 과거의 과학사를 분할한다. 이들은 전자의 측면을 지금 알려진 내용
을 예기한 것으로서 매우 중요하다고 간주하고, 후자의 측면을 불행한
일탈로 간주한다. 주로 전자의 측면을 선호하고 이에 초점을 맞추게 됨
으로써, 서술된 과학사는 현대 과학이 과거 과학자들의 통찰력에 어떻
게 의지하고 있으며 이러한 통찰력들을 어떻게 원활하게 확장시켰는가
에 관한 이야기로 결말을 짓게 된다.

　쿤은 정확히 말해 과학의 휘그주의 역사학자에 의해 둘러싸여 있지는
않았지만(그는 나중에 그 당시의 미국에서 그러한 전문적인 과학역사학
자들은 아마도 6명이 채 되지 않았다고 언급하였다), 그는 하버드대학
교의 주요 과학역사학자인 벨기에 출신의 사튼(George Sarton, 1884-
1956)을 그러한 휘그주의 역사학자로 간주하였다(RSS, pp. 275, 281-
2). 예를 들어 사튼은, 그의 1936년의 책『과학사 연구(The Study of the
History of Science)』에서, 1913년 이후부터 다양한 형식으로 발표하였다

란 현재를 향해 진보하는 과정이라고 해석하고 있는 낙관적 진보주의이다. 이러한 방식의 해석은,
역사의 인물들에 대해서, 그 당시의 상황을 도외시하고 현재의 관점에서만 선과 악으로 평가하는
등의 잘못을 범할 수 있다.

고 그가 말하고 있는 몇몇 관념들을 반복해서 등장시키고 있다.

> **정의**(Definition). 과학은 체계화된 실증적 지식이거나 다양한 시대에 그리
> 고 다양한 장소에서 그러한 것으로 간주되었던 것이다.
> **정리**(Theorem). 실증적 지식의 습득과 체계화는 진정 누적적이고 진보적으
> 로 이루어지는 유일한 인간의 활동들이다.
> **계**(Corollary). 과학사는 인류의 진보를 예증해 줄 수 있는 유일한 역사이다.
> 사실 진보는 과학의 분야에서 가장 명확하고 확실한 의미를 가지고 있다.
> (Sarton 1936, p. 5)

사튼은 결코 이 인용문에서처럼 가볍게 보아 넘길 수 있는 일차원적 인
물이 결코 아니다. 그러나 쿤은 가끔 행하는 그에 대한 언급에서 그를
그렇게 나타나도록 만들었다. 그럼에도 불구하고 쿤은 '사튼이 서술하
고 있지 않았던 것을 서술하는 일종의 과학사'가 있었다고 확신하였다
(RSS, p. 282).

휘그주의 역사서술이라고 그가 간주한 것을 변함없이 꾸준히 반대하
면서, 쿤은 성실하게 그의 스승인 코이레와 버터필드의 입장을 따라갔
다. 버터필드는 휘그주의(whiggism)에 관한 유명한 공격에 참여하였으
며(Butterfield 1931), 자신도 코이레에 의해 이미 많은 영향을 받은 과
학역사학자이다. 그러나 이들의 비판은 예리하지 못하였으며 그 대상을
분명히 하지 못하였다. 휘그주의 역사서술은 과학의 견해들을 현재의
관점에 의해서 이해하려고 노력하고, 과거이론들에 대해서 현재의 이론
들을 예기하는 것으로 나타나는 그러한 측면들에만 배타적으로 초점을
맞추고 있다는 점에서, 확실하게 잘못을 범하고 있다. 과거의 과학자들
을 (일반 역사와) 똑같은 노선들을 따라 영웅과 나쁜 사람으로 분류하려

는 경향에도 그와 똑같이 문제가 많다. 그리고 그것은, 실제로는 단지 오도하고 있는 비유에 불과한 것을 예기하고 있는 것으로 묘사할 수 있는 위험성도 내포하고 있다. 코이레와 쿤은, 역사학자란 모름지기 과거의 과학자들의 '두뇌 속으로 들어가서', 과거의 과학자들을 우리 시대보다는 그 당시 그들의 시대의 사람으로 보려고 하고, 과거의 과학을 나름대로 정합성과 온전함을 가진 것으로 해석하려고 노력해야만 한다고 주장한 점에서는 올바르다. 그러나 버터필드가, 역사가의 주요 임무는, 과거와 현재 사이의 **상이성**을 해명하고, 존재한다고 우리가 생각할 가능성이 있는 어떠한 비유들도 파기해 버리는 것이라고 주장하는 내용은, 휘그주의에 대한 지나친 과잉 반응인 것처럼 보인다. 그리고 휘그주의 역사서술은, 과거 이론들의 장점들을 평가하려고 노력하고 있고 또한 과학사가 진보의 이야기라고 제안하고 있다는 점에서 확실하게 잘못을 범하고 있지 않다. 쿤 자신은 우리가 보게 되겠지만 이러한 종류의 판단에 대해서는 동의하였다.

휘그주의 역사학자들은, 옛날 과학자들을, 현재의 과학이 관심을 가지고 있는 것과 똑같은 집단의 문제들을 똑같은 체계의 원리들에 따라 연구하였던 것으로 그리고 있다. 그래서 과학에 직접 종사하지 않는 사람들이 과학 교과서들로부터 자신들의 과학상을 주로 취하여, 과학의 발전을 축적의 과정으로 보는 것은 놀랄 만한 일이 아니다. 이러한 현상을 해석하는 가장 초창기의 그리고 가장 확실한 방식은 다음과 같은 친숙한 정치적 금언(maxim)을 예로 들어 말할 수 있을 것이다. "승자들이 역사책들을 집필한다." 몇몇 사회학자들은 쿤이 이러한 불평을 하고 있는 것으로 이해하였다. 그러나 쿤은 그 반대로 이러한 현상에 대해 우리가 놀라지 말아야 하며 그것을 과학의 객관성 자체에 대한 불명예로 간주해야만 한다고 주장하였다. 특별히 과학 교과서들의 어떠한 역사적 내용도 이러한 방식으로 표현되어야만 하는 **기능상의**(functional) 훌륭한 이유가 있다고 그는 주장한다. 과학들은 발전하게 됨에 따라 점차적으로 교과서에 의존한다. 그러한 교과서들의 기능은 **현재 통용되는** 패러다임을 가지고 포부를 가진 과학자들을 교육하는 것이기 때문에, 만약에 교과서들이 이러한 관점으로 치우치지 않고 심지어 이러한 관점으로 오도하지 않는다면, 과학교육은 정말 그 효과가 떨어질 것이다. 이러한 교과서들이 자신들의 영웅들의 연구 작업들을 무시하고 망각하고 혹은 적어도 재해석하는 중심적인 이유는 교과서가 사람들에게 **과학**을 가르치기 위해 존재하는 것이지 과학**史**를 가르치기 위해 존재하는 것이 아니기 때문이다. 과학은 **현재** 사물들을 예측하고, 이해하고, 조작하는 방법을 우리에게 가르쳐 주는 것을 목표하고 있다. 그러나 사물들을 다루는 우리의 방식들은 사물들에 관한 도구적인 성공에 의해서 개선되기 때문에, 과거에 그 사물들을 우리가 어떻게 다루었는가는, 만약 그 방식이 지금까지 우리가 가지고 있는 가장 최선의 방식이 아니라면, **새로운** 과학자들의 교육에서는 아무런 관심을 끌지 못한다.

이와 같은 교과서들이, 성숙한 과학의 발전 형태를 어떤 다른 창조적 활동 분야의 발전 형식과는 별도로 구별 지어 주는 하나의 지표(indicator)이다. 어떤 다른 종류의 지성의 분야도 이러한 종류의 교과서를 가지고 있지 않다. 다른 말로 하면 좋은 교수법의 실습이 나쁜 역사서술과 서로 협력하게 되는 것은 과학이 진정으로 **진보적**이기 때문이다.

역사 서술적으로 문제가 있는 이러한 상과 대조하여, 쿤은, 연속성들보다는 **변화들**을 과학의 발전에서의 기본적인 구성요소들로 묘사하는 자신의 이야기를 제시한다. 만약 이제까지 그가 말한 것이 올바르다면 과학혁명들이 연속적으로 새로운 경험적 발견들을 가져온다 해도 우리는 이미 그러한 혁명들 자체가 그러한 발견들에만 존재할 수 없다는 것

을 알고 있다. 현대 정상과학의 **퍼즐들, 문제들, 사실, 이론들**은 영원히
존재하는 것이 아니라 과학혁명 이후에만 실제로 존재하게 된다. 그러
한 혁명 동안에 과학자들이 묻게 되는 **질문들**은, 자신들이 허용할 수 있
다고 간주하는 그러한 종류들의 **대답들**과 함께, 교묘하게 재형성된다.
그러나 사람은 이러한 사실을, 과학자들이 말하는 것만을 단지 쳐다보
는 것만으로 **식별**할 수가 없다. 과학자들이 말하는 것은(보일이 '원소'
의 개념을 특성화하는 방식처럼²) 과학혁명을 지나서도(across) 변하지
않은 채로 남아 있을 것이다. 그러나 이것은 문제가 되지 않는다. 그러
한 정의들은 단지 '교육용 보조자료들(pedagogic aids)'에 불과하기 때
문에 과학의 내용을 거의 가지고 있지 않다. "그러한 정의들이 지시하는
과학 개념들은, 하나의 교과서나 다른 체계화된 표현 내에서, 다른 과학
개념들, 조작 절차, 패러다임 응용에 관련된 경우에만 완전한 의미를 가
지게 된다"(p. 142). (보일의) 원소의 개념과 같은 개념들은 주변 정황
을 **무시하고** 발명될 수 없다. 그러나 그러한 정황이 **주어진** 경우에는 개
념들이 사용될 수 있도록 이미 준비되어 있기 때문에 발명을 거의 필요
로 하지 않는다.³

---

2   역자 주: 오늘날 화학에서 원소 개념은 일반적인 화학적 방법을 통해 더 간단한 물질로 분해할
수 없는 물질로서, 모든 물질을 구성하는 기본물질이 된다. 이러한 개념의 기원은 보통 보일의 미
립자(corpuscle) 개념에서 찾고 있다. 보일은 1661년의 자신의 책 『회의적 화학자(The Sceptical
Chymist)』에서 아리스토텔레스의 4원소이론(흙·공기·불·물)과 파라켈수스가 제안한 3원리
(소금·황·수은)를 공격하면서 이것들보다 더 근본적인 미립자 이론을 제안했다. 그는 모든 자연
현상은 아리스토텔레스의 원소들과 성질에 의한 것이 아니라 미립자들의 운동과 조직에 의한 것으
로 설명하면서 아리스토텔레스의 4원소가 존재하지 않는다고 하여 원소의 존재를 비판적으로 검
토하고 있다. 오늘날의 원소 개념에 기반이 되는 원자 개념은 1803년 돌턴에 의해서, 분자 개념은
1811년 아보가드로에 의해서 나타났다. 그래서 보일의 원소 개념은 아리스토텔레스로도 소급될
수 있고 라부아지에를 통해 현대 과학에도 연결될 수 있는데 그러나 독자적으로는 과학의 내용을
가지고 있지 못하다.

XI절의 이러한 마지막 몇 페이지들은 쿤이 다양한 관념들(notions)
은 **개념형성(conception)에 의존하고 있다**는 생각을 시험하고 있다는 것
을 보여 준다. 이론들이 인간의 개념형성의 결과라는 생각에 대해서는
아무도 트집을 잡지 않을 것이라고 나는 생각한다. 퍼즐과 문제의 개념
들이 개념적이거나 지성적인 전환의 결과로서 존재하게 되고 존재하지
않게 된다는 관념을 별 문제가 없는 것으로 우리가 발견하기 위해서는,
이 개념들은 이 개념들 속에 붙박이로 내재해 있는 개념형성과의 충분
한 관계를 또한 가지고 있어야 한다. 그렇지만 사실의 관념의 경우에는
문제는 달라진다. 교과서들이 이론들로서 표현하는 것은 '"사실들에 적
합하다", 그렇지만 오직, 이전에도 접근 가능한 정보들이었지만, 앞서의
패러다임의 경우에는 존재하지 않았었던 사실들로 전환시킴으로써만'
그렇다(p. 141). 이렇게 말하는 것은 사실들을 창조된 것으로 간주하는
것을 수반하지 않는다. 왜냐하면 '앞서의 패러다임의 경우에는' 이라는
양화사 때문이다. 쿤은 그러한 앞서의 패러다임 내에 있는 과학자들이
그러한 사실들을 인지하지 못하였다는 사실만을 단지 의미하고 있다.
그러나 그는 계속해서, 이론들은 '모든 시대에 존재하는 사실들에 적합
하도록 단편적으로 진화하지 않는다' 고 말한다. 오히려 이론들은, 앞선
과학적 전통의 혁명적인 재형성으로부터 그러한 이론들이 적합하게 되
는 사실들과 함께 동시에 나타난다고 말한다(같은 책). **이러한** 내용을
중대하게 취하고 있다는 것은, 사실들에 대해서 과학혁명들**에 의해** 창조
된 결과로서 '존재하는(exist)' 그러한 종류의 것으로 생각하고 있음을
의미한다.[4] 이러한 경우에 사소하게 나타나는 문제는 사실들이 '존재한

---

3   역자 주: 이에 대한 부연설명으로서, 쿤은, 보일과 라부아지에가 '원소'의 화학적 의미를 중요
한 방식들로 변화시켰던 것이지, 관념(notion)이나 그 정의로 기여하고 있는 언어적 형식을 발명
하지 않았다고 주장한다(p. 142).

다(exist)' 보다는 '널리 인정받는다(obtain)' 라고 말하는 것이 더 적절
하다고 하는 것이다. 중대하게 나타나는 문제는, 사실들이 단순히 참된
언명들에 의해 전해진 내용에 불과하기 때문에 사실의 관념이 개념형성
에 의존하는 것으로 일단 간주되어 버리면 **진리**의 관념도 그렇게 된다는
것이다. 쿤은 그러기를 원하였을지 모르지만, 참된 것, 사실인 것, 사실
들, 그리고 **존재하는** 것들 모두가, 적당한 위치에 어떠한 패러다임이 있
는가에 의존하고 있다는 관념은, 세계 자체를 제거하게 되고 그래서 어
떠한 종류의 객관성도 제거하는 것처럼 보인다. 사람들은 휘그주의 역
사서술을 거부할 수 있어야만 하며 과학사를 그렇게 서술하지 않고서도
과학사를 표현할 수 있어야만 한다.

과학혁명들은 발생한다. 그러나 어떻게 과학자들에게 자신들의 옛날
패러다임으로부터 새로운 패러다임으로 전이를 하겠다는 마음이 생기
는가?[5] 쿤은 이러한 물음에 대해서, 새로운 패러다임이 **확증됨**으로써 도
입되거나 혹은 옛날 패러다임이 **반증됨**으로써 퇴출된다고 제안하면서
대답하였을 과학철학들을 비판하면서 XII절을 시작한다. 그는 이 철학
들이 이러한 식으로 전이 과정을 기술하는 내용이 실제적이지 않다는
것을 발견하였다. 그래서 이 절은 '과학적 탐구 이론에서, 우리의 통상

---

4 쿤이 이러한 내용을 중대하게 취하였다는 사실은 플렉의 책 『과학적 사실의 발생과 발달(*Genesis and Development of a Scientific Fact*)』의 제목에 대한 반응에서 분명하게 나타나고 있다. "이
러한 것(과학적 사실)들은 …… **발생**(Entstehung, origin)할지도 모른다. 그러나 **발달**
(Entwicklung, development)할 것이라고 생각할 수는 없다"(Rss, p. 283). 쿤이 말하고 있는 것
은, 그가 이미 사실들이 진정 **발달한다**는 생각을 이미 가져 보았기 때문에 플렉의 책 제목이 쿤의
관심을 끌었다는 것을 암시하고 있다.

5 패러다임을 변화시킴으로써 과학자들은 '과학과 세계를 다르게 보는 것을 배운다'(p. 144)라
고 제안하면서 쿤은 용어 '패러다임' 의 의미가 범례에서 학문적 기반으로 이동하였던 것처럼 보인
다. (범례들의 변화들은 너무나 자주 일어나기 때문에 '세계-변화들' 을 이룰 수가 없었다.)

적인 과학상에 의해 친숙하게 만들어진 확증이나 반증 절차를 아무튼 **대체해야**만 하는 과정을' (p. 8 강조는 첨부) 고찰한다.

소박한 반증주의에 대한 쿤의 비판은 그의 검증주의에 대한 비판보다도 더 날카롭다. 소박한 반증주의는 과학자들에 대해서 이들이 선호하는 이론을 관찰이나 경험에 위배하는가를 기계적으로 검사하고 있는 사람으로 간주한다. 반면에 논리경험주의 전통에 있는 검증주의자들(쿤이 예로 들은 사람은 네이글(Ernest Nagel)이다)은, 이론들을 이용 가능한 증거에 의해서 과학자들이 어떻게 비교하는가를 보여 주려고 노력하였다.

검증주의자에 대한 쿤의 반대는 이들이 과학자들을 부적절하게 **이상화**시켰다는 것이다. 즉 이들은 쿤이 그 존재를 부정하는 그러한 종류의 중립적인 관찰언어를 필요로 하고 있으며 과학자들이 이용 가능한 증거와 대조하여 오직 **이용 가능한** 패러다임들만 비교할 수 있을 뿐이라는 사실을 인지하지 못하였다는 것이다.

다른 한편 소박한 반증주의자는 (검증주의자보다도) 진실로부터 거리가 더 먼 입장이다. 쿤이 시인하듯이, 패러다임들이 검사를 받게 되지만 그러한 검사는 **정상**과학의 활동부분이 아니고 **항상** 하나의 경쟁시합으로서 실험이나 관찰의 결과들을 하나 이상의 패러다임들과 **대조**하는 것이다. 사실 우리가 이미 지적하였듯이 포퍼 자신은 소박한 반증주의가 아니기 때문에 이러한 사실을 처음부터 인지하였다. 그러나 쿤이 제기한 반대는 **오직** 소박한 반증주의만을 목표대상으로 삼은 것처럼 보인다. 그는 이론과 경험의 연결에 관한 **어떤** 실패만으로는 그 이론에 대한 거부를 옹호하는 근거가 될 수 없다는 사실을 지적한다. 즉 그러한 거부는 **모든** 이론들을 거부하는 것을 의미하는데 반증이 그러한 근거가 될 수 없다는 것이다. 그러나 또 한편으로 반증주의자들은 (이론과 경험이)

엄격하게 일치하지 못하는 것에 관한 어떤 기준을 필요로 한다. 만약 반증주의자가, 이론들이 경험에 잘 일치하는지를 알기 위하여 이론들을 서로 비교하는 것을 검사들이 수반하고 있다는 것을 인정한다면, (쿤의) 그러한 반대를 적용하는 것이 그렇게 쉽지가 않다. 그러면 반증주의자는 엄격하게 일치하지 못하는 것에 관한 기준이 아니라 두 이론들 중에서 어떤 것이 경험에 **더 잘** 일치하는가를 결정하는 어떤 방식을 단지 필요로 할 뿐이다. 그리고 쿤 자신도 이러한 필요성에 관한 문제들은 해결될 수 있다는 것을 인정하고 있다(p. 147).

　과학자들이 자신들의 패러다임들을 **어떻게** 바꾸는가라고 묻는 물음에 대해서 쿤이 제시하고 있는 최종적 답변의 일부는, 과학자들 중의 많은 사람들이 간단하게 바꾸지 않는다는 것이다. 이론적 혁신들이 통상적으로 **젊은** 과학자들에 의해 만들어진다는 자신의 견해와 일치하여 쿤은 '플랑크의 원리(Planck's Principle)'를 따르고 있다. 플랑크(Max Planck)의 제안은 옛날 패러다임의 지지자들이 자신들의 견해에 집착하고 있어 새로운 패러다임을 찬성하는 새롭고 보다 젊은 과학자들에 의해 대체되면서 점차적으로 사라지게 된다는 것이다(pp. 150-1).[6] 그래서 패러다임-변화는 개별 과학자들보다는 부분적으로 과학공동체에서 일어나는 특징이다.

　이러한 종류의 집착이 독단적임을 종종 패러다임 밖의 사람들도 지각할 수 있는데, 쿤은 이러한 집착을 과학적 탐구가 가지는 혁명적 특성의 필수적인 부분이라고 간주하고 있다. 하나의 패러다임에 집착하는 것은 정상과학이 가능하도록 만드는 것이고 정상과학은 혁명적 과학이 가능하도록 만드는 것이다. 이러한 집착에도 불구하고 과학의 변화는 일어

6　이러한 원리에 대한 중요한 도전에 대해서는 Hull, Tessner and Diamond 1978을 참조할 것.

나게 되는데, 어떻게 해서 일어나게 되는가? 하나의 예를 들면, 과학에 방금 참여하게 된 젊은 사람은 과학의 옛날 패러다임에 그렇게 강하게 집착하지 않는다는 점이 있다. 그러나 또한 개별 과학자가 옛날 패러다임 대신에 새로운 패러다임을 포용하게 될 때 과학의 **전향**이라는 중요한 현상이 존재하고 있다. 그러한 전향들이 일어나게 되는 이유는 무엇인가?

쿤은 그러한 이유들로서 다수가 존재한다고 주장한다. "개별 과학자들은 온갖 종류의 이유들[7] 때문에 하나의 새로운 패러다임을 포용하지만 통상적으로는 몇 가지 이유들 때문에 즉시 포용한다"(p. 152). 새로운 패러다임을 옹호하는 **논증들**이 확실히 결정적인 역할을 한다. 새로운 패러다임을 옹호하는 가장 탁월한 **주장**은, 보통은, 옛날 패러다임이 미해결의 문제로 남겨 놓았고 옛날 패러다임을 위기로 몰아넣었던 문제들 중의 몇몇을 그 패러다임이 해결한다는 내용이다. 그러한 주장은 만약 새로운 패러다임이 **수치적인 엄밀성**을 보여 준다면 성공할 가능성이 더 많아진다. 이러한 사실에 더하여 새로운 패러다임은, 만약 옛날 패러다임이 짐작조차 하지 못하였던 **새로운 현상들을** 분명하게 **예측**할 수 있다면, 실험실에 있는 옛날 과학자들로 하여금 그 패러다임을 중대하게 간주하는 것과 같은 일을 하도록 강요할 것이다. (이러한 종류의 예측은 포퍼의 반증주의에서 새로운 이론들에 대한 필수사항으로 된다.) 그러나 만약 새로운 패러다임이 옛날 현상들, 즉 그 현상들을 설명하는 이론이 나오기 이전에도 관찰되었던 현상들을, 예측하게 된다면, 그 패러다임은 또한 **옛날** 패러다임을 이기게 될 것이다.

---

7 역자 주: 이러한 이유들 중에는 과학적 연구에 근거한 이유뿐만 아니라 종교적 동기, 개인적 신념 등의 이유도 있다.

이러한 고려사항들은 매우 **객관적**이다. 즉 사람은 새로운 패러다임이 새롭고 친숙한 현상을 엄밀하게 예측하게 되는 결과를 만든다는 것을 인정하기 위해서 새로운 패러다임의 (주관적인) 사고방식까지 필수적으로 공유해야만 하는 것은 아니다. 그러나 쿤은 그러한 고려사항들을 비교적 피상적으로 다루고 있다. 첫째는, 실제로 통용되는 새로운 패러다임의 문제-풀이 능력이 결정적이지 않다. 즉 "만약에 하나의 패러다임 후보가, 오직 (다른 후보자들과 비교하여) 상대적인 문제-풀이 능력만을 검토하였던 완고한 사람에 의해서 처음부터 판별되어야만 한다면, 과학은 주요한 혁명들을 거의 경험하지 못하게 되었을 것이다"(p. 157). 특별히 패러다임들이 **통약불가능한** 경우들에서는, 어떠한 문제들을 해결하는 것이 더 중요한가에 관해서 그리고 어떠한 문제들을 해결하는 데에는 어떠한 패러다임이 더 좋은가에 관한 논증들은 다룰 수 없을 가능성이 많다. 다음에는, 상대적인 문제-풀이 능력에 관한 주장들은 과학자들이 자신들의 마음을 바꾸게 되는 **실제적인** 이유들을 확실하게 파악하지 못한다. 문제-풀이의 **가능성에 관한** 주장들은 설득적인 주장이 될 가능성이 많다.

이러한 경우는 또 다른 일단의 고려사항들이 개인의 전향들에서 역할을 맡고 있는 경우이다. 이러한 것들은 **적절한** 것 또는 **미학적인** 것에 관한 과학자의 의미에 호소하는 고려사항들이다(pp. 155 이하). 쿤은 **깔끔함**(neatness), **단순성**(simplicity), **적절성**(suitability)을 언급하고 있다. 그는 그러한 '유사-미학적(quasi-aesthetic)' 고려사항들이 소수의 중요한 과학자들의 전향의 초기 국면에서 보다 더 결정적인 역할을 할 가능성이 있다고 느꼈다. 왜냐하면 하나의 새로운 패러다임 후보에 집착하여 지지하는 사람들은 그 후보가 현재의 풀 수 있는 적은 수의 문제들보다 앞으로 더 많은 수의 문제들을 풀 수 있다는 것을 아직까지는 보여 주지 못하였을 것이기 때문이다. 그러나 이러한 (유사-미학적) 고려사항들은 이론-선택에 관한 결정적 장치, '문제해결절차와 방법(algo-rithm)'을 만들지는 못할 것이다. (쿤은 그러한 고려사항들을 문제-풀이 능력에 관한 고려사항들보다 덜 객관적이고 덜 명확한 것이라고 분명히 생각하고 있다.) 사실상 새로운 패러다임으로 전향한(또한 그러한 패러다임을 가능적으로 발명할 수 있는) 적은 수의 중요한 과학자들의 경우에, **이성**은 **신념**(faith)보다 더 중요하지 않다. 그 신념이란 새로운 패러다임은 과학자들이 기대하고 있는 문제-풀이 능력을 가지게 될 것이라는 내용의 신념이다.

　이것이 몇몇 주석가들로 하여금 과학이론의 선택을 결정하는 메커니즘을 신비한 요인들 위에 구축하고 있는 것으로 쿤을 해석하게 만드는 확실한 이유이다. 만약 패러다임 선택에 관한 논쟁들이 '실제로 상대적 문제-풀이 능력에 대한 것이 아니라'(p. 157) 단지 (유사-미학적인) 그러한 말들로 표현되었는가에 관한 것이라고 한다면 이제 물음은 과학을 하는 여러 가지 방식들 중의 어떤 하나를 과학자들이 '신념'에 근거하여 (p. 158) 어떻게 결정하는가에 관한 내용으로 된다. 쿤이 선택된 패러다임에서 신념을 옹호하는 기반은 '합리적일 필요가 없다'(같은 책)라고 말했을 때 불행하게도 이 말은 신념과 이성(존재하는 문제-풀이 능력에 관한 판단들) 간의 대조를 제안하고 있다. 그러나 그가 염두에 두고 있는 신념은 패러다임이 가지고 있는 미래의 문제-풀이 **가능성에 관한** 과학자들의 평가에 있다. 쿤은 과학자들이 그러한 가능성을 평가하는 방식들을 가지고 있으며, 그 방식들이 인간적이고 그에 관한 표현이 충분히 분명하지 않다 해도 신뢰할 수 있다고 분명하게 생각하고 있다. 패러다임-선택을 옹호하는 이러한 기반이 '합리적일 필요가 없다'라고 말하는 것은 그 선택이 **단순하게** 무모한 짓이라는 것을 의미하는 것이 아니라 규칙들의 형식으로 쉽게 제시될 수 없다는 것을 의미하는 것이다.

파이어아벤트와 그의 숭배자들은 과학혁명들이 쿤이 묘사하는 바대로 결정적일 필요가 없으며 옛날 패러다임들이 사실적으로 **소생될** 수 있다고 보았기 때문에 쿤의 주장에 반대하였다는 것은 놀랄 만한 것은 아니다. (예를 들어 Lakatos and Musgrave 1970에 있는 자신의 논문에서 파이어아벤트는 '고집의 원리(principle of tenacity)'를 사용하고 있는 것을 참조할 것, 또한 Fuller 2000에 있는 도입부와 Fuller 2003의 9장을 참조할 것) 만약 이론들이 실제로 **논박되지**(거짓으로 드러나지) 않는다면 다만 단지 비합리적으로 **압도당하고** 추월당한다고만 한다면, 이론들이 왜 복귀할 수 없어야만 하는가? 패러다임에 있는 과학자들이 자신들의 패러다임이 소멸하고 있는 시기에 그 패러다임을 괴롭혔던 문제들을 해결할 수 있는 어떠한 방식도 보지 못할지라도, 나중의 과학자들은 그 문제를 해결하게 되는 보다 더 좋은 위치에 있을 것이다. 쿤이 말하듯이 패러다임-경쟁이란 사회적 용어로 하면 하나의 결정 과정(decisive process)일 것이다. 그러나 만약 패러다임들이 반증되기보다는 자신들의 **현재의** 문제-풀이 방편들에 의해서만 단지 소진된다면, 패러다임들이 소생되어 다시 돌아올 수 없다는 것을 보장하는 어떤 것도 패러다임에 본질적으로 내재하지 않는다.

쿤이 **진리**의 개념에 의존하는 것을 꺼리고 있다는 것은 이러한 관점에서 불리한 것처럼 보일 것이다. 만약 하나의 이론이나 패러다임이 참이 될 수 있었던 그러한 종류의 것이라면 그러면 그것은 또한 거짓이 될 수 있음을 보여 줄 수 있는 그러한 종류의 것이 되어야만 한다. 그러나 만약 우리가 '패러다임'을 학문적 기반의 뜻으로 의미한다면 하나의 패러다임이 참이거나 거짓이 될 수 있다고 하는 전제는 별 의미가 없다. 하나의 패러다임이 문제들을 풀 수 있는 방편들은, 새로운 패러다임으로의 전이가 고려되기 이전에, 이미 **고갈되어** 있다는 것을 정상과학이 확실하게 해 준다는 것과 이러한 고갈에 관한 평가는 단지 일시적인 것이 아님을 쿤이 주장해야만 할 것이다.

>> 탐구문제

1. 과학자들 자신들은 과학혁명에 관련된 사람일지라도 그러한 혁명들을 지각하지 못한다는 것이 사실인가? 만약 그렇다면 왜 그러한가? 이러한 관점에서 보면 과학자들은 과학자가 아닌 사람들보다 상황이 더 나쁜 것은 아닌가?

2. 과학과 같은 지성의 분야들은 그 분야들이 수반하는 그러한 종류의 교과서들에 의해 특정화될 수 있는가? 만약 과학 교과서가 '휘그주의적이지' 않다면 개선되겠는가?

3. 과학적 개념들이 실제로 발명될 수 없다는 것은 사실인가? 자연현상들에 관한 사실들이 과학혁명들에 의해 창조될 수 있고 파괴될 수 있는 그러한 종류의 것들인가?

4. 퍼즐-풀이를 패러다임-검사로 간주하고 있는 점에서 잘못된 것은 무엇인가? 과학자의 패러다임들이 검사받지 않은 채로 있게 되는 시기는 왜 존재해야만 하는가? 만약 패러다임이 완전하다면 그리고 어떤 관점들에서 서로 비교될 수 있다면 과학자들은 왜 그것들을 관찰과 실험의 결과들과 대조할 수 없는가? 검증주의자들, 그리고 포퍼주의자들은 쿤의 비판들에 대해 어떻게 대응하는가?

5. 과학공동체의 대표적 특성들에 관한 쿤의 목록이 그러한 공동체들을 다른 종류의 모든 전문 직업 그룹들과 따로 분별할 수 있을 정도로 충분한가? 아니면 예를 들어 조직 범죄단의 패거리들도 그러한 특성들을 공유하고 있을 것이라고 불평하는 파이어아벤트가 올바른가?

6. 과학자들은 새로운 패러다임들의 **장래성**을 평가하는 합리적인 방식
   들을 가지고 있는 것인가? 패러다임-경쟁에서 '미학적' 요인들은 '주
   관적인 것'으로 간주되어야 하는가?

8절. 통약불가능성과 과학의 진보

패러다임-경쟁은 통약불가능성의 현상으로 인해 복잡해졌다. 이 현상은 경쟁하는
패러다임들이 서로 조화하지 못하는 방식이며 쿤이 패러다임의 구성 요소로 포함
시켰다. 그는 과학자들이 자신들의 패러다임들을 변화시키는 (제한된) 정도까지, 전
향하는 것과 유사한 방식으로 그렇게 자신들의 패러다임들을 변화시킨다고 결론
내린다. 쿤이 그의 책의 가장 확정되지 못한 내용으로 간주하였던 것처럼 보이는
XII절은, 이전에 기술되었듯이 과학혁명을 통한 발전의 개념이 과학이 진보를 한다
는 개념과 어떻게 양립 가능한가를 고찰한다. 정상과학은 비교적 별문제가 없이 진
보를 한다. 그러나 과학은 왜 혁명들을 통해서 진보해야만 하는가? 이 말은 "승자
들이 역사책들을 집필한다"라는 사실의 부산물에 불과한 것인가? 쿤은 그렇지 않
다고 생각한다. 그러나 그는 과학의 진보가 어디에 존재하는가에 관한 우리의 통상
적인 개념이 개정되어야만 한다고 주장한다.

『과학적 발견의 논리(*The Logic of Scientific Discovery*)』에서 포퍼는 다
음과 같은 내용을 지나가는 말로 언급하였다.

> 만약 어느 날 과학적 관찰자들이 기본 언명들에 대한 합의에 도달하는 것이
> 더 이상 가능하지 않다면 이것은 의사소통의 수단으로서의 언어의 실패로
> 결과하는 것이다. 그것은 새로운 '언어의 바벨탑 현상'으로 결과하는 것이
> 다. 과학적 발견은 불합리한 상태로 전락하지 않을 수 없다. 이러한 새로운
> 바벨탑 현상 속에서 과학의 원대한 체계는 곧 무너져 황폐하게 된다.

(Popper 1959, p. 104)

그러나 우리가 이제 보게 되듯이 쿤에 따르면 혁명의 기간들은 이러한 특성과 비슷한 어떤 것을 가지고 있다.

패러다임들 가운데서 어떤 하나를 선택하는 것은 **어렵다**. 왜냐하면 우리가 들었듯이 경쟁 패러다임들의 지지자들은 '항상 적어도 조금씩은 대조할 수 없는 어긋난 말들을 서로 하고 있기' 때문이다(p. 148). 이들이 그렇다는 것이 **통약불가능성**(incommensurability)의 문제이다. 쿤은 이 개념의 근원을 수학에까지 소급하여 명시적으로 규명하고 있다. 수학의 경우에 그 용어는, a/b의 비율에 의해 엄밀하게 표현될 수 없는 a와 b의 크기(예를 들어, 한 변의 길이가 1인 정사각형의 하나의 변과 대각선 사이의 비율)를 가지는 두 개의 정수들 사이의 관계를 지시한다. 그는 나중에 이것을 '메타포(metaphor)'라고 불렀다(RSS, p. 298).

과학철학에서 엄청나게 많은 논쟁의 초점이 되었음에도 불구하고 '통약불가능한(incommensurable)'과 '통약불가능성(incommensurability)'이라는 용어들은 SSR에서 8번만 나타나고 있으며 이 책의 후기에서는 3번 더 나타나고 있다. 이 용어를 미리 생각하게 만드는 맨 처음의 언급은 '세계를 보는 방식'에 적용되어 나타나고 있다. 혁명 전과 혁명 후의 정상과학적 전통에 사용되면서 두 번 더 나타난다(pp. 103, 148). '탐구 세계들'에 사용되면서 한 번 나타나고(p. 112), 표준들에 사용되면서 한 번(p. 149), 경쟁 패러다임들에 사용되면서 두 번(pp. 150, 157), 그리고 문제-해결들에 적용되면서 한 번 나타난다(p. 165). 후기에서 통약불가능성은 '관점들(viewpoints)'의 특성이라고 말하면서 두 번 말한다(pp. 175, 200). 그리고 이론들의 특성이라고 말하면서 한 번 말한다(p. 198). 여기서 중요한 내용은 아마도 SSR에서 쿤이 그

3장 『과학혁명의 구조』에 관한 해제(解題) │ 175

개념을 사용할 경우에 어떤 것도 범례에는 적용하지 않았다는 사실이다. 통약불가능성은 적어도 SSR에서는 학문적 기반과 이 기반이 산출하는 탐구 '세계들' 간의 관계를 말한다. 그러한 학문적 기반의 복잡성 때문에 쿤은 그 개념을 다음과 같은 요소들로 분석하여 다루고 있다.

(1) **문제들**(problems)의 통약불가능성(p. 148). 여기서의 관념은 하나의 패러다임이 문젯거리로 간주하는 것은 다른 패러다임에 의해서는 문젯거리로 간주되지 않아야만 한다는 것이다. 표준적인 논리경험주의자의 과학상과 포퍼주의자의 탐구프로그램은, 옛날의 이론은 이 이론의 문제들을 **모두** 해결하는 새로운 이론으로 환원되거나 대체되어야 한다고 요구하는 점에서 일치한다. 쿤은, 이러한 요구사항이, 이제는 우리가 '쿤-손실'(이 책의 5절 참조)이라고 부르는 것으로서 이러한 요구사항에 부합하지 않는 실제로 존재하는 중요한 역사적 사례들이 있기 때문에, 역사적 사실에 관한 문제로서, 충족되지 않는다고 우리에게 말한다.

쿤은 통약불가능성의 이러한 특성을, 또한 참여자들의 **표준들**이나 과학에 관한 **정의**에서의 차이로 기술한다(pp. 103, 148, 149). 그러나 실제로 이 내용에 관해서는 더 이상의 부연설명이 없다.

(2) **언어**와 **개념들**의 의미론적(semantic) 통약불가능성. 쿤은, "새로운 패러다임 내에서는 옛날 용어들, 개념들, 실험들이 서로 간의 새로운 관계로 들어간다. 이로부터 불가피하게 나타나는 결과는 그 용어가 전적으로 올바르지는 않을지라도 두 경쟁 학파들 간의 불화(misunderstanding)라고 부르는 것이다"(p. 149)라고 말한다. 이것이, 과학용어들의 의미들에서의 변화를 통하여 그러한 변화를 인식하게 되는 경우이다. 아인슈타인은 '공간'이라는 용어가 **의미하는 바**를 개정하였다. 이는 마치 코페르니쿠스가 '지구'와 '운동'이라는 용어가 의미하는 바를 개정하였던 것과 같다. 의미에서의 그러한 변화가 일어나지 않았다면, 그

러한 하나의 관점으로부터 다른 관점으로의 전이는 단지 **믿음**에서의 변화에 불과하였을 것이며, 옛날 관점에 집착하는 지지자들은 판단을 **잘못했다**는 것을 올바르게 깨달았을 것이다. 그러나 문제가 되는 용어들의 의미가 변화했다는 사실은, 비록 그런 지지자들의 관점을 결코 회복시키지 못할지라도, 그 지지자들이 **단지** 틀리지 않았다는 것을 의미한다.

회닝겐-휀(1993, p. 210)은, 의미-변화에 대한 해결이, 하나의 개념에 대해서 본질적인 속성들과 우연적 속성들에 관한 어떤 구분이 존재하고 있음에 의존하고 있다고 올바르게 지적하였다. **우연적** 속성이 아니라 **본질적** 속성에서의 변화는, 믿음에서의 단순한 변화와 반대되게, 의미에서의 변화로 결과하게 된다. 콰인의 영향을 받은 쿤은, 논리실증주의자들과 논리경험주의자들이 그렇게 강하게 의존하였던 분석/종합의 구분을 공개적으로 멀리하였다. 그러나 그는 여기서는 그러한 **어떤** 구분이 필요하였으며 나중에 그러한 필요성을 많이 인정하게 되었다(ET, p. 304, 각주 14).

(3) 통약불가능성의 세 번째의 그리고 마지막 측면은, 쿤이 가장 기본적인 것으로 간주하였던 것으로서 과학의 **세계들**의 통약불가능성이다(p. 150). (우리는 이 내용을 6절에서 다루었다.)

SSR의 여파 속에서 쿤은 특별히 철학자들이 통약불가능성의 개념을 심각하게 잘못 이해하고 있다는 것을 느끼게 되었다. 후기에서 논의되고 있는 그러한 잘못된 해석의 하나는, 통약불가능성을 해당 과학자들 간의 **의사소통**을 전적으로 방해하는 것으로 생각하는 것이다. (비판자들은 서로 다른 정상-과학의 전통에 있는 과학자들이 자신들의 분할 경계를 넘어서 의사소통하고 있는 많은 분량의 사례들을 제시할 수 있었다.) 또하나의 잘못된 해석은(아마도 가장 대중적인 것 같은데) 문제의 이 관계

가 그 관련되는 것들의 **비교**를 방해하는 것으로 생각하는 것이다. 통약
불가능성 논제에 관한 이러한 해석들은 과학이론의 선택을 기본적으로
비합리적인 것으로 만들기 때문에 틀려야만 했지만, 쿤은 틀리지 않다고
주장한다. 통약불가능성은 과학이론들에 관한 통상적 견해가 함축하듯
이 이론을 **하나하나** 비교하는 그러한 종류의 비교는 방해하지만 **전일론
적으로**(holistic) 이루어지는 비교는 방해하지 않는다.

　쿤은 이론 — 또는 패러다임 — 선택이 통약불가능성에 직면해서도
합리적으로 이루어질 수 있다고 제시한 것은 옳았다. 그는 철학의 다른
분야에서 비교적 최근에 만들어진 방책을 취하여 그렇게 제시하고 있
다. 과거의 과학철학자들은 합리성을 **규칙들**에 연결하였다. 이들은 하
나의 결정이 만약에 해당되는 요인들에 대한 하나의 일반 규칙과 관련
지어 그 결정을 정당화할 수 있다면 그리고 그러한 경우에만 합리적이
라고 간주한다. 쿤은 합리성을 **이유들**(reasons)과 관련지으며 이 때문에
규칙들보다는 **합당함**(being reasonable)에 합리성을 관련짓는다. 이렇게
하는 이유는, 부분적으로, 규칙에 대한 자신의 패러다임 우선성 논제와
일치시켜 쿤은 하나의 과학공동체에서 각 개별 과학자들이 의존할 수
있는 규칙들과 그리고 이론 — 또는 패러다임 — 선택의 각 경우에 명확
하고 분명한 결정을 만들어 내는 규칙들이 단지 존재하지 않는다고 그
가 생각하기 때문이다. 그럼에도 불구하고 쿤은 과학자들이 하나의 이
론이나 패러다임을 다른 것보다 더 선택하는 정당한 **이유들**이 존재한다
고 주장한다. 즉 각 경우에, 선택은 개별적 요인들과 관련지어 적절하게
정당화될 수 있으나 이론들이나 패러다임들 중에서 선택하는 방법에 관
한 어떤 **일반**규칙과 필수적으로 관련지어서는 정당화되지 않는다고 주
장한다. 나는 이러한 것이, 이론-선택에 관한 논쟁들은 증명의 형식으
로 된 어떠한 결정과정(알고리듬)이나 계산에 의해 결정될 수 없다고 말

할 때 그가 의미하는 내용이라고 생각한다. 그럼에도 불구하고 이유들이 이러한 논쟁들 내부에서 작용하고 있으며, 정확성, 단순성, 다산성과 같은 특성들과의 관련성을 수반한다. 이러한 특성들은, 여러 과학자들이 **똑같이** 언급한다 할지라도, 서로 다르게 적용되고 있다는 점에서, 규칙들로서보다는 '가치들(values)' (p. 199)로서 기능하고 있다.

최종적인 결정은 그러나 해당되는 개별 과학자들이 아니라 관련되는 **과학공동체**에 의해 이루어진다. 이러한 결정이, 과학 내에서 작용하고 있는 것이 틀림없는 일종의 **민주주의**로서 쿤이 기록하려고 찾고 있는 방식이다. 아무리 영향력이 있다 하더라도 한 사람의 과학자가 과학공동체를 통제할 수 없다. 한 사람의 과학자는 자신의 동료들에게 영향을 미칠 수 있을지 모르나 그러한 개별 동료들은 어떠한 이론에 동의해야 하는가에 대해서 자신들의 각자의 마음을 개별적으로 결정해야만 한다.

그러나 이론들이거나 패러다임들 중에서 어떤 하나를 결정하는 것이 과학공동체라고 보는 이러한 생각은, 맥그류(Tim McGrew)와 같은 몇몇 비판자들로 하여금 '과학공동체'의 여러 다른 의미들을 혼용하는 미끄럼 논증의 오류를 쿤이 범한다고 비난하게끔 인도하였다.

> 요점은, 과학자들이 과학의 유행하는 방식(fashion)으로 행위하고 있다고 우리가 확신하기 때문에 과학자를 신뢰하고 있다는 내용, 단지 이 내용뿐이다. 그리고 이 내용은, 자신들을 과학자라고 부르는 거대한 규모의 많은 사람들이 행하기로 결정한 내용으로서 정의되지 않는다. 이러한 가정이 우리의 기대에 부합하지 않는다는 사실 — 과학자들이 비과학적인 존재라는 사실(과학의 방식으로 행위하고 있지 않다는 사실) — 을 우리가 발견하게 될 때, 박식한 보통 사람조차도 (그러한 사실을) 적절하게 식별할 수 있다. 쿤이 용어 '과학 단체(scientific group)'를 사용하는 것은 이러한 두 가지 해석

들 가운데서 어느 것인지 완전히 애매하다. 즉 만약 우리가 그 용어를 단지 과학자라고 자임하고 있는 과학자들만을 단지 지시하는 것으로 간주한다면, 이에 관한 명백한 반응은 우리가 스스로 과학자라고 추천하고 있는 과학의 대변자들 중에서 식별해야만 한다는 것이다. 만약 우리가 그 용어를 참된 과학적인 사람들을 지시하는 것으로 간주한다면 그 용어는 쿤이 부정하려고 분명하게 노력하고 있는 내용을 전제하고 있다. 즉 참된 과학공동체를 그러한 공동체에 의존하지 않는 방식으로 독립적으로 확인하는 것이 가능하다는 내용을 전제하고 있다. (McGrew 1994, p. 4)

우리가 나중에 알게 되겠지만 나는 쿤에 대해 (맥그류식의) 이러한 반대가 가능하다고 생각하지 않는다. 왜냐하면 공동체의 구성원들이 자신들을 과학자들이라고 말하는가의 여부와 무관하게 우리가 과학공동체들을 확인할 수 있다는 것을 쿤이 부정하고 있다고 나는 생각하지 않기 때문이다. 쿤은, 하나의 공동체를 **과학**공동체로 명확하게 간주하고 있는 경우가 있는데, 그 경우는 그 공동체의 구성원들이, 자신들의 의사결정에서, 어떤 종류들의 고려사항에 대해서만 부응할 경우뿐이다.

이상과 같은 문제에도 불구하고 쿤의 통약불가능성의 관념에는 아직도 하나의 문제가 있다. 원래의 수학적 관념은, 정상과학의 전통들 사이보다는 **대상들**(즉 수들) 사이의 관계에 관한 수학적 관념이다. 그러나 표상과 개념들의 경우에는 **관련 대상자들**과는 별도인 차원이 존재한다. 즉 대상들은 공통적인 어떤 것, 공통적인 영역(common domain)에 관한 표상이거나 개념들이 되어야만 한다. (만약 이러한 조건이 충족되지 않는다면 통약불가능성의 주장은 **아무런 문제가 안 되는 것**으로 정리된다. 예를 들어 양자역학과 진화론적 생물학이 '통약불가능하다'는 주장은 전혀 새로운 것이 되지 못한다. 왜냐하면 이것들은 어떠한 주제도 공통적으로 가지고 있지 않기 때문이다.) 그러나 이러한 공통적인 목표대상이나 영역의 존재는 통약불가능성에 관한 주장 자체의 잘못됨을 드러내는 것처럼 보인다. 왜냐하면 그 존재는, 통약불가능한 것처럼 간주되었던 두 개의 표상들이 무엇에 관한 것인지를, 그리고 그 표상들이 어떤 것에 관한 개념화들인지를 확인할 수 있는 '중립적' 방식이 틀림없이 존재하고 있다고 암시하기 때문이다. 만약 이러한 암시가 올바르다면, 적어도 어떤 중립적인 '언어'가 존재하고 있는 것이며 역사학자들이 통약불가능성의 경우들에 그러한 언어를 발견할 수 없다고 하는 쿤의 주장은 실질적 의미가 없는 피상적인 것이고 자기-논박적이다.[1]

쿤은 공통적인 목표대상이나 영역을 특정화하는 용어들이 '중립적'일 필요가 **없다**고 대응하겠는가? 과학의 분야들이 역사에 따라 변화하는 방식에 대해 그가 말하는 것은 그렇게 제안할 것이다(예를 들어 RSS, pp. 290, 295). 공통적 영역에 관한 **우리의** 특정화는 우리가 확인한 공통적인 것에 불과한 것으로서, 옛날 과학자들이 공유하지도 않았거나 공유할 수 없는 그러한 것일 수 있는가? 여기서 문제는, 만약 우리가 공통적인 영역을 확인하는 방식이 단지 그렇게 확인하는 **우리의** 방식에 불과하다면, 우리는 우리의 이론과 옛날 사람들의 이론 사이의 중립성에 관하여 쿤의 표준을 충족시키지 못하는 것처럼 보인다. 우리는 이미 어떤 입장을 취하고 있는 것처럼 보이는데, 이는 쿤 종류의 역사서술이 우

---

[1] 해킹(1983, p. 73)은 이 문제를 '경박한(shallow)' 것으로 간주하고 있는데 그 이유에 대해서는 말하고 있지 않다.
역자 주: 해킹은 이에 관해 다음과 같이 말하고 있다. "이론들이 똑같은 주제들에 관한 것이며 그래서 이론들을 서로 비교하는 것을 우리가 인정할 수 없다면 어떻게 그 이론들을 경쟁적이거나 또는 연속적이라고 말할 수 있는가? 의미-통약불가능성에 대해 이와 똑같이 경박한 다른 대응들도 있다. 하지만 심오한 대응도 있는데 이 중에서 가장 최선의 것이 데이비드슨(Donald Davidson)의 대응이다."

리가 하지 않도록 금하는 어떤 것[2]이다.

또 하나의 유혹을 느끼는(tempting) 대응은 **어떤** '중립적' 언어가 존재할지라도 두 개의 경쟁 패러다임들을 대조할 수 있는 하나의 기반을 형성할 정도로 충분하지 않다고 하는 것이다. 그러나 나는 이러한 대응이 논리실증주의자들의 관념들 중의 하나[3]가 미친 영향(power) 때문에 나타나게 된 경우가 아닌지 생각한다. 특별히 초기 논리실증주의자들은 (특별히 리로이(Edouard LeRoy)와 아이두키에비치(Kasimierz Ajdukie-wicz)와 같은 푸앵카레의 '규약주의(conventionalism)' 추종자들 때문에) 통약불가능성 논제의 초창기 견해에 직면하였다. 이 논제에 반대하여 논리실증주의자들은, '물리적 대상들의 어떤 언어'가 과학의 상호주관적인(intersubjective) 언어를 구성한다고 하는, 자신들의 '물리주의(physicalism)' 논제를 제안하였다. 해당되는 '언어'는, 우리 모두가 말하는 일상 언어에 부속하는 정련된(refined) 언어로서 물리적 대상들과 현상들이 기본적인 시공간적 원초적 기술어들에 의해 추려질 수 있게 해 주는 언어이다. 행성들이 어떠한 천체들인가에 대해 일치하지 않는 과학자들은, 예를 들어, 밤하늘에 어떠한 발광점들이 여러 시간대에 관찰될 수 있어야만 하는가에 관해서는 적어도 일치할 수 있다. 이러한 종류의 언어가 '통일과학'의 언어라고 말하는 가운데 실증주의자들이 의미하는 한 가지는, 그 언어가 서로 다른 과학이론들이 공통적 기준에 의해 측정될 수 있는 하나의 기반이 되었거나 될 수 있다는 것이다.

SSR에서 고안된 모든 개념들 중에서, 통약불가능성은 그다음 해부터 계속해서 가장 많이 연구했던 개념이었다. 그는 통약불가능성에 관한

---

2 역자 주: 쿤이 금하는 역사서술은 현재의 관점에서 서술하는 휘그주의 역사서술이다.

3 역자 주: 이론 중립적인 관찰용어가 있다는 관념이다.

표현을 몇 번 바꾸었는데, SSR의 후기에서 더 명시적인 **언어적** 항목들로 통약불가능성을 다시 생각함으로써 처음으로 그 표현을 바꾸기 시작하였다.[4] 통약불가능한 '관점들'을 가진 과학자들은 이제는 '다른 언어 공동체의 구성원'(p. 175)으로 간주될 수 있고 서로 다른 관점에서 이들이 말하는 것은 이들이 '말들을 서로 다르게 사용하는'(p. 200) 것에 관한 문제가 된다.

SSR의 IX절부터 XIII절까지의 내용은 역사 연구에 의해서 드러난 과학과 정치의 유사성들을 증명하려는 것으로 간주되고 있다는 것을 환기하자(p. 94). 그리고 그러한 유사성의 중심적인 내용은 물론, 패러다임-변화가 **전향**의 문제라는 내용이다. 이제 쿤은, 설득(persuasion)에 대해서 중요한 (그러나 제한된) 역할을 할당하면서, 전향과 **설득** 간의 중요한 구별을 도입한다.

불행하게도 이러한 세부적인 내용은 그의 후기에서 가장 어려운 내용 중의 하나이다. 이 문제들은, 쿤이 기본적인 유사성 관계에서의 변화에 의해 통약불가능성을 설명하는 것으로부터 전도 유망하게 시작한다.

정상과학의 실습은, 범례들로부터 획득된 능력으로서, "어떤 점에서 유사한가?"라는 질문에 관한 하나의 해답이 없더라도 분류하여 수집하는 것(grouping)이 (직관적으로) 행해질 수 있다는 의미에서, **원초적**(primitive) 유사성을 가진 집단들로 대상들과 상황들을 분류하여 수집할 수 있는 능력에 의존하고 있다. 어떠한 혁명이라도 가지고 있는 하나의 중심적인 측면은 유사성의 관계들 중의 어떤 것이 변화한다는 사실이다. 혁명 이전에는 똑같은

---

4 이러한 과정은 쿤의 후기 저서에서도 계속되고 있다. 여기서 그는 사전(lexicon)의 관념을 도입하였고 통약불가능성을 서로 다른 사전들 간의 관계로서 설명하였다. 지금은 RSS의 3장과 4장으로 재수록되어 있는 논문들을 특별히 참조할 것.

집단으로 분류되어 수집한 대상들이 혁명 이후에는 다른 집단으로 분류되어 수집하게 되며, 이와 반대로 되기도 한다. (p. 200, 강조는 저자 첨부)

그러한 재분류수집 이전에는 쉽게 의사소통을 하였던 과학자들이 재분류수집 이후에는 더 이상 의사소통을 할 수 없다는 사실을 발견하게 될 것이다. 이들의 경쟁이론들이 함께 언명될 수 있는 단일한 '중립적' 언어가 존재하지 않는다. 그러한 과학자들이 아직도 공유하고 있는 것은, 그래도, 이들에게 서로 접촉할 수 있는 것을 재정립하는 방식을 제공한다. 비록 해당되는 그러한 방식들이 자연과학 자체와 친숙한 어떤 것이기보다는 과학역사학자들이 참여하는 그러한 종류의 해석을 수반할지라도 말이다.

이러한 **접촉 회복**(rapprochement)에는 몇 가지 국면들이 있다. 쿤은, 이제 통약불가능성을 전반적이기보다는 국지적인(local) 것으로서 명시적으로 간주하고 있기 때문에, 통약불가능한 이론들을 가지고 있는 과학자들이라 하더라도, 자신들의 이론들 속에서 양 그룹들이 같은 방식으로 사용하는 용어들의 내용들에 호소하여 상대방에게 서로 자신들의 이론의 장점들을 납득시키려고 노력할 수 있다는 사실을 쿤은 인정하고 있다. 이러한 사실은 이 사람들의 이론들의 문제-풀이 능력에 관한 부분적 비교를 허용할 수 있는 것이며 그러한 비교는 어떤 과학자들, 특히 젊은 과학자들에게 경쟁이론들보다 우월한 자신들의 장점들을 납득시키는 데 충분할 것이다(p. 203).[5]

---

5   쿤은 통약불가능성이 전반적이기보다는 국지적이라는 관념을 추구하였고 지금은 RSS에 재수록된 그의 1982년 논문 "통약가능성, 비교가능성 그리고 의사소통가능성(Commensurability, Comparability and Communicability)"에서 번역과 **해석**을 구별하였다.

그렇지만 쿤은 이러한 효과가 광범위하거나 결정적인 것이 되리라고 생각하지는 않았다. 그의 언어적 개념화들에 일치하여, 통약불가능성의 두 번째 국면은, 각 이론의 지지자들이 이제는 서로 다른 언어 공동체들을 자신들이 형성하고 있다는 것을 인지하고 그래서 **번역**에 의지하는 경향을 수반하게 된다는 것이다(pp. 202-3). 이러한 과정은 다른 그룹의 이론에 개입하지 않으면서도 그 이론을 이해할 수 있도록 만들어 준다. 세 번째의 그리고 마지막 단계에서 그래도 한 그룹 출신의 과학자들이 다른 그룹이 주장하는 이론을 자신들의 것으로 만들어 '원주민처럼 지내는 것이다'('go native').[6] 이러한 과정은 설득이 아니라 SSR이 초점을 맞추었던 일종의 전향을 불가피하게 수반한다고 쿤은 주장한다.

쿤은 과학이 **진보한다**는 것을 의심하지 않았다. 그러나 그는 다른 분야들이 진보하지 못하는 방식으로 **어떻게** 그리고 **왜** 과학이 그렇게 진보하는가를 알기 원하였다. 이러한 질문들에 대해 이미 스스로 '통상적인' 대답(지식에서의 누적적인 성장에 의한 대답)을 하지 않기로 했기 때문에 그는 다른 대답들을 발견해야만 했다. 그리고 과학혁명들의 존재를 강조하였기 때문에 그의 대답은 과학**혁명들**의 존재와도 양립할 수 있어야만 했다.

그의 대답의 일부는 우리의 진보 개념이 우리의 과학 개념과 **독립적이지** 않다는 것이다(마치 그 진보 개념이 우리의 기술공학(technology)

---

6 역자 주: 이 말은 이전에는 자신들과 맞지 않았던 다른 그룹의 이론의 언어를 사용하여 이들처럼 생각하고 작업하는 것을 의미한다. 쿤은 두 번째 국면(단계)에서 하나의 이론이나 세계관을 자신의 언어로 번역한다고 해서 자신의 이론이나 세계관이 되지 않는다고 주장한다. 이러한 경지에까지 도달하기 위해서는 그러한 세계관을 가진 원주민처럼 지내야만 하는데, 이전에 자신에게 맞지 않았던 언어를 번역만 하는 것이 아니라 이 언어를 사용하여 생각하고 작업하는 것을 발견해야만 한다고 쿤은 설명하고 있다(p. 204).

개념과 무관하지 않는 것과 같이 말이다). 과학으로서의 위상이 확실하지 않은 분야의 종사자들은 자신들에게 과학에 관한 '정의'가 필요하다고 생각하지 않는다. 우리의 과학 개념은 과학이 진보하고 있다는 것을 **이미** 지시하고 있다. 그리고 쿤은 어떤 분야들은 물리학, 생물학 등이 진보하는 방식으로 명백하게 진보하지 않는다는 사실이 분명하다고 생각한다. 실제로 질문은 **왜** 그러한 분야들이 그렇게 진보하지 않는가이다. 그리고 이 질문에 대한 그의 대답은, 진보를 조장하고 하나의 분야를 과학적으로 만드는 것은 업적들에 대한 그 분야의 **합의**(consensus)이기 때문이라는 것이다.

사물들을 올바로 보게 되면서 과학과 그 과학에 종사하는 공동체 간의 관계에 관한 우리의 정상적인 관점을 '전도(顚倒)시켜야만' (invert) 할 것이라고 쿤은 우리에게 경고한다(p. 162). 그는 또한 우리가 그렇게 전도시켰을 때 일반적으로 결과들로서 간주하였던 것을 우리가 원인들로 보게 되면서 '과학적 객관성'과 '과학적 진보'라는 구절도 '부분적으로 잉여적인 것으로 보게 될 것'이라고 또한 우리에게 경고한다(같은 책). 여기서 '잉여적인 것(redundant)'이라는 용어에 대해서 그는 아마도 **중복된**(pleonastic)이라는 뜻을 의미한 것 같다. 즉 우리의 객관성과 진보 개념들은 우리의 과학 개념에 함축되어 있으며, 그 반대의 방향으로도 함축되어 있다고 보았던 것 같다.

쿤은, 문제가 되고 있는 내용이 **정상**과학의 기간 동안의 진보인가(pp. 162-6) 아니면 과학혁명들을 거쳐 지나가면서 이루어지는 진보인가(pp. 166-73)에 따라 진보의 현존에 관한 문제를, 각기 다른 방식으로 다루고 있다.

정상과학은 진보한다. 왜냐하면 정상과학자들은 성공적으로 창조적인 활동을 하면서, 자기가 속한 그룹의 업적을 증가시키기 때문이다. 이

러한 관점에서 보면 과학자들은 어떤 다른 전문 분야의 구성원들과 유
사하다. 이와 대조적으로 비과학적 분야들은 진보를 보여 주지 못한다.
이는 그 분야의 개별 학파들이 진보하는 데 실패하기 때문이 아니라 오
히려 이 분야들은, 각 학파들이 상대방 학파들의 기본 원리들까지 항상
의문을 제기하고 있는 그러한 경쟁학파들로 특성화되어 있기 때문이다
(p. 163). 물론 우리가 초반부에서 보았듯이, 이러한 관점에서 보면, 과
학활동의 선-패러다임 시기들은 통상적이지 않은 과학적 탐구의 시기와
마찬가지로 이와 똑같은 상황에 있다. 그래서 하나의 단일한 패러다임
의 지배를 받는 정상과학의 시기 동안에만, 누적적 진보가 보장되고 명
확하다. (그러한 진보가 명확한 것은 그것이 '통상적인' 과학상에 심어
져 있기 때문이다.) 그러한 시기 동안에 심오한 문제들에 대한 관심의
집중과 일상생활과 일상적 요구로부터의 성숙한 과학공동체의 격리는
그 그룹의 문제-풀이 능력의 효과를 증가시키는 데 도움을 줄 것이다.
문제들 자체는 그 문제들이 사회적으로 중요하기 때문이 아니라 마치
풀릴 수 있는 것처럼 보이기 때문에 선택되었다. 과학교육훈련의 협소
함, 전문화, 엄격성, 몰역사적 특성은 풀릴 수 있는 문제들이 확인되고
풀린다는 사실을 보장하는 데 도움을 준다. 이러한 교육훈련은 새로운
아이디어를 산출하기 위해 계획되어 있지 않으며 이 때문에 새로운 아
이디어들이 새로운 사상가들로부터 나오게 된다. 그러나 개별 과학자들
의 훈련과 행위의 이러한 **엄격성**은, 하나의 패러다임으로부터 다른 패러
다임으로 이동할 수 있게 되면, 공동체의 **융통성**(flexibility)과도 전적으
로 양립 가능하다.

그런데 기본 원리들에 관한 논쟁들은 그러한 (정상과학의) 시기 동안
에는 다루어지지 않는다. 만약에 그러한 논쟁들이 다루어진다 해도 그
리고 실제로 수행되고 있는 작업의 과정에 효과를 나타낸다 해도 그러

한 효과는 오직 지연되어 나타날 수밖에 없다. 과학자들은 진보를 한다. 왜냐하면 이들은 자신들의 문제들을 선택하고 대부분의 시간을 철학에 빠지는 것을 스스로 허용하지 않기 때문이다.

그래서 정상과학이 진보하고 그리고 매우 객관적으로 진보한다는 것, 즉 퍼즐들이 풀린다고 하는 것이 일리가 있다는 것은 별 문제가 없다. 과학의 진보에 대한 문제는, 과학혁명들 자체를 통해서 이루어지는 진보, 즉 하나의 패러다임에서 다른 패러다임으로 진행하는 진보와 관련된다. 진보는 왜 혁명들을 동반해야만 하는가? 이것은 단지 개념 정의에 관한 문제인가? 여기서 쿤은 다음과 같이 묵시적으로 동의하고 있다.

> 혁명들은 서로 대립하는 두 진영들 중의 하나가 전적인 승리를 거두면서 끝난다. 그 그룹은 자신의 승리의 결과가 진보적이지 못한 것이었다고 말하겠는가? 그 말은 자신들이 틀렸고 반대진영이 올바른 것이었다고 인정하는 것과 같은 말이 될 것이다. 적어도 이들에게는 혁명의 산출 결과물이 진보이어야만 하며 이들은 자신들의 공동체의 미래의 구성원들이 과거의 역사를 자신들과 똑같은 방식으로 볼 것이라는 사실을 확신할 수 있는 우월한 입장에 있다. (p. 166)

과학 **내**에서 진보를 지각하게 되는 것은 그래서 당연한 것이다. 과학의 종사자들은, 자신들의 탐구주제가 나아온 역사를, 지금의 자신들의 위치로 직접 향해 진행해 왔던 궤적으로 틀림없이 보게 된다. 이러한 이들의 입장은 '휘그주의 역사서술'에 틀림없이 함축되어 있다. 그러나 쿤은 이러한 종류의 역사서술이 누적적 진보라는 잘못된 **환상**을 구체화한다고 이미 우리에게 말하였다(XI절에서). 그러면 그 세력이 과연 과학사 서술에서의 그러한 환상을 바르게 고치겠는가?

쿤은 단호하게 그렇지 않다고 말한다. **과학**공동체들은, 전이를 강제하는 전문 **과학**공동체의 권위가 있을 경우에만 오직 과학혁명들에 참여할 수 있다. "과학의 진정한 존재는, 패러다임들 중의 어느 하나를 선택할 수 있는 권한을 특수한 종류의 공동체 구성원들에게 부여하고 있는가의 여부에 따라 결정된다"(p. 167). 그리고 이러한 과학공동체는 역사적으로 국지화된(localized) 현상이다. 오직 유럽에서만 그리고 과거 4세기 동안에만 일어났던 현상이다.

이러한 사실은 "이러한 과학공동체들의 전문적인 특성은 무엇인가?"라는 질문을 제기한다. 쿤은 몇 가지를 목록으로 제시하지만 단지 잠정적인 조건부 방식으로 그렇게 한다. 어떤 항목들은 **개별** 과학자들의 태도에 관한 것이다(개별 과학자는 자연의 행태에 대한 문제를 푸는 데 관심을 가지고 있어야만 한다. 그가 연구하는 문제들은 구체적인 내용을 가진 문제여야만 한다. 그를 만족시키는 해결은 다른 사람들에 의해서도 해결로서 수용되어야만 한다). 다른 항목들은 그 그룹의 사회적 **성격**에 관한 것이다(문제들을 공유하고 있는 그룹은 '과학자들의 전문적인 동료들로 이루어진 분명하게 식별할 수 있는 공동체'이어야만 한다(p. 168). 과학적 문제들을 결정하는 데 어떠한 종류의 외부 권위에 의존하는 것도 허용되지 말아야 한다). 쿤의 후기에서 이러한 특성들은 다른 방식으로 열거되어 있다. 여기서 성숙 과학에서의 진보는, 과학에서 '경쟁 학파들이 상대적으로 가지고 있지 못한 것', '어떤 하나의 과학공동체의 구성원들이 그 공동체의 연구에 관한 유일한 지지자와 유일한 전문 판단자들을 제공하고 있는 정도', '과학교육의 전문적 성격', '퍼즐-풀이의 목표', '과학 그룹이 위기와 결정의 시기들에서 효율적으로 사용하는 가치 체계'와 연결된다고 말하고 있다(p. 209).

쿤은 공동체들과 이 공동체 내에서 사람들이 교육받는 방식에 의해서 과학을 특성화하는 것이 곡해될 여지를 제공할 수도 있다는 일반적인 우려를 확실하게 공유하고 있었다.[7] 카벨은 쿤이 다음과 같이 말한 대화의 내용을 상기시켜 준다. "만약 교육과 동의가 문제의 본질이라면 그러면 히틀러는 하나의 이론이 참이라고 나를 교육시키고 내가 동의하도록 만들 수 있다." 쿤의 이 말에 대한 카벨의 응답에 대해서 쿤이 동의하게 되었는데, 그 응답의 내용은, 독재자가 이론의 진리를 사람에게 **확신**시킬 수 있고 **교육**시킬 수 있다는 것을 부정하는 내용이었다. "히틀러는 하나의 포고령을 내려 하나의 이론을 진리라고 선언할 수 있다. 그는 만약 당신이 그 이론을 믿는 것을 거절하거나 믿지 않는다면 당신을 사형에 처할 것이라고 효과적으로 위협할 수 있다. 그러나 이러한 내용이 의미하는 것은 만약 당신이 그 포고령을 받아들이고 따르고 있다는 것을 당신이 그에게 확신시켜 주지 못한다면 그는 당신을 죽이게 되거나 아마도 죽인다고 하는 내용이다."[8] 과학공동체란 어떤 것들(패러다임들, 이론들, 믿음들)을 공유하는 구성원들을 가진 공동체이다. 그러나 그러한 어떤 것들은, 강제하지 않는 특수한 종류의 방식으로, 해당 증거와 그리고 그러한 증거를 다루는데 패러다임이 성공할 가망성에 반응하는 방식으로 그 구성원들에게 다가와야만 한다. 쿤은 현대의 '거대과학(big science)'[9]에만 특별히 관심을 가진 것이 아니다. 그러나 여기서 그의 입

7　역자 주: 교육내용에 관한 동의의 방식이 구체적으로 제시되지 않은 것에 관한 우려를 말한다. 예를 들어 구소련의 스탈린 체제에서 일어난 리센코(Lysenko) 사건처럼 전제군주나 독재정부에 의한 강압적 방식도 과학의 특성을 규정할 수 있는 것으로 보게 된다는 우려이다.

8　초기에 쿤과 가졌던 모임에 관한 카벨의 비망록으로부터 인용함.

9　역자 주: 많은 과학자·기술자·연구기관을 동원해서 하는 대규모의 종합적·선도적 연구개발을 말한다. 거대기술(big technology)과 구별하지 않고 쓰이는 경우가 많다. 우주개발·원자력·해양개발·MHD 발전(電磁流體發電)·대형 컴퓨터·중유탈황(重油脫黃)·공해문제 해결 등의 연구가 그 예이며, 연간 수십억에서 수백억 원, 때로는 수천억 원의 예산을 쓴다. 미지의 영역을 개

장은 이전의 어떤 과학공동체들의 의사결정에 대해 지금은 **상업적인** 이해타산들이 압도하고 있는 것은 아닌가에 관한 문제에 특별히 관심을 가지고 있다.

쿤이 주목한 전문적인 특성들을 공유하는 공동체는 자신들의 패러다임-변화를 진보로 보아야만 한다. 결국 그러한 공동체들은 '패러다임 변화를 통해 해결된 문제들의 수와 엄밀성을' (p. 169) 극대화하는 목적을 가졌었다. 만약 그 공동체가 그러한 질적 특성이 없이 하나의 패러다임으로 전환한다면 이 공동체들은 더 이상 자신들의 임무를 완수하지 못하고 있다. 그래서 진보에 대한 이들의 지각은 쿤이 설명하였듯이 '자기 충족적(self-fulfilling)' 이다.

이러한 내용은 불길한 것을 의미하지 않았다. 오히려 쿤은, 패러다임-변화가 진보적인가에 관해서 판단하는 가장 최선의 종류의 가능한 권위를 가진 것이 해당 공동체라고 지적하고 있다. 해당 공동체 밖의 출신들 중에서는 아무도 그러한 결정을 할 수 있는 더 좋은 위치에 있을 수가 없다. 이것은 아무도 새로운 패러다임 후보자에 대한 조건이 성취되는가의 여부를 평가할 수 있는 더 좋은 위치에 있을 수 없기 때문이다. 해당되는 두 가지의 조건들은 패러다임-선택의 두 가지 측면들을 반

척하고 인류의 가능성을 확대하여 과학기술 수준의 향상을 통해 사회 · 경제의 발전에 공헌함과 아울러, 국가 이익의 증진, 국제적 지위향상에 도움이 되므로 나라마다 정부가 중심이 되어 추진하고 있다. 거대과학이라는 말이 처음으로 사용된 것은 1957년경 미국의 오클리지 국립원자력연구소를 중심으로 해서 행해졌던 원자폭탄 제조계획을 추진하던 때이다. 18~20세기에는 개인의 재능에 의한 발명이나 발견에 따른 사업이 많았지만, 최근에는 국가가 지출하는 거대한 자금과 많은 과학자들의 대형 프로젝트가 많아지는 경향이다. 이에 대해 개인의 과학적 연구나 기초과학이 경시된다는 우려를 표명하는 견해도 있다. 그러나 사회 또는 인류의 생존을 위해, 많은 사람이 협력하고 방대한 예산을 들이지 않으면 해결할 수 없는 문제가 있다는 것은 사실이다. 그러한 문제가 무엇이며 그것을 해결하기 위해서는 어떤 조직으로 추진해야 하는가 등이 논의의 대상이 되고 있다. (출처: 네이버 백과사전/거대과학(巨大科學, big science))

영한다. 하나는 과거 회고적이고 다른 하나는 미래 전망적이다. (이 조
건들은 또한 패러다임들이 합의 이전의 시기 동안에 우선적으로 자신들
의 지지자들을 모으게 되는 두 가지 이유들을 반영하고 있다.) 첫 번째
조건은 후보자가 미해결된 것으로 일반적으로 인지된 문제를 해결해야
만 한다는 것이다. 그러나 이 조건은 '패러다임-선택에 대한 유일하거나
절대적 기반이 되는 것'(같은 책)은 아니다. 두 번째 조건은, 그 후보자
가 과거 과학의 구체적인 문제-해결 능력을 보존할 수 있는 가망성이
있어야만 한다. 과학공동체는 문제-해결에 관하여 기존의 자신들의 패
러다임보다 더 나쁜 상황으로 떨어지게 하는 패러다임으로는 전환할 수
가 없다. 이러한 사실은, 그렇게 많은 과학의 그림들이 왜 누적적인지를
설명하는 데 도움을 준다. 즉 과학자들은 더 좋은 패러다임이 머지않아
나타날 것 같을 때 과학혁명들에 오로지 몰두하게 될 것이다.

그러나 여기에 숨어 있는 하나의 문제가 있다(Meiland 1974와
McGrew 1994가 주목하였듯이). 새로운 패러다임의 퍼즐-풀이들은, 이
패러다임과 **통약불가능한** 옛날 패러다임의 퍼즐-풀이와 비교될 수 있는
가? 만약 옛날 퍼즐들이 새로운 패러다임 내에서 형성될 수 없다면 이
러한 비교가 어떻게 가능할 수 있는지를 알기가 어렵다.

마지막으로 SSR의 초판의 마지막 부분에서, 쿤은 (처음으로) 진리에
관한 주제로 관심을 돌린다. 그는 과학이 불가피하게 진보적이라 할지
라도 우리는 과학이 **진리를 향해 진보한다**고 하는 통상적 과학상이 가지
는 관념을 묵시적으로 따를 필요가 없다는 것만을 오직 제안하기 위하
여 그러한 주제로 관심을 돌렸다. SSR이 기술하였던 발전 과정은 **진화**
의 과정이지만 (생물학적 진화처럼) 어떤 것을 **향한** 진화, 즉 목적론이
아니다. 과학의 존재나 과학의 성공은 모두가, 과학의 **목적**이 있다거나
혹은 심지어 '자연에 관한 어떤 하나의 충족되고 객관적이고 참된 설명'

(p. 171)이 있다는 것을 우리가 전제하도록 요구하지 않는다. 그리고 쿤은 만약 우리가 이러한 가정들을 하지 않는다면 어떤 철학적 문제들이 사라지게 될 것이라고 시사하고 있다.

쿤은 여기서 이러한 '다윈적인 비유'를 실제로 간단하게 묘사하였을 뿐인데 그에 관해 다음과 같은 주요 생각들을 개괄하고 있다. 혁명들의 해소는 과학에 종사하는 가장 적합한 방식에 관한 투쟁에 의해 이루어지는 선택의 과정에 비유할 수 있다. 일련의 그러한 선택들의 순수한 결과는 '우리가 현대 과학적 지식이라고 부르는 훌륭하게 적응된 도구들의 집합'(p. 172)이다. 발전 과정에서의 연속적인 단계(국면)들은 명확화와 전문화에서의 증가에 의해 특징지을 수 있다. 그리고 전체적인 과정은 정해진 목표가 없이도 일어날 수 있다. 쿤은 이러한 다윈적인 비유를 중대하게 간주하였고 나중에는 '그것(다윈적인 비유)이 과거에 실제 간주되었던 것보다도 더 중대하게 간주되어야만 했다'고 주장하였다 (RSS, p. 307).[10] 그러나 대부분의 주석가들은 그것이 구체적인 내용을 결여하고 있다는 것을 발견하였다. 그리고 심지어 그것이 SSR의 초반부 장들의 내용에서 개괄된 과학의 발전에 관한 설명과 양립할 수 있는가에 관한 우려도 제기되었다. (그런데 다른 과학철학자들은 그러한 비유

10   역자 주: 샤피어(Dudley Shapere)나 헤세의 논평처럼 SSR을 상대주의 입장을 취하는 것으로 보는 견해에 대해 쿤이 답한 내용에 있는 구절이다. 쿤이 말하고 있는 구절은 다음과 같다. "…… 실제로 나는 그 책이 상대주의 입장을 취한 책이 아니라고 말하려 하였다. 그리고 내가 초기에 고생을 했을지라도 SSR의 마지막 부분에서 어떠한 의미에서 진보가 존재한다고 내가 생각하였던가를 말하려고 노력하였다. 나는 그에 대한 대답을 대부분 억지로 만들어 냈으며 퍼즐들의 축적에 대해 이야기하였다. 그리고 지금 나는, SSR의 마지막에 있는 다윈적인 메타포가 옳다는 사실을 매우 강하게 주장하고 있다고 생각한다. 그리고 나는 이 메타포를 그때에 실제 간주되었던 것보다 더 중대하게 그 당시에 간주되어야만 했다고 생각한다. 그런데 아무도 이를 중대하게 간주하지 않았다"(RSS, p. 307). 여기서 말하는 다윈적인 메타포는 경쟁과 선택을 말한다.

들을 구체화하려고 노력하였다.)[11]

쿤은 우리가 진화 일반의 관념을 이해하는 데 목적론의 관념이 필요 없다고 한 점에서 의심할 여지없이 올바르다. 그러나 과학은 생물학과 달리 인간의 무리들이 참여하는 지성의 과정이기 때문에 목표가 수반되고 있는지의 여부, 제도로서의 과학이 (의학이 질병의 제거와 개선을 목표로 하고 있다고 생각되는 방식으로) 하나의 목표를 가지고 있는가의 여부를 묻는 것은 매우 적법한 질문이다. 그런데 그의 후기에서, 쿤은 이보다 더 진행하여, 하나의 이론과 실재의 대응으로서 간주되는 진리가 과학에 대한 그러한 하나의 목표를 구성할 수 있다는 생각을 명시적으로 부정하고 있다. 그는 말하기를, "연속적으로 전개되는 이론들이 진리에 점점 더 가까워지거나 혹은 진리에 점차적으로 더욱 접근하고 있다는 말을 사람들은 종종 듣는다." 이 말은, 이론이 자연을 채우고 있는 실재들과 '실제로 존재하는 것' 사이의 대응을, 이론의 존재론이 성취하게 된다는 것을 의미하고 있다(p. 206). 그는 그러한 진리의 개념을 성취할 수 없다는 것을 발견하였다. 왜냐하면 '실제로 존재하는 것(really there)'과 같은 구절과 연결하여 '재구성(reconstruct)'할 수 있는 이론-중립적인 방식이 존재하지 않으며, 그래서 이론의 존재론이 자연에서의 실제 대응물에 대응할 것이라고 하는 생각이 잘못된 환상이기 때문이다.

이러한 언급에 대한 버드의 특성화는 나에게는 결정적인 것으로 보인다. 그가 말하기를, 쿤은 잘못된 지식과 무지의 가능성에 관한 우리들의 직관적인 개념을 틀림없이 공유하고 있다는 것이다. 그 이유에 대해서 그는 다음과 같이 말한다.

---

[11] 툴민(Stephen Toulmin), 헐(David Hull), 반 프라센(Bas van Fraassen)을 예로 들 수 있다.

왜냐하면 **변칙사례들**의 기원에 관한 만족스러운 유일한 설명은, 우리들의
이론들이 존재한다고 말하는 바대로 정확하게 세계가 존재하지 않기 때문
이다. 만약 잘못된 지식이나 무지가 우리 모두에게 공통적으로 있는 것이라
고 한다면 이론을 '초월하여(beyond)' 존재하는 사물들이 존재하게 되는 하
나의 방식이 존재해야만 한다. [······] 하나의 대응에 관한 주장을 평가하는
것이 불가능하다 할지라도 의미에 관하여 어떤 종류의 검증주의자 견해를
가지고 있지만 않는다면, 그러한 불가능하다는 사실만으로 (대응에 관한)
그 주장이 **무의미하게 되는 것**은 아니다. (Bird 2000, p. 227, 강조는 첨부)

나는 대응적인 진리 개념과 연관 짓는 쿤의 (인식론의) '기초주의(foun-
dationalism)'에 관한 언급은, 검증주의자를 향한 것이고 이제 검증주의
가 증명의 부담을 지게 되었다고 하는 점에서 버드의 견해에 동의한다.

이러한 '대응'의 개념을 부정하면서 쿤은 진리 개념 자체를 거부하려
고 의도하지는 않았다. 사실 후기 저서들에서 쿤은 그 개념이 **설득력이
있는** 진리 개념(a strong conception of truth)'에 의해 대체되어야만 한
다고 단언하였다(RSS, p. 95, 강조는 저자 첨부). 그리고 이 개념이 무
엇인지에 대해서는 두 가지의 양립할 수 없는 제안을 하였다. 다소 덜
흥미로운 제안(퍼트넘(Hilary Putnam)의 중간 시기의 저서들에 의해
고쳐되었다고 말해도 좋은 내용)은 합리적 주장 가능성(rational
assertibility)이다. 이보다 더 흥미로운(그리고 보다 더 비트겐슈타인적
인) 제안은 대응적 진리 개념을 '잉여이론과 같은 어떤 것(something
like the redundancy theory)'으로 대체하는 것이다(RSS, p. 99). 그러나
쿤은 이러한 방향으로 계속해서 추구하지 않았다.

그의 전반적인 접근방식은, 참이거나 거짓에 관한 문제가 일어날 수
있는 언어적 표상들의 체계에 과학이 전적으로 존재하는 것으로 보는 것

을 제거하려는 시도이다. 그가 이전에 다음과 같이 설명한 바대로이다.

> 나는 이론들이 통합 체계들(whole systems)이라고 간주한다. 그리고 그러한
> 통합 체계들로서 이론들은 참이거나 거짓일 필요가 없다. 우리가 할 필요가
> 있는 모든 것은 그 어떤 기준에 의해 어느 쪽이든지 우리가 가지고 있는 것
> 이 어떤 체계인지를 결정하는 것이다. 일반적으로 이러한 일은 대략적으로
> 구체화될 수 있으나 그러한 일은 참-거짓 게임으로 나를 몰아넣지는 않는
> 다. 물론 그 일은 참-거짓을 매우 **중요한 것**으로서 무시하지 않는다. 이러한
> 것이 여러분이 하나의 체계 **내에서** 하는 것 — 언명들의 참과 거짓을 판단하
> 는 것 — 이다. 하나의 체계를 **넘어서서**(across) 당신은 그러한 종류의 계산
> 을 적용할 수 없다. (Sigurdsson 1990, p. 22)

 과학이 참이거나 거짓으로 평가될 수 없는 구성요소들을 포함하고 있
다는 쿤의 조언은 건전하다. 과학이 진리와 어떤 관계를 가지고 있다는
것을 부정하는 것은 막무가내로 받아들이기 어렵다. 맥킨타이어가 한
번 지적하였듯이 과학은 어떤 존재-주장들(existence-claims)이, '해당
되는 실재들 — 어떤 이론이 어떤 말을 할지라도 — 이 실제로 존재하지
않는다는 단지 그 이유만으로' **거짓**이라는 것을 확실히 우리에게 보여
주었다(MacIntyre 1977, p. 469). 그러나 만약 우리가 보았듯이 패러다
임들(적어도 범례들)이 이론들 — SSR에서 쿤의 경우에 그것들은 확실
히 이론들일 수 있는데 — 일 수 있다면, 그리고 만약 이론들이 **주장들**이
거나 **주장들**을 포함한다면 그 이론들의 진리에 관한 물음이 제기된다.
이론들은 단지 '체계들'에 불과한 것만은 아니다. 사실 쿤이 하듯이 문
제-풀이에만 초점을 맞춘다 할지라도 진리에 관한 질문은 묵시적으로
나타날 것이다. 왜냐하면 **이론**의 문제를 푼다는 것은 아마도 그 문제에

참인(혹은 점근적으로 참이거나 혹은 참이 되기 쉬운) 대답을 제공하는
것을 수반하기 때문이다. 더욱더 많은 문제들을 푸는 이론들은 더욱더
많은 참된 (그리고 더욱더 적은 거짓된) 것들을 말하는 이론들이다. (여
전히 이러한 사실은 과학 자체가 진리에 좀 더 가까이 접근한다고 말할
수 있다는 것을 의미하는가라는 질문이 있을 수 있을 것이다.)

그의 후기에서 쿤은 과학이 다른 분야들과는 구별되는 특수한 방식으
로 진보한다(p. 209)고 계속해서 주장하였다. 그리고 그는 이러한 주장
이, 상대주의라고 비난하는 어떤 비판에 대한 하나의 답변을 구성한다
고 간주하였다(p. 205). 이러한 논점들에 대해 그가 말한 내용은, 비록
도식적일지라도, 나로 하여금 그의 견해들을 개념적 상대주의, 즉 **개념**
들에 대한 상대주의로 알려진 생각과 비교하도록 만드는 것이다.

(상대주의를) 문화적인 논점들에 적용하여 말할 때, 다른 언어를 사
용하는 문화 공동체의 구성원들은 모두 똑같이 옳다고 하는 관념이 상
대주의라고 하는 사실에 쿤은 동의하였다. 그러나 **그**가 상대주의자였다
는 비난에 대항하여 그는 **과학**에 적용하여 말할 때 서로 다른 이론들의
지지자들이 모두 옳다고 하는 관념은 상대주의가 아닐 수 있다는 것을
주장하였다. 그리고 "그것은 어쨌든 **단지** 상대주의라고 할 수 없다"라고
주장하였다(같은 책, 강조는 첨부). 과학에서 문제-풀이 덕목에 주어지
는 우월성은, 사람이 이론들을, 주어진 과학 분야에서 패러다임 중립적
인 방식으로, 보다 초기의 것과 보다 더 후기의 것으로 분류할 수 있음
을 의미한다고 그는 주장한다. 그는 이를 다음과 같이 설명한다. "후기
의 과학 이론들은, 이론들이 적용되는 종종 매우 다른 환경 조건에서 퍼
즐을 푸는 것을 비교하면, 초기 이론들보다 더 우월하다. 이러한 설명은
상대주의자의 입장이 아니며 그것은 내가 과학의 진보를 확신하고 있는
신봉자라는 것이 어떤 의미인가를 보여 주고 있다"(p. 206).

쿤은 그럼에도 불구하고 과학이 진리에 점점 더 가까이 간다는 생각
에 대해서는 계속해서 저항하였다. 나는 사람들이 그가 이 말을 왜 했는
지를 적어도 이해할 수 있을 것이라고 생각한다. 내가 이미 제안하였듯
이, 과학**이론들**은 진리-혹은-거짓에 대한 후보자가 될지도 모른다. 그
러나 과학적 **개념체계**는 그러한 후보자가 될 수 없다. 쿤의 보다 큰 관심
은, 우리가 이 책(해제 Guide)을 통하여 보았듯이, '패러다임' (후기에
는 '학문적 기반')이라는 명칭 아래 주로 과학적 개념체계에 관한 것이
었다. 그는 진리에 관한 논의에도 단순하게 많이 관여하지 않았다. 그는
과학자들이 고안한 개념체계들이 오직 실용적(pragmatic) 항목으로만
판단될 수 있다는 사실을 올바르게 주장하고 있는 것으로 간주될 수 있
다. 새로운 패러다임(학문적 기반)들은, 자신들의 과학 분야들이 표현하
는 이론적 문제들을 풀어 나가는 데 이전의 패러다임보다 더 좋은 방책
들을 가져온다. 이러한 점은 개념체계들 자체를, 자연이 실제로 무엇과
같이 생겼는가에 관한 '더 좋은 표현(표상, representation)' 으로 만들지
않는다. 이는 단순히 그 체계들이 표현(표상)들이 아니라 도구세트들이
기 때문이다. 쿤이 그것들이 참이거나 거짓이 아니라는 사실을 우리들
에게 상기시켜 준 것은 옳았다. 그럼에도 불구하고 그러한 개념체계들
은 과학자들로 하여금 주장**할 수 있도록** 허용해 주는 것이고 **이 체계들**은
아직도 참-혹은-거짓에 의해 평가받을 수 있다.[12] 만약 쿤이 진리에 관
한 문제를 **회피**해야만 하거나 무시해야만 한다고 생각했다면 그는 잘못
한 것이다. 그가 말해야만 했던 것의 이면에 있는 견해가, 논의의 적절
한 맥락에서 그 논점을 제기할 수 있도록 만든다. 진리에 대한 상대주의
는 지지받을 수 없다. 과학적 주장들은 참이거나 거짓이기 때문이다. 그

---

12   이 논점에 관해서는 Preston 2003을 더 참조할 것.

리고 과학이론들은 주장들이거나 주장들을 수반한다. 이것들은 단지 '체계들'로만 존재하는 것은 아니다.

그렇지만 이러한 사실들의 어떤 것도 자연-과학적 현상들이 **하나의** 개념체계에 의해서만 충분하게 개념화될 수 있다는 사실(확고한 입장을 취하는 '형이상학적 실재론자들'과 '과학적 실재론자'이 생각하는 것처럼 보이는 바대로)을 의미하지 않는다. '세계가 존재하는 방식'이 오직 하나일 필요는 없다. 똑같은 현상들에 대한 주장들은, 그러한 현상들의 영역을 양립 가능한 방식으로 범주화하는 개념들을 가진 개념체계 내에서 만들어지면, 적어도 원리적으로는 모두 참일 수 있다. 만약 통약 불가능성을 이해할 수 있다면, 하나의 단일 영역의 현상들을 통약불가능한 방식으로 범주화하는 개념들을 가진 개념체계 내에서 만들어진 주장들은 서로 통약불가능하면서도 각기 참이 될 수 있을 것이다.

>> 탐구문제

1. 패러다임-경쟁은 쿤이 그렇게 보인다고 하는 바대로 어려운가? 통약 불가능성의 어떠한 측면이 가장 흥미로운 내용인가? 패러다임-경쟁의 해소에 관한 쿤의 견해는, 적어도 어떤 과학자들이 이들의 마음속에 한 번에 하나 이상의 경쟁 패러다임을 취할 수 있다고 하는 생각과 양립 가능한가?

2. 쿤의 견해에 따라 과학자들이 이론들 중에서 혹은 패러다임들 중에서 어떤 하나를 실제로 **선택**하는가? 플랑크의 원리에 동의한다고 할 때 과학공동체가 민주적인 방식으로 그러한 선택을 한다고 쿤은 실제로 생각할 수 있는가? 공동체의 모든 구성원들이 그렇게 선택하지 않는다 할지라도 그렇게 생각하는가? 그리고 그렇게 선택한 사람들이 대표자들이 아니라 할지라도 그렇게 생각하는가? '플랑크의 원리'는

직접적으로 경험적이지 않거나, 반증 가능하지 않거나, 반증되지는
않는가?

3. 쿤은 "과학적 진보가 무엇으로 존재하는가?"라는 **개념적** 질문이나 혹
은 "과학을 진보하게 만드는 것은 무엇인가?"라는 **인과적** 질문을 묻
고 있다. 과학이 혁명을 통해 진보하게 되는 방식에 관한 그의 자질부
여는 상대주의라는 비난을 받을 수 있는 가능성을 열어 놓았는가? 쿤
은 우리에게 하기를 원하는 바대로 역사학자를 과학공동체로부터 **격
리**시켜 놓으면, 그러한 공동체들이 진보를 지각하게 될 것인가에 관
한 질문과 함께 진보가 실제로 만들어졌는가에 관한 질문도 또한 존
재하게 되는 것은 아닌가?

4. 쿤은 과학사에서 진리를 주장하면서 동시에 자연과학에 대해서는 어
떠한 진리 개념도 부정하는 가운데 이중-표준잣대를 적용하고 있는
것은 아닌가? 만약 쿤이 제안하듯이 객관성과 진보의 개념이 우리의
과학 개념과 연결되어 있다면, 진리의 개념이나 진리를 향해 나아간
다는 움직임의 개념은 또한 왜 그렇게 연결되어 있지 않는가?

5. 이론의 외부에 존재하는 것에 관한 대화는 무의미하다는 쿤의 제안에
는 검증주의가 묵시적으로 포함되어 있는가?

SSR은 그것이 출판되기 전부터 비판을 받았다. 쿤의 버클리 동료인 파이어아벤트는 1960년 초반에 그에게 아주 중요한 편지를 썼다(이 편지는 Hoyningen-Huene 1995와 2006에서 출판되었다). SSR의 초고를 완성하고 얼마 안 있어(그러나 책이 출판되기 전에) 쿤은 이 원고로부터 발췌하여 "과학 탐구에서의 도그마의 기능(The Function of Dogma in Scientific Research)"(Crombie 1963에 출판되었다)이라는 제목의 논문을 썼는데, 이 논문에 대해 쿤은 나중에 불만스럽게 생각하였다. 파이어아벤트는 이 책(Crombie 1963)에 관한 중요한 논평(Feyerabend 1964)을 썼는데 이 논평에서 그는 쿤의 이 논문에 대해 이의를 제기하였다. 쿤과 파이어아벤트의 관계에 대해서는, Lakatos and Musgrave 1970, 이와 더불어 Preston 1997(특별히 5장), Hoyningen-Huene 2000에 있는 이들의 논문들을 참조하기 바란다. 파이어아벤트는 쿤의 과학그림의 역사적 정확성에 대해 의문을 제기하였으며 정상과학의 제한적 측면이 '기능적'이라는 생각과 자신의 그림에 관한 쿤의 표현에 대해 모두 강하게 비판하였다. 이 쿤의 그림을 파이어아벤트는 기술적인(descriptive) 것과 규범적인(normative) 것을 불법적으로 혼합한 것으로 간주하였다.

파이어아벤트 자신의 저서들(예를 들어 Feyerabend 1975, 1978, 그리고 이제는 Feyerabend 1981a, 1981b, 1999의 논문집에 있는 그의 초기 논문들)은 쿤의 견해에 관하여 명시적으로 '다원적인(pluralistic)' 중요한 대안을 구성하고 있다.

맨 처음 부분적으로 나타난 2차 문헌 내에서 SSR에 관한 초창기 대부분의 논평들은 긍정적이었다(예를 들어 Hesse 1963, Bohm 1964 참조). 그리고 동감을 표시하는 인물들로부터도 중요한 반응들이 있었다(예를 들어, Crombie 1963에 있는 폴라니의 논평). 그러나 쉐플러(Israel Scheffler, 1967, 1972, 1982)는 쿤의 비판에 대항하여 논리경험주의자의 관점을 격렬하게 옹호하였다. 그리고 많은 과학철학자들도 매우 거부하는 입장을 취하였다.

1965년에 쿤은 런던의 베드포드 콜로키움(Bedford colloquium)에서 열렸던 그 유명한 포퍼와 그의 주요 지지자들과의 논쟁과 대결의 장에 이끌려 나왔다. 그 토론회의 발표 논문집은 책(Lakatos and Musgrave 1970)으로 출판되었다. 그러나 쿤은 그때 나온 모든 논문들을 적대적인 것으로 간주하지 않았었다. 사실 그는 마스터만(Margaret Masterman)의 논문이 패러다임의 개념을 명확히 하는 데 도움을 주었다는 사실을 인정하였다.

샤피어는 독창적이지만 주목을 받지 못한 과학철학자인데 SSR의 초판과 재판에 관한 중요한 논평(Shapere 1964, 1971)과 쿤과 파이어아벤트의 연구에 관한 광범위한 비판적 글(Shapere 1966)을 발표하였다.

매우 중요하면서도 주목을 받지 못한 또 하나의 목소리는 툴민의 견해이다. 어떤 관점들에서 보면 SSR의 내용을 예견한 것으로 볼 수 있는 중요한 자신의 저서들을 출판하였기 때문에 툴민은 SSR에 대해서 불친절하게 대응하였다(예를 들어 Lakatos and Musgrave 1970에 있는 그의 논문을 보라). 그가 이미 개발하였던 과학의 변화에 대한 진화론적인 사고방식은, 비록 먼저 개발하였지만(Toulmin 1972), 쿤의 진화론적인 측면보다 더 잘 작동하고 있었으며, 쿤의 다른 혁명적 측면에 대해서도 중대한 경쟁자였다. 쿤이 1950년에 영국을 여행하여 처음으로 툴민을 만났을 때 점잖은 관계를 유지하고 있었지만, 툴민이 1965년에 미국에 온 이후부터는 한 번도 같이 지낸 적이 없다고 쿤은 생각하였다(RSS, p. 297).

이러한 비판자들 중에서 많은 사람들이 쿤을 향해 비합리주의, 상대주의, 관념론을 이유로 똑같이 비난하였다. 이러한 비난들은 그를 분노하게 만들었고 그는 그들에게 구체적으로 답변할 수 있을 정도로 인내심을 항상 발휘하지 못하였다. 그러나 ET와 RSS에 있는 몇몇 논문들은 그러한 답변의 내용을 구성하고 있다.

이와 똑같은 내용의 비난들은 다른 지지자들에 의해서는 찬사로 간주되었다. 비합리주의와 상대주의는 특별히 대부분의 철학자들에게는 혐오의 대상일지 몰라도 몇몇 사회과학자들에게는 쿤의 보다 더 넓은 비전문적인 지지자들에게와 마찬가지로 큰 호소력을 가졌다. 어떤 과학 사회학자들의 그룹들 가운데 쿤이 자연과학의 정체를 폭로하는 데 주도적인 역할을 하였다는 생각이 뿌리를 내렸다. 영국에서 쿤의 저서는, 1970년대와 1980년대에 번성했던 '에딘버러 학파(Edinburgh School)'의 창설에, 만하임(Karl Mannheim)과 플렉의 연구와 같은 위상을 가질 정도로 과학적 지식 사회학의 전통으로까지 흘러들어 갔다. 이 학파의 중심인물인 블루어(David Bloor)와 반스(Barry Barnes)는 쿤의 작업을 보다 더 사회학적이고 '외재주의자(externalist)'의 관점으로 몰아가려고 시도하였다. 이러한 관점에 대해서 쿤 자신은 반대하였다. 대학 밖에서는 SSR의 제목에 있는 그 용어들, 특히 혁명이라는 생각이, 쿤이 만나지 않았던 급진적 학생들로 이루어진 지지자들에게 호소력을 가졌다. 사실 그는, 이들이 자신의 연구 내용을 자신들 멋대로 사용하는 것이 과학철학의 사회 내에서 널리 퍼져 있었던 잘못된 해석과 마찬가지로 똑같이 잘못된 해석이라고 생각하면서, 이러한 그룹의 추종자들로부터 거리를 두려고 스스로 많은 노력을 하였다. 그런데 역사서술혁명은 쿤이 예기한 방식대로 실제로 진행하지는 않았다. 그리고 그는 대개 돌파당함으로써 영광을 느끼게 되는 그러한 접근방식을 가진 선배의 역할을 하게 되었다.

　과학철학자들 사이에서, SSR은 과학에 대해서 주도적인 논리경험주의자들의 접근방식에 대한 어떤 단일한 대안으로 그것을 대체하기보다는 약화시키는 데 더욱 많은 영향을 미쳤다. 인문학과 사회과학의 보다 폭넓은 지성적 맥락에서 볼 때 쿤의 책은 과학철학에서 실증주의자, 경험주의자, '실재론자'에게 치명타를 가한 것으로 간주되었다. 그리고 그것은 과학에 대해 모호한 새로운 '포스트모던주의자'의 견해를 미리 예고하였다. 그러한 견해는 쿤 자신의 접근방식에서 인지된 문제들은 무엇이든지 계속 유지하고 있는 것처럼 보인다.

　그런데 SSR은 과학철학자들 사이에 강한 반작용을 불러일으켰다. 쿤은 이 책의 새로운 과학상이 '좀 더 구체적으로 세련되게 만들어지면 그리고 그 이면에 있는 요인들이 그 윤곽에 관한 설명에서 좀 더 완벽한 방식으로 탐구된다면 철학적인 불만을 덜 받았을 것'이라고 예기하였다 (Buchwald and Smith 1997, p. 368). 그는 사실 그의 대학연구생활의 나머지 대부분을 SSR로부터 나온 관념들을 세련되게 만들고 옹호하는 여러 가지 방식들을 탐구하면서 보냈다. 그러나 그가 계획하고 기대하였던 그 연구 작업의 총괄적인 개정은 나타나지 않았다. 대신에 쿤은 의미-변화와 통약불가능성과 같은 특수한 관념들을, 과학사와 계속해서 접목하면서도 철학적인 반대를 피할 수 있는 방식으로 재가공하면서 그에 관해 계속 연구하였다. 처음에 쿤은 (여기서 라일과 폴라니가 예표하였지만) 과학을 전적으로 **언어적** 구조로서 다루는 것을 그만둔 사람들 중의 한 사람이었다. 그러나 SSR이 과학을 **언명들**이 아니라 숙련된 전문적인 **활동**으로서 그리고 단지 **이론**이 아니라 **실천 행위**로서 특성화하면서 기존의 과학관보다는 우수한 견해였음에도 불구하고 후기에 들어가 쿤은 (언어와 관련된) 이러한 문제로 다시 되돌아가려는 징조를 보여 주었다. 그의 후기 작업에서 그는 통약불가능성의 개념을 **직접적으로** 언어와 연관 짓기보다는 **가치들**의 변화와 연관 지어서 그 개념을 '복잡하게 만들었다(mess up)'고 생각하였다(RSS, p. 298). 그는 후기에 SSR에서 의미-변화에 대하여 충분한 정도로 말하지 않았다고 생각한 것처럼 보였다(같은 책). 그는 의미의 문제를 생략하였던 그러한 '역사적 과학철학자들'이 통약불가능성도 생략하게 되며 쿤의 경우에 철학적인 문제가 되었던 것도 배제하게 되었다고 주장하였다(RSS, pp. 309-10). 여기서 나는 의미와 언어에 대해 쿤이 너무 지나치게 배타적으로 집중하였다고 불만을 이야기한 해킹의 견해에 동의한다. 해킹 자신은 '새로운 실험주의'(Hacking 1983 참조)로 불리게 된 것으로서 자연과학의 활동의 실험적 측면에 초점을 다시 새로이 부활시킨 견해를 개발함으로써 좀 더 유익한 방식으로 쿤의 연구를 추종하였던 사람들 중의 하나였다.

쿤이 많은 영향력을 가지게 된 것은 확실히 역사학자보다는 철학자로서이다. SSR이 제안한 방식으로 역사를 서술한 사람은 거의 없으며 그리고 후기 연구에서 그는 자신의 관심의 초점을 좁혀서 주로 SSR의 철학적 측면들에 집중하였다.

1970년대에 쿤의 저서는, 이따금 '새로운 쿤추종자들(new Kuhnians)'로 알려지게 된 새로운 일단의 철학적 전향자들을 모으게 되었다.

도펠트(Gerald Doppelt)의 논문이 가장 알려진 결과물이고 브라운(Harold I. Brown)의 몇몇 연구저서들(예를 들어, Brown 1979, 1983)과 메일랜드(Jack Meiland)의 어떤 저서(예를 들어, Meiland 1974)도 또한 그러한 결과물에 포함될 만하다. 그러한 연구결과물들이 어떠한 영향력을 가지고 있는지를 말하기는 어렵다. 그러나 비록 시젤(Harvey Siegel) 같은 사람은 이들의 저서에 대해서 종종 비판적 불꽃을 살리는 것으로 분류하기도 하지만, 그들은 확실히 과학철학 내에서 쿤적인 관점을 생생하게 살려 놓고 있다.

최근에 회닝겐-휀의 정평이 있는 1993년 저서의 발행과 SSR의 3판(1996)의 발행이 이루어지면서 쿤에 대한 관심이 확실히 다시 살아나고 있었다. 오늘날의 보다 다양한 철학적 분위기에서 비판적 평가와 옹호가 매우 다른 방향에서 나타났다.

예를 들어, 소칼(Alan Sokal)과 브리크몽(Jean Bricmont)은(1998) 쿤을 최근의 유럽 대륙 사조에 있는 몇몇 좋지 않은 경향들과 결부 지었으며 이들이 쿤의 인식론적 상대주의라고 생각한 것을 공격하였다. 이러한 후기의 비난에 대한 답변은 Glock 2000에 실려 있다.

프리드만(Michael Friedman)의 저서(1999, 2001)는, 중요하게 고려할 만한 가치가 있는 하나의 종합 속에, 쿤을(논리실증주의자, 논리경험주의자들, 쿤을 나란히 놓고) 불러내고 있다.

타가드(Paul Thagard)는 쿤에 의해 영향을 받은 몇몇 과학철학자들 중의 한 사람이다. 그는 현대 인지과학과 접목되도록 만드는 방식으로 자신의 접근방식을 연구하려고 노력하였던 사람이다(Thagard 1992 참조). 기어리(Ronald Giere)도 그렇게 연구한 또 하나의 사람이다. 이와 유사한 노선으로 버드(Alexander Bird, 2000)는 쿤을 현대 철학적 '자연주의(naturalism)'에 비유하려고 노력하였다. 그래서 쿤이 그러한 자연주의 방식을 미리 예견하였고 과학에 관한 어떤 철학적 문제들을 과학 자체의 도구들을 가지고 다루어져야 한다는 관념에 동의하였던 방식들을 제시하였다.

풀러의 매우 흥미가 있으면서도 논란을 제기한 책 『토마스 쿤 : 우리 시대를 위한 철학적 역사(Thomas Kuhn : A Philosophical History for our Times)』(2000)는, 쿤을 냉전적 보수주의자로 해석하면서 쿤의 저서의 맥락을 연구하는 (쿤의 주요 개념들의) '수용의 역사(reception history)'에 관한 저서이다. 쿤에 관한 풀러의 해석을 주제로 하여 기고된 많은 논문들이 가테이(Stefano Gattei)가 편집한 잡지 『사회 인식론(Social Epistemology)』의 2003년 17권에 특집으로 모여 있다.

샤록과 리드(2002)의 경우에는, 버드와 풀러 두 사람의 해석과는 다르게, 과학에 대한 철학적 오해에 대항하여 치료를 제공하려고 시도하는 가운데 쿤은 (어느 정도) 비트겐슈타인을 따르면서 철학적으로 급진주의자가 되어 버린다.

대학 강단에서 최고라고 간주되는 대부분의 사람들을 포함하여 많은 현대 과학철학자들은 쿤의 저서의 관점들을 채택하였다. 가장 중요하고 유행하는 반응들 중의 하나는 쿤식의 접근방식의 요소들을, 실재론/반실재론의 논쟁과 같이 그 당시 현대 과학철학에서의 지배적인 관심과 결합하려고 시도하였는데 특별히 과학적 실재론이라는 지배적인 **선택**과 결합시키려고 노력하였다. 쿤의 탐구 계획은 매우 영향력을 가지고 있었다고 사람들은 말하였는데, 그러나 그가 취하였던 것으로 보이는 선택의 내용은 흥미 있는 것으로 알려지지 못하였다. 그리고 진리에 관한 관심은, 존재론에 관한 형이상학적 관심과 더불어 쿤이 관심을 많이 가지지 않았던 방식들로 다시 효력을 발휘하고 있다. 이와 마찬가지로, 과학이 모든 우리들의 문제들을 언명할 수 있고 모든 지성적인 활동 중에서 가장 최선의 모델이라고 전제하는 **과학주의**(scientism)라는 일반적인 문화 풍토는, 쿤의 저서에서 강하게 반대하는 것이지만 또한 쿤의 저서는 이를 추방하는 데 거의 성공하지 못하였다.

쿤의 유산은 그러므로 풍부하지만 여러 갈래로 나뉘어 있다. 그의 대학원생이었고 가장 걸출한 제자들 중의 하나인 헤일브론이 쿤의 연구경력을 다음과 같이 요약하였다.

> 그에게 역사학에서는 약간의 박사과정 지도학생들이 있었고 철학에 대해서는 한 명도 없었을지라도 그는 엄청난 수의 많은 독자들을 가지고 있었다. 즉 충실한 제자들(disciples)은 없었지만 전 세계적으로 광범위한 신도들 (congregation)은 있었다. 그는 그 당시에 가지고 있었던 과학의 성격에 관한 이해를 전환시켰고 그가 관심을 가지고 있었던 문제들을 탐구하는 사람들을 위해서 세계에 도전하였다. 그가 성취한 업적을 설명하는 것은 쉽지는 않다. 그는 하나의 학술 분야에서 다른 분야로 방랑하였다. 그가 역사 탐구에 관해 정규적으로 교육받은 지식은 초보적이었다. 『과학혁명의 구조』는 허점투성이다. 『흑체 복사』는 이해하기가 어렵다(impenetrable). 철학에 관한 거대한 책(the big book)은 나타나지 않았다. (Heilbron 1998, p. 514)

제5장

더 읽을 만한 도서에 대한 안내

쿤에 관한 가장 잘 된 세 개의 전문 연구서들은 Hoyningen-Huene 1993, Bird 2000, Sharrock and Read 2002이다. 첫 번째 저서(Hoyningen-Huene 1993)는 SSR에 대해 자세하게 주석을 달면서, 쿤을 체계화된 칸트적인 철학자로 재구성하고 이를 옹호하고 있는데, 그 주제에 관해서는 가장 좋은 책이며, 쿤의 **인허**(imprimatur)를 받았다. 또한 그 책은 쿤의 저서에 대해서 여기서 표현될 수 있는 것보다 더 광범위한 참고문헌들을 특집으로 제시하고 있다. 버드의 책은 쿤의 작업이 가지고 있는 좀 더 자연주의적 측면들을 재기발랄하게 개발하였으며, 반면에 샤록과 리드의 책은 그러한 자연주의적인 측면을 낮게 평가하고 대신에 쿤을 치료적인 비트겐슈타인으로 표현하였다. (이와 유사한 비트겐슈타인적인 해석들은 Robinson 1996과 Kindi 1995에서 개괄되고 있다.)

전체로서의 쿤의 작업에 대한 짧은 소개서로서 좋은 것에는 Anderson 2001과 von Dietze 2001, Marcum 2005가 있다. Von Dietze의 책은 과학교육의 관점에서 쿤에게 접근하고 있다.

Lakatos and Musgrave 1970, Gutting 1980, Horwich 1993, Nickles 2002는 모두 쿤에 관한 논문들을 모은 유용한 책들이다. Cedarbaum

1983은 아직도 패러다임 개념 일반에 관해 쓴 가장 좋은 논문들 중의 하나이다. 코헨(I. B. Cohen)의 1985년 책은 과학혁명에 관한 관념을 자세하게 역사적으로 다루고 있다. 그러나 이 책에 대한 해킹의 1986년 논평도 또한 중요하다. Suppe 1977은 과학이론들에 관한 '공인된 견해(received view)'와 새로운 '역사적인' 과학철학으로부터 출현한 것처럼 보이는 견해 사이의 중요한 대립을 보여 준다.

쿤의 삶에 관한 정보는 Buchwald and Smith 1997, Heilbron 1998, Andresen 1999, Marcum 2005, RSS에 실려 있는 쿤과의 인터뷰, Sigurdsson 1990, 앞으로 출판되어 나올 데이비드슨(Keay Davidson)의 쿤 전기를 참조하는 것이 좋다.

1957년과 1974년 사이에 쿤이 쓴 14편의 논문들은 *The Essential Tension: Selected Studies in Scientific Tradition and Change*(Chicago: University of Chicago Press, 1977)에 재수록되어 있다. 이 책에 대한 해킹의 1979년 논평은 쿤의 저서의 성격에 대하여 몇 가지 중요한 문제들을 제기하였다. 많은 관점에서 쿤에 대해 비판적이고 그의 몇몇 중심 개념들을 부정하고 있을지라도 해킹은 쿤의 저서의 측면들을 푸코(Michel Foucault)와 영국의 과학역사학자 크롬비(A. C. Crombie)의 저서의 측면들과 결부 짓는 하나의 견해를 개발하였다(예를 들어 Hacking 1985를 참조할 것). 그러나 해킹은 쿤의 초기 논문들을 SSR보다 더 선호하고 있다.

라르보(Brendan Larvor)의 2003년 논문은 코이레와 버터필드와 같은 역사주의자 사상가들이 쿤에게 미친 매우 중요한 영향을 설명하고 있는 아주 우수한 논문이다.

학술지 *Tradition and Discovery*의 최근 호(vol. 33, no. 2, 2006-7)는 쿤의 저서와 폴라니의 저서 간의 관계에 관해 기고된 논문들로 이루어

져 있다. (비록 쿤이 어떤 관점에서 폴라니를 오해하였을지라도 그는 몇
몇 관념들을 그로부터 받아들인 것처럼 보인다.)

쿤의 저서와 논리경험주의자, 특히 카르납의 저서와의 관계에 대해서
는 Reish 1991, Axtell 1993, Horwich 1993에 있는 어만(John Earman)
의 논문, Irzik and Grunberg 1995, 그리고 프리드만의 몇 가지 저서들,
예를 들어 Friedman 1999, Friedman 2001에 있는 논문집, 그리고 Ni-
ckles 2002에 있는 프리드만의 논문을 참조하는 것이 좋다. 이 저서들에
서 일관되게 나타나는 내용은, 카르납의 **후반기** 견해가 쿤이 인지하고
있는 것보다도 쿤에 더 가깝다는 견해뿐만 아니라 쿤이 실제로 논리경
험주의와 논쟁을 벌였다고 생각하는 것이 잘못된 생각이라는 것이다.
(이에 관한 이견 제기에 대해서는 Pinto de Oliveira 2007을 참조할 것)
이와 같은 판단은, 논리실증주의와 논리경험주의의 중요하지만 수용될
수 없는 특성을 쿤이 물려받았다고 묘사하는 저서들로부터 나온다(예를
들어 Bird 2000, 2002, 가테이(Gattei)의 근간 책). 나는 나의 책 Preston
2004에서 이러한 비난의 어떤 측면들로부터 쿤을 옹호하려고 시도하였
다. 버드는 그의 2004 논문에서 대응하였다.

'개념적 상대주의'라는 바로 그 관념이 Davidson 1974에서 공격받았
다는 것은 유명하다. 그러나 나의 견해로는 그 관념이 Hacker 1996에
의해서 논의주제로 다시 등장하였다고 생각하며 Arrington 1989와
Glock 2007에서 또한 탐구되었다. 오직 **과학적**(scientific) 개념 구조에
만 유독 관심을 가졌던 쿤과 다르게 데이비드슨의 관심은 **총체적**(total)
개념 구조였다.

쿤에게 향해졌던 비합리주의에 관한 비난은 다양한 철학자들이 행하
였다. 이들 가운데서 논할 가치가 있는 사람들로서 스토브(David Stove)
가 있다(Stove 1982).

1960년대의 새로운 과학철학으로부터 나타난 모든 것들 중에서 쿤과 파이어아벤트에 의해 동시에 개진되었던 통약불가능성의 개념이, 이를 다루려고 하는 관심을 가장 많이 받았었다. 이와 관련되는 것으로는 Wisdom 1974, Szumilewicz 1977, Devitt 1979, Moberg 1979, Musgrave 1979, Short 1980, Grandy 1983, Kitcher 1983, Burian 1984, Collier 1984, Franklin 1984, Hoyningen-Huene 외 1996, Siegel 1987, Wong 1989, Biagioli 1990, Horwich 1993에 있는 해킹의 논문, Malone 1993, Kindi 1994와 1995, Sankey 1994와 1997, Hoyningen and Sankey 2001, Jacobs 2002가 있다.

쿠러니(Janet Kourany)의 1979년 논문은 과학적 발전은 이론적 차원이나 사실적 차원에서 누적적이지 않다는 쿤의 주장에 대해 의미 있는 중요한 문제들을 제기하였고 역사적 자료들에 의해 전제된 이러한 쿤의 주장들의 정당화에 대해서 분석하고 있다. 이와 같은 노선을 밟고 있으면서 중요하지만 주목을 받지 못한 1988년의 도노반(Donovan), 라우든(L. Laudan), 라우든(R. Laudan)이 편집한 책은 쿤을 포함하여 '새로이' 역사적으로 정향된 몇몇 과학철학들의 경험적인 자격을 평가하는 논문들을 특집으로 꾸미고 있다.

쿤의 후기 작업과 그리고 특별히 그가 통약불가능성의 개념을 개진하였던 방식들은 Chen 1997, Sankey 1997, Irzik and Grunberg 1998, Bird 2000, Buchwald and Smith 2001, Sharrock and Read 2002, 곧 출판된 Gattei의 책에 포함되어 있다.

참고문헌

Agassi, J.(1966) 'Review of *The Structure of Scientific Revolutions*,' *Journal of the History of Philosophy*, **4**, 351-4.

Andersen, H.(2001) *On Kuhn*. Belmont, CA: Wadsworth.

Andresen, J.(1999) 'Crisis and Kuhn', *Isis*, **90**(Supplement), S43-67.

Arrington, R. L. (1989) *Rationalism, Realism and Relativism: Perspectives in Contemporary Moral Philosophy*. Ithaca: Cornell University Press.

Axtell, G. S.(1993) 'In the Tracks of the Historicist Movement: Re-assessing the Carnap-Kuhn Connection', *Studies in History and Philosophy of Science*, **24**, 119-46.

Bachelard, G.(1927) *Étude sur l'evolution d'un problème de physique: la propagation thermique dans les solides*. Paris: J.Vrin.

Biagioli, M.(1990) 'The Anthropology of Incommensurability', *Studies in History and Philosophy of Science*, **21**, 183-209.

Bird, A. (2000) *Thomas Kuhn*. Chesham, Bucks: Acumen.

_____(2002) 'Kuhn's Wrong Turning', *Studies in History and Philosophy of Science*, **33**, 443-63.

_____(2004) 'Kuhn, Naturalism, and the Positivist Legacy', *Studies in History and Philosophy of Science*, **35**, 337-56.

Bohm, D.(1964) Review of *The Structure of Scientific Revolutions, The Philosophical Quarterly*, **14**, 377-9.

Brown, H. I. (1979) *Perception, Theory and Commitment: The New Philosophy of Science*. Chicago: University of Chicago Press.

———(1983) 'Incommensurability', *Inquiry*, **26**, 3-29.

Bruner, J. S. and Postman, L.(1949) 'On the Perception of Incongruity: A Paradigm', *Journal of Personality*, **18**, 206-23.

Buchwald, J. Z. and Smith, G. E. (1997) 'Thomas Kuhn, 1922-1996', *Philosophy of Science*, **64**, 361-76.

———(2001) 'Kuhn and Incommensurability', *Perspectives on Science*, **9**, 463-98.

Burian, R. M.(1984) 'Scientific Realism and Incommensurability: Some Criticisms of Kuhn and Feyerabend', in R. S. Cohen and M. W. Wartofsky (eds), *Methodology, Metaphysics and the History of Science*, (pp.1-31). Dordrecht: D. Reidel.

Butterfield, H.(1931) *The Whig Interpretation of History*. London: Bell & Sons. (Reprinted Penguin, Harmondsworth, UK, 1973.)

———(1949) *The Origins of Modern Science, 1300-1800*. London: Bell & Hyman.

Cavell, S.(1969) *Must We Mean What We Say?* New York: Scribner's.

Cedarbaum, D. G.(1983) 'Paradigms', *Studies in History and Philosophy of Science*, **14**, 173-213.

Chen, X. (1997) 'Thomas Kuhn's Latest Notion of Incommensurability', *Journal for General Philosophy of Science*, **28**, 257-73.

Cohen, I. B.(1985) *Revolution in Science*. Cambridge, MA: Harvard University Press.

Collier, J. (1984) 'Pragmatic Incommensurability', in P. D. Asquith and P. Kitcher(eds), *PSA 1984, Volume 1*, (pp.146-53). East Lansing, MI: Philosophy of Science Association.

Crombie, A. C.(ed.)(1963) *Scientific Change*. London: Heinemann, 1963.

Davidson, D. (1984[1974]) 'On the Very Idea of a Conceptual Scheme', [1974], Reprinted in his *Inquiries into Truth and Interpretation*, (pp. 183–98). Oxford: Clarendon Press.

Davidson, K. (forthcoming) *The Death of Truth: Thomas S. Kuhn and the Evolution of Ideas*. Oxford: Oxford University Press.

Devitt, M. (1979) 'Against Incommensurability', *Australasian Journal of Philosophy*, **57**, 29–50.

Donovan, A., Laudan, L. and Laudan, R. (eds)(1988) *Scrutinizing Science: Empirical Studies of Scientific Change*. Baltimore, MD: John Hopkins University Press.

Doppelt, G. (1978) 'Kuhn's Epistemological Relativism: An Interpretation and Defence', *Inquiry*, **21**, 33–86.

Feyerabend, P. K. (1964) Review of A. C. Crombie (ed.) *Scientific Change*, *British Journal for the Philosophy of Science*, **15**, 244–54.

_____(1975) *Against Method*. London: New Left Books.

_____(1978) *Science in a Free Society*. London: New Left Books.

_____(1981a) *Realism, Rationalism and Scientific Method: Philosophical Papers, Volume 1*. Cambridge: Cambridge University Press.

_____(1981b) *Problems of Empiricism: Philosophical Papers, Volume 2*. Cambridge: Cambridge University Press.

_____(1999) *Knowledge, Science and Relativism: Philosophical Papers, Volume 3*, ed. J. M. Preston. Cambridge: Cambridge University Press.

Fleck, L. (1979) *Genesis and Development of a Scientific Fact* [1935]. Chicago: University Press.

Frank, P. (ed.)(1954) *The Validation of Scientific Theories*. Boston: Beacon Press.

Franklin, A.(1984) 'Are Paradigms Incommensurable?', *British Journal for the Philosophy of Science*, **35**, 57–60.

Friedman, M. (1999) *Reconsidering Logical Positivism*. Cambridge: Cambridge

University Press.

Friedman, M. (2001) *Dynamics of Reason. Standford*, CA: CSLI.

Fuller, S. (2000) *Thomas Kuhn: A Philosophical History for Our Times.* Chicago: University of Chicago Press.

_____(2003) *Kuhn versus Popper: The Struggle for the Soul of Science.* Duxford: Icon Books.

Gatttei, S.(forthcoming) *Thomas S. Kuhn's 'Linguistic Turn' and the Legacy of Logical Positivism.* Aldershot: Ashgate.

Geertz, C. (2000) 'The Legacy of Thomas Kuhn: The Right Text at the Right Time', in the *Available Light: Anthropological Reflections on Philosophical Topics,* (pp. 160–6). Princeton, NJ: Princeton University Press.

Glock, H. J. (2000) 'Imposters, Bunglers and Relativists', in S. Peters and M. Biddis (eds), *The Humanities in the New Millenium,* (pp. 267–87). Tübingen and Basel: A. Francke Verlag.

_____(2008) 'Relativism, Commensurability and Translatability', in J. M. Preston(ed.), *Wittgenstein and Reason.* Oxford: Blackwell.

Grandy, R. (1983) 'Incommensurability: Kinds and Causes', *Philosophica,* **32**, 7–24.

Gutting, G. (ed.) (1980) *Paradigms and Revolutions: Appraisals and Applications of Thomas Kuhn's Philosophy of Science.* Notre Dame, IN: University Press.

Hacker, P. M. S. (1996) 'On Davidson's Idea of a Conceptual Scheme', *The Philosophical Quarterly,* **46**, 289–307.

Hacking, I.(1979) Review of T. S. Kuhn, *The Essential Tension, History and Theory,* **18**, 223–36.

_____(ed.)(1981) *Scientific Revolutions.* Oxford: Oxford University Press.

_____(1983) *Representing and Intervening: Introductory Topics in the Philosophy of Natural Science.* Cambridge: Cambridge University Press.

_____(1985) 'Styles of Scientific Reasoning', in J. Rajchmann and C. West (eds),

Post-Analytic Philosophy, (pp.145–65). New York: Columbia University Press.

_____(1986) 'Science Turned Upside Down' (Review of I. B. Cohen, *Revolution in Science*), *New York Review of Books*, 27 February, 21–5.

Haller, R. (1992) 'The First Vienna Circle', in T. E. Uebel(ed.), *Rediscovering the Forgotten Vienna Circle*, (pp. 95–108). Dordrecht: Kluwer.

Hanson, N. R.(1965) 'A Note on Kuhn's Method', *Dialogue*, **4**, 371–5.

Heilbron, J. L.(1998) 'Thomas Samuel Kuhn', *Isis*, **89**, 505–15.

Hesse, M. B.(1963) Review of *The Structure of Scientific Revolutions*, *Isis*, **54**, 286–7.

Horwich, P.(ed.)(1993) *World Changes: Thomas Kuhn and the Nature of Science*. Cambridge, MA: MIT Press.

Hoyningen-Huene, P.(1993) *Reconstructing Scientific Revolutions: Thomas S. Kuhn's Philosophy of Science*. Chicago: University of Chicago Press.

_____(1995) 'Two Letters of Paul Feyerabend to Thomas S. Kuhn on a Draft of *The Structure of Scientific Revolutions*', *Studies in History and Philosophy of Science*, **26**, 353–87.

_____(2000) 'Paul Feyerabend and Thomas Kuhn', in J. M. Preston, G. Munévar and D. Lamb(eds), *The Worst Enemy of Science?: Essays in Memory of Paul Feyerabend*,(pp.102–14). New York: Oxford University Press.

_____(2006) 'More Letters by Paul Feyerabend to Thomas S. Kuhn on Proto-Structure', *Studies in History and Philosophy of Science*, **37**, 610–32.

Hoyningen, P. and Sankey, H.(eds)(2001) *Incommensurability and Related Matters*. Dordrecht: Kluwer.

Hoyningen-Huene, P., Oberheim, E. and Andersen, H. (1996) 'On Incommensurability', *Studies in History and Philosophy of Science*, **27**, 131–41.

Hull, D. L., Tessner, P. D. and Diamond, A. M.(1978) 'Planck's Principle', *Science*, **202**, 717–23.

Irzik, G. and Grunberg, T. (1995) 'Carnap and Kuhn: Arch-Enemies or Close Allies?', *British Journal for the Philosophy of Science*, **46**, 285–307.

_____(1998) 'Whorfian Variations on Kantian Themes: Kuhn's Linguistic Turn', *Studies in History and Philosophy of Science*, **29**, 207–21.

Jacobs, S. (2002) 'Polanyi's Presagement of the Incommensurability Concept', *Studies in History and Philsophy of Science*, **33**, 105–20.

_____(2002) 'The Genesis of "Scientific Community"', *Social Epistemology*, **16**, 157–68.

Kitcher, P. (1983) 'Implications of Incommensurability', in P. D. Asquith and T. Nickles(eds), *PSA 1982, Volume 2*, (pp. 689–703). East Lansing, MI: Philosophy of Science Association.

Kindi, V. (1994) 'Incommensurability, Incomparability, Irrationality', *Methodology and Science*, **27**, 40–55.

_____(1995) 'Kuhn's *The Structure of Scientific Revolutions* Revisited', *Journal for General Philosophy of Science*, 26, 75–92.

Koyré, A. (1954) 'Influence of Philosophic Trends on the Formulation of Scientific Theories', in Frank(1954), (pp. 177–87).

_____(1978) *Galileo Studies*. Sussex: Harvester Press.

Kourany, J. A. (1979) 'The Nonhistorical Basis of Kuhn's Theory of Science', *Nature & System*, **1**, 46–59.

Kuhn, T. S.(1963) 'The Function of Dogma in Scientific Research', in A. C. Crombie(ed.), *Scientific Change*, (pp. 347–95, plus discussion comments on pp. 386–95). London: Heinemann.

_____(1970) 'Alexandre Koyré and the History of Science: On an Intellectual Revolution', *Encounter*, **34**, 67–70.

Lakatos, I. and Musgrave, A. E. (eds)(1970) *Criticism and the Growth of Knowledge*. Cambridge: Cambridge University Press.

Larvor, B. (2003) 'Why did Kuhn's *Structure of Scientific Revolutions* Cause a

Fuss?', *Studies in History and Philosophy of Science*, **34**, 369–90.

Lovejoy, A. O.(1936) *The Great Chain of Being*. Cambridge, MA: Harvard University Press.

McGrew, T. (1994) 'Scientific Progress, Relativism, and Self-Refutation', *The Electronic Journal of Analytic Philosophy*, **2**.

MacIntyre, A. (1997) 'Epistemological Crises, Dramatic Narrative and the Philosophy of Science', *The Monist*, **60**, 453–72. (Reprinted in Gutting 1980.)

Malone, M. E. (1993) 'Kuhn Reconstructed: Incommensurability without Relativism', *Studies in History and Philosophy of Science*, **24**, 69–93.

Marcum, J. A.(2005) *Thomas Kuhn's Revolution: An Historical Philosophy of Science*. London: Continuum.

Meiland, J. W. (1974) 'Kuhn, Scheffler, and Objectivity in Science', *Philosophy of Science*, **41**, 179–87.

Moberg, D. W.(1979) 'Are there Rival, Incommensurable Theories?', *Philosophy of Science*, **46**, 244–62.

Musgrave, A. E. (1979) 'How to Avoid Incommensurability', *Acta Philosophica Fennica*, **30**, 337–46.

Nagel, E. (1961) *The Structure of Science*. London: Routledge & Kegan Paul.

Nickles, T. (ed.)(2002) *Thomas Kuhn*. Cambridge: Cambridge University Press.

Pinto de Oliveira, J. C.(2007) 'Carnap, Kuhn, and Revisionism: on the publication of *Structure* in *Encyclopedia*', *Journal for General Philosophy of Science*, 38, 147–57.

Polanyi, M.(1958) *Personal Knowledge: Towards a Post–Critical Philosophy*. Chicago: University of Chicago press.

Popper, K. R. (1959) *The Logic of Scientific Discovery*. London: Hutchinson.

_____(1974) 'Replies to my Critics', in P. A. Schilpp(ed.), *The Philosophy of Karl Popper*, (pp. 961–1197). LaSalle, IL: Open Court.

Preston, J. M. (1997) *Feyerabend: Philosophy, Science and Society.* Cambridge: Polity Press.

_____(2003) 'Kuhn, Instrumentalism, and the Progress of Science', *Social Epistemology,* **17**, 259-65.

_____(2004) 'Bird, Kuhn and Positivism', *Studies in History and Philosophy of Science,* **35**, 327-35.

Reisch, G. A. (1991) 'Did Kuhn Kill Logical Empiricism?', *Philosophy of Science,* **58**, 264-77.

Robinson, G. (1996) 'On Misunderstanding Science', *International Journal of Philosophical Studies,* **4**, 110-27.

Rorty, R. (2000) 'Kuhn', in W. H. Newton-Smith(ed.), *A Companion to the Philosophy of Science,* (pp. 203-6). Oxford: Blackwell.

Sankey, H. (1994) *The Incommensurability Thesis.* Aldershot: Avebury Press.

_____(1997) *Rationality, Relativism and Incommensurability.* Aldershot: Avebury Press.

Sarton, G. (1936) *The Study of the History of Science.* Cambridge, MA: Harvard University Press.

Scheffler, I. (1967) *Science and Subjectivity,* (chap. 4). New York: Bobbs-Merrill.

_____(1972) 'Vision and Revolution: A Postscript on Kuhn', *Philosophy of Science,* **39**, 366-74.(Reprinted in Scheffler 1982.)

_____(1982) *Science and Subjectivity,* (2nd edn). Indianapolis: Hackett.

Shapere, D. (1964) Review of T. S. Kuhn, *The Structure of Scientific Revolutions,* *The Philosophical Review,* **73**, 383-94.

_____(1971) 'The Paradigm Concept', *Science,* **172**, 706-9.

_____(1981) 'Meaning and Scientific Change', in R. G. Colodny(ed.), *Mind and Cosmos: Essays in Contemporary Science and Philosophy,* (pp. 41-85). Pittsburgh: University of Pittsburgh Press. (Partly reprinted in Hacking

1981.)

Sharrock, W. and Read, R. (2002) *Kuhn: Philosopher of Scientific Revolution*. Cambridge: Polity Press.

Short, T. L. (1980) 'Peirce and the Incommensurability of Theories', *The Monist*, **63**, 316–28.

Siegel, H. (1987) *Relativism Refuted: A Critique of Contemporary Epistemological Relativism*. Dordrecht: D. Reidel.

Sigurdsonn, S. (1990) 'The nature of Scientific Knowledge: An Interview with Thomas Kuhn', *Harvard Science Review*, Winter, 18–25.

Sokal, A. and Bricmont, J.(1998) *Intellectual Impostures*. London: Profile Books.

Stove, D. C. (1982) *Popper and After: Four Modern Irrationalists*. Oxford: Pergamon Press.

Suppe, F. (ed.) (1977) *The Structure of Scientific Theories*, (2nd edn). Urbana: University of Illinois Press.

Szumilewicz, I. (1977) 'Incommensurability and the Rationality of the Development of Science', *British Journal for the Philosophy of Science*, **28**, 345–50.

Thagard, P. (1992) *Conceptual Revolutions*. New Jersey: Princeton University Press.

Toulmin, S. E. (1972) *Human Understanding, Volume 1: The Collective Use and Evolution of Concepts*. Oxford: Clarendon Press.

von Dietze, E. (2001) *Paradigms Explained: Rethinking Thomas Kuhn's Philosophy of Science*. Westport, CT: Praeger.

Whewell, W.(1984) *Selected Writings on the History of Science*, ed. Y. Elkana, Chicago: University of Chicago Press.

Winch, P.(1958) *The Idea of a Social Science, and its Relation to Philosophy*, London: Routledge.

Wisdom, J. O. (1974) 'The Incommensurability Thesis', *Philosophical Studies*, **25**, 299–301.

Wittgenstein, L. (1961) *Tractatus Logico–Philosophicus*, trans D. F. Pears and B. F. McGuinness. London: Routledge & Kegan Paul.

_____(1958) *Philosophical Investigations*, (2nd edn), trans G. E. M. Anscombe. Oxford: Blackwell.

Wong, D. B. (1989) 'Three Kinds of Incommensurability', in M. Krausz(ed.), *Relativism: Interpretation and Confrontation*, (pp. 140–58). Notre Dame, IN: University of Notre Dame Press.

찾아보기